제2판

창업을 위해 미학에서 배우는 신상품개발

곽영식 저

pnc publishing and culture
피앤씨미디어

제2판 머리말

2013년에 책이 출간된 이후에 학교 안팎에서 책에 대한 좋은 반응이 있어서 저자로서 매우 고무되었다. 하지만 시간이 흐를수록 책의 사례가 시대에 뒤떨어지는 일이 있었고, 책의 내용 중에 오류를 발견하기도 했다. 따라서 2016년에 피앤씨미디어와 저자는 다시 개정판을 내기로 하였다. 그 결과가 이 제2판이다.

제2판에는 다음과 같은 내용을 개선하였다.

- 최신의 사례를 덧붙였다.
- 인구통계학적 변수로 제품개선 및 제품아이디어 개발을 시도하는 내용을 첨가했다.
- 기존 책의 오류를 바로잡았다.

독자가 기업활동을 하는 데 있어 이 책이 도움이 되었으면 한다.

2016년 여름

저자 곽영식

프롤로그

이 책은 기업이 생존하기 위해 시장에 내어 놓는 새로운 제품/서비스를 만드는 창작기법을 9가지 소개하고 있다. 이 신상품 창작기법은 예술가가 작품을 만들 때 사용하는 기법을 기초로 하고 있다.

책의 제목도 거창하게도 '창업을 위해 미학에서 배우는 신상품개발'이다.

마케팅학자가 무슨 미학을 알겠는가?

그렇다. 저자는 미학을 구체적으로 학술적으로 배운 적이 없는 것이다. 학부도 경영학과를 나왔고, 석사도 경영학과를 졸업했으며, 박사학위는 경영학 마케팅의 가격분야로 받았다. 하지만 아름다운 것이 너무 좋아서, 구두회사에 다니기도 하고, 그 회사에서 의류사업부에서 일하고, 패션머천다이징을 전공하고 싶어서 엉뚱한 Texas Tech University에 가서 패션상품기획학을 배우기도 했다. 이런 관심으로 영화, 음악, 서예, 문화콘텐츠에 대한 논문을 쓰다가, 마음을 굳건히 하고는 이 책을 쓰게 되었다.

이 책을 쓰게 된 원인 중의 하나는 독일 어느 학자의 이 말 때문이기도 하다.

제품의 성능이 좋으니 제품이 예뻐 보인다.

제품이 예뻐서 샀더니 성능도 좋더라.

이 말을 읽는 순간에 '물건을 팔려면 제품이 예뻐야 하고, 서비스도 예뻐야 한다'는 생각이 머릿속에 확 들어오고 말았다. 예쁜 것을 왜 예쁘다고 하고, 무엇이 예쁜 것인지 찾고 싶었다. 그 때 미학이 저자의 눈에 들어왔다.

예술작품이란 인간의 행위와 그 창작자의 정신이 깃들게 된다. 제품에는 고객을 만족시키려는 제조업자의 행위와 제작자의 정신이 깃들게 된다. 그래서 예술작품과 제품이나 서비스는 같은 수준의 창작물이라고 저자는 생각한다. 그 결과, 예술작품의 창작기법을 탐구하면, 신제품이나 새로운 서비스를 창작할 수 있는 기회가 보일 것이다. 이것이 저자의 결론이었다.

인상파가 그린 그림은 기존 그림과 무엇이 다를까?

베토벤 운명교향곡의 첫 장면과 차이코프스키의 교향곡 1번은 어떻게 닮아 있을까?

북경에 있는 CCTV 본사 건물에는 어떤 창작기법이 숨겨져 있을까?

조선시대 여성윗도리에서부터 이영희 씨가 디자인한 현대의 한복까지 어떠한 변천사가 있을까?

영국 헨리 8세의 스타킹과 현대 한국여성의 검은색 레깅스에는 어떤 차이가 있을까?

저자는 의상, 그림, 음악, 건축을 비롯한 예술 창작과정을 살펴보면서, 창작기법 9가지를 추려내었다. 이 창작기법은 생각의 기술이라고도 부를 수 있다. 독자 여러분 스스로가 독창적인 상품을 생각하고 창조하는 데 이런 생각의 기술을 활용하도록 유도하는 것이 이 책의 목적이 있다.

이 책은 단지 신상품을 개발하는 데만 적용되는 것이 아니다(product innovation). 업무 및 공정 프로세스를 개선하거나 혁신하는 데도 활용할 수 있다(process innovation). 또한 이 책의 일부분은 기술혁신(technology innovation)의 기회를 제공하고 있으며, 궁극적으로는 비즈니스모델혁신(business innovation)을 목적으로 하고 있다.

이 책의 초고는 창업을 전공으로 하는 대학원생과 일반인, 기업의 실무자들을 대상으로 몇 년 동안 꾸준히 사용되어 왔다. 이제 저자의 단순 강의영역에서 벗어나 이 책을 통해 시장에서 새롭게 창업하고자 하는 분들의 미래를 돕고자 한다. 또한, 세상에 없는 것을 만들어 내는 것에 즐거움을 느끼는 분과 이 책을 공유하고 싶다. 그런 생각에, 기존 초고에서 신상품개발, 프로세스혁신, 기술혁신, 비즈니스모델혁신의 내용을 추가하고 보충하여 이 책을 발간하게 되었다.

책의 원고를 꼼꼼이 읽어 주고 교정해 준 아내와 이 책에 투자해 주신 아버님, 저자가 이 책을 쓰고 있는지도 모르시는 사랑하는 어머님께 이 책을 드린다.

2013. 孟冬

곽영식

차례

Chapter 10 댄 브라운의 앰비그램을 이용한 신제품개발

Chapter 11 애너그램을 이용한 신상품개발

Chapter 01

‘어디서 싸울 것인가where to compete’와 제품카테고리 선택

1 사업 시작 때 가장 중요한 제품선택

이제 사업을 시작하려고 한다.

학교를 졸업하고 창업을 하려는 사람, 자영업을 꿈꾸며 다니던 직장을 그만 둔 사람, 매출이 300억인 회사를 가지고 있는 CEO가 새로운 사업을 시작하려고 할 때, 제일 먼저 해야 하는 의사결정이 '어디서 싸울 것인가(where to compete)'를 결정하는 일이다. 즉, 어떤 사업아이템을 가지고 어디에서 사업을 시작할까 하는 의사결정이 최우선적이다.

'어디서 싸울 것인가'의 의사결정은 크게 네 가지 선택으로 나누어진다. 첫 번째로 경영자는 우리 회사가 과연 어떤 제품이나 서비스를 고객에게 제공할 것인지를 먼저 결정해야 한다(제품선택: product selection). 제품 또는 서비스(앞으로 둘을 합쳐 상품이라 부르자)선택이 이루어지자마자 이 상품을 구매할 시장의 윤곽이 잡히게 된다(시장선택: market selection). 시장이 결정되면 우리 상품과 경쟁하게 될 경쟁사가 나타나게 된다(경쟁자선택: competitor selection). 따라서

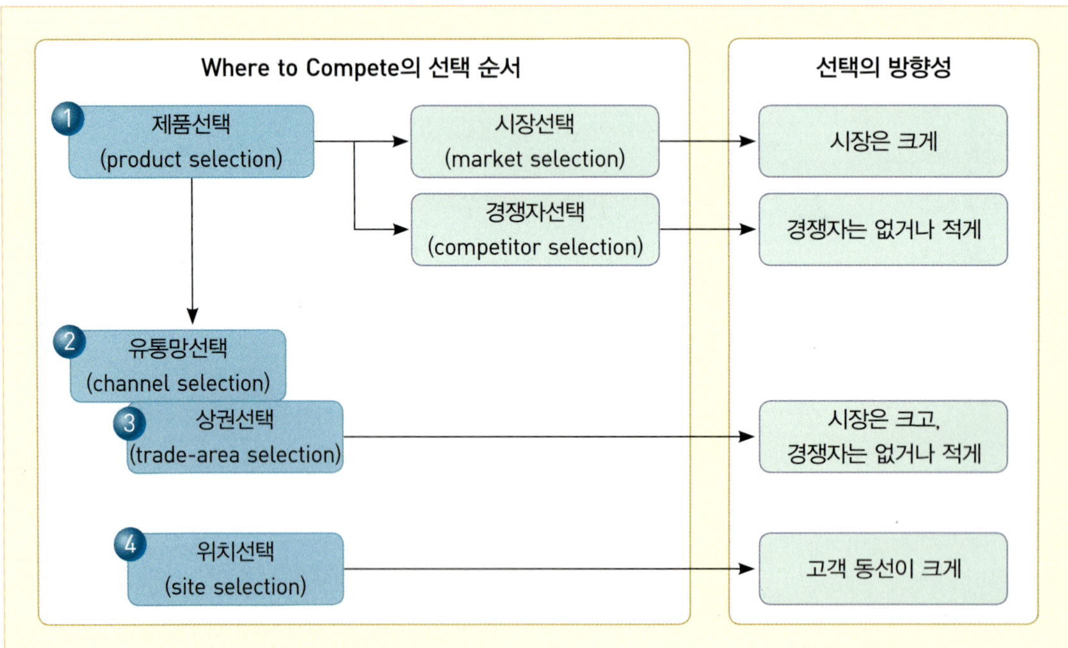

그림 1-1 '어디서 싸울 것인가'의 선택순서와 분류

첫 번째 제품선택은 시장선택과 경쟁사선택을 동시에 이루어지게 한다. 가능하면 경영자는 고객은 많고, 경쟁자는 없거나 적은 시장을 선택해야 시장에서 생존할 가능성과 이익을 더 많이 창출할 가능성을 높일 수 있다.

두 번째 '어디서 싸울 것인가'에 관련된 의사결정은 유통망선택(channel selection)이다. 경영자는 우리 상품을 어디에 가져다 놓고 판매를 해야 하는지를 선택해야 한다. 온라인에서 판매를 할까? 오프라인에서 팔까? 내가 직접 팔까? 아니면 다른 사람이 내 물건을 팔게 할까? 유통업자에게 맡겨서 판매를 할까?

만약 우리가 오프라인에서 상품을 판매하기로 결정했다면, 경영자의 세 번째 '어디서 싸울 것인가'의 의사결정은 바로 상권선택(trade-area selection)이다. 경영자는 가능하면 고객은 많고(시장은 크고) 경쟁자가 없거나 적은 상권을 눈여겨 찾아내야 한다. 이 때 상권 선택은 매우 신중해야 한다. 한번 결정된 상권에는 많은 비용이 투자되고, 만약 이 상권에서 매장을 철수하는 경우에는 막대한 물질적 정신적 피해가 남기 때문이다.

네 번째는 오프라인/온라인에서 구체적으로 어느 위치에 입점할 것인가에 대한 문제이다(site selection). 동일한 상권이나 온라인 사이트에서도 어느 위치에 고객에게 노출되어 있느냐가 기업의 생존이나 이익에 큰 영향을 미치게 된다. 예를 들어 음식점은 1층은 되고, 2층은 안 된다는 속설이 있지 않은가? 또는 이 골목은 되는데, 저 골목은 안 된다는 식의 조언도 존재한다. 온라인 C2C 사이트의 어디에 우리 제품이 노출되도록 배치해야 할까?

위의 네 가지 의사결정문제 중에서 가장 먼저이고, 가장 중요한 것은 바로 제품(서비스)선택이다. 그렇다면, 어떤 상품을 선택해야 하는가? 이것에 대한 답을 얻기 위해 기존에 성공한 상품이 어떤 조건에서 성공했는지를 살펴보자.

2 성공한 상품의 조건

첫 번째 성공조건은 이제껏 사람들이 시장에서 본 적이 없는 새로운 상품을 세상에 등장시키는 경우이다. 바로 제품카테고리에서 1등이 곧바로 된 경우다.

- 애플은 전화기와 컴퓨터를 합친 아이폰을 세계 최초로 만들었다.
- 디즈니는 아이들을 위한 놀이상품을 세계 최초로 만들었다.
- 코카콜라는 세상에 없던 검으면서 달짝지근한 탄산수를 최초로 만들었다.

하지만 세상에 처음 내놓는 제품의 성공확률이 거의 1/7에 불과하다는 어느 연구결과를 보면, 아주 획기적인 신상품 카테고리를 만들어서 세상에 내놓는 성공조건은 시간과 돈을 생각할 때 소자본으로 창업하는 사람들에게는 별로 매력적인 조건은 아닌 것 같다. 반대로 자본이 충분하다면 완전한 신상품을 세상에 내놓아서 시장을 지배하는 것도 매력적이다.

두 번째 조건은 1등과 거리두기에 성공한 경우이다. 큰 나무 바로 옆에 똑같은 품종의 작은 나무를 심으면, 그 작은 나무는 자라지 못한다는 것은 상식이다. 그런데 어느 나무가 큰 나무와 조금은 떨어져 심어진다면, 이 나무는 뿌리를 내리고 살아갈 수 있게 된다.

- 한국야쿠르트는 삼양이나 농심이 대부분의 시장점유율을 가지고 있는 봉지면에서는 실패했으나, 용기면 중 사각용기면에서는 1등을 한다.
- 스카니아는 승용차를 대량생산하는 자동차회사와는 달리 트럭만을 생산한다.

세 번째 조건은 기존시장에서 채택되어 있는 상품에서 그 일부가 빠져나와서 전문성으로 특화하는 경우이다. 1950년대 미국의 커피숍에서는 적어도 12개 이상의 제품카테고리를 팔고 있었다. 2000년대까지 이 12개의 제품카테고리들은 모두 독립하여 별도의 제품 카테고리로 입지를 확고히 다졌다.

네 번째 조건은 기존 제품카테고리들이 서로 합쳐져서 새로운 제품카테고리를 만들어 낸 경우이다.

- 던킨도너츠는 도너츠는 안 팔고 커피를 파는 회사처럼 광고를 한다.
- 카페베네는 간판에 커피, 와플, 젤라또(아이스크림)를 판다고 내걸었다.
- 티아모라는 커피집은 커피와 요거트를 판매한다.

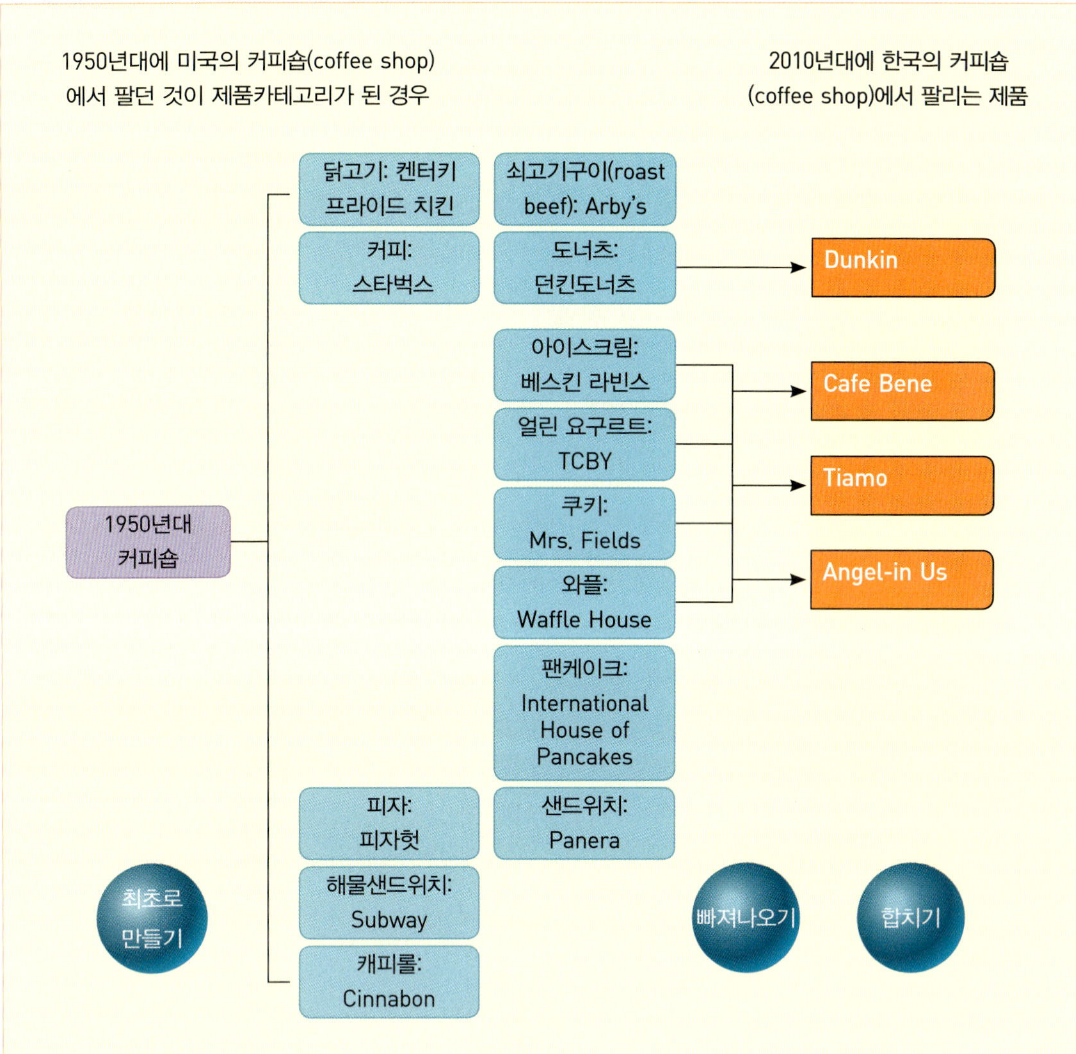

그림 1-2 1950년대 미국 커피숍이 2010년대 한국에서는…

지금까지 사례를 보면, 시장에서의 성공조건은 단순해 보인다. 앞서 지적한 두 번째 세 번째 네 번째 조건을 기존의 것과 거리두기 위한 것으로 뭉쳐 놓으면, 다음의 두 조건으로 정리할 수 있다.

- 세상에 없던 상품을 창조하여 만들어 내보내서 대박 터지기
- 아니면 세상에 처음 나온 상품과 '거리(distance)'를 둔 상품을 만들어 내기

그런데 세상에 없던 상품을 내보내서 대박이 터진 사례를 가만히 보면, 일반인들에게는 불가능한 영역이라는 것이 명확해 보인다. 대신에, 처음에 만들기는 어려워도 고쳐 나가기는 쉬워 보인다.

- 처음 세상에 없던 TV를 만들었다. 그러나 흑백 TV를 컬러로 만들기는 상대적으로 쉽다
- 처음으로 자동차를 세상에 내놓기는 어렵다. 여기에 에어콘을 달기는 쉬웠다.
- 처음 컴퓨터를 만들기는 너무나 어려웠다. 핸드폰에도 컴퓨터가 장착된 스마트폰을 만들기는 상대적으로 쉽다.
- 흑백 영상진단장치를 누가 처음 만들었을까? 이것이 컬러영상진단장치로 바꾸기는 상대적으로 쉽다.
- 반도체를 누가 처음 만들었을까? 그 저장용량을 증가시키는 기술은 상대적으로 쉬웠을 것이다.

이렇게 세상에 없던 것을 창조하기는 너무나 어려운 일이다. 그래서 대부분의 성공은 창조가 아니라 모방이나 개선에서 시작한다.

이 책은 단순모방에서 벗어나 기존의 것과 거리를 둔 상품을 저자와 독자가 서로 머리를 맞대고 만들어 가는 책이다.

3 기존 상품과 거리를 만들기 위한 창작기법

이 책에서는 미술, 음악, 건축, 영화, 공연, 문학 등의 다양한 미학적 창작기법들을 소개하고, 이 창작기법들이 실제 경영의 대상인 제품이나 서비스의 창의적 개발/기업운영과 맥을 같이하고 있음을 증명해 보인다. 저자가 생각하기에는 이 책에서 다루는 9가지 생각의 기술이 차별적인 새로운 상품을 도모하여, 고객들에게 멋진 창작품으로 다가 갈 수 있을 것으로 기대한다.

이 책에서 다루고 있는 미학적 창작기법은 〈그림 1−3〉과 같다. 첫째, 제

4장에서는 기존의 것에 무엇인가를 더해서 새롭게 차별화된 것을 창작하는 dressing 기법을 이집트 복식을 예를 들어 소개한다.

제5장에서는 기존의 것에서 무엇인가를 제거함으로써 새롭게 차별화를 달성하는 stripping 기법에 대해 다룬다. 이 장은 조선시대 한복에서 현대 한복까지의 변천을 통해 stripping을 보여주고 있다.

제6장에서는 무엇을 dressing하고 무엇을 stripping할 것인지를 구체적 세부기준을 제시한다. 이 세부기준을 가지고 독자들이 스스로 자신의 제품/서비스/기업조직을 개선할 수 있는 기회를 엿보게 된다. 특히, 제6장의 말미에 형태-색상-콘텐츠라는 개념(construct) 아래에 구체적인 평가기준 또는 변수(variables)를 제공하는데, 이를 통해 경영자나 예비창업자는 자신의 상품을 구체적으로 개발할 수 있는 물적 토대를 갖게 될 것이다. 이 장에서 제시하는 형태-색상-콘텐츠의 개발기준은 공학에서 다루는 TRIZ나 경영학에서 주로 사용하는 SCAMPER와 같은 다른 창작기법과 가장 차별적인 내용이 될 것이다.

제7장에서는 현재 상태를 어떤 기준으로 몇 개로 분할(partition)하느냐에 따라 새로운 것이 될 수 있음을 보여준다. 여기에서는 몬드리안의 그림을 사례로 들었다. 이 장에서는 커피매장의 시간과 공간을 분할하여 새로운 상품이나 비즈니스모델을 구현하는 연습을 하게 된다.

제8장에서는 최소영 작가의 청바지 그림이 맨 처음 등장한다. 물감으로 그리던 그림을 청바지로 그린 그림으로 바꾼 놀라움을 독자는 발견하게 된다. 이렇게 기존에 사용하던 재료나 구성요소를 새로운 것으로 대체함으로써 현재 시장기회를 갖게 되었고, 미래에도 대체를 통해 새로운 시장기회를 발견할 수 있음을 보여준다.

제9장에서는 기존의 것에 엉뚱한 무엇인가를 결합하는 알레아토릭(aleatorik)을 모차르트의 미뉴에트 작곡과정을 통해 소개한다. 이 알레아토릭이 기존 제품의 변종을 발견하는 멋진 생각의 기술임을 라면사례로 제시한다.

제10장에서는 기존의 것을 거꾸로 만들어 새로움을 창조하는 앰비그램(ambigram)기법을 배운다. 이 장은 소설가 댄 브라운의 〈천사와 악마〉라는 소설에서 시작하여 漢詩에서 다루어지는 회문(回文)놀이를 앰비그램으로 소개한

다. 즉, 회문놀이에서 말도 거꾸로 하면 더 멋진 시가 존재하듯, 상품도 거꾸로 만들 수 있고, 조직도 거꾸로 존재할 수 있다는 것을 실증적으로 제시한다. 이를 통해 독자들은 현재 상태의 것을 거꾸로 하기만 해도 새로운 상품이나 조직 등을 만들 수 있는 상상을 할 수 있게 된다.

제11장에서는 기존의 것을 만드는 순서를 바꾸어 차별화에 달성하는 과정인 애너그램(anagram)을 학습한다. 이 장에서는 델프트 자기와 우리나라 상감자기 등의 제조과정을 사례로 들고 있다. 이 장을 읽고 나면 서비스 프로세스설계에서 애너그램(anagram)만을 가지고 얼마나 멋진 새로운 비즈니스모델을 만들 수 있는지를 실감할 것이다.

제12장에서는 기존의 것을 몇 개의 묶음으로 나누는 과정인 묶어주기(grouping)기법을 소개한다. 김홍도의 '신선도'와 레오나르도 다빈치의 '최후의 만찬' 사례가 grouping으로 예시되어 있다. 이 grouping을 이용하여 제품이나 서비스를 판매하는 '거래단위'의 변화를 시도할 수 있고, 이런 변화는 서비스 개선 및 비즈니스모델을 창출하는 힘이 됨을 보여준다.

제13장에서는 기존의 것이 일정한 시간을 두고 다시 나타나거나 동일한 것이 몇 번 동시에 나타나는 반복(repetition)에 대해 다룬다. 몇 세기 동안 회귀하는 복고패션을 여기에서 다룬다. 이런 복고를 통해 과거에 사람들에게 채택되었던 과거의 것이 현대사회에 성공적으로 다시 등장할 수 있다는 믿음을 갖게 된다. 따라서 굳이 새로운 것을 창조하기보다는 과거의 것을 살핌으로써 현재에서도 성공할 수 있다는 믿음을 심어주고자 한다.

제14장에서는 지금까지 다룬 9개 생각의 기술을 통합적으로 파악할 수 있는 사례로써 북경 따산쯔(798)이라는 공간을 소개한다. 이 장에서는 단지 제품이나 서비스, 기업조직에 미학의 창작기법이 적용되는 것이 아니라, 특정지역이나 공간도 훌륭한 미학공간이 될 수 있음을 보여준다. 이를 통해, 장소마케팅(place marketing)에 인지심리학의 관찰 기초개념인 형태－색상－콘텐츠가 어떻게 녹아들어 있는지를 독자들이 확인할 수 있게 된다.

제15장에서는 지금까지 다룬 9가지 생각의 기술의 통합사례를 'Abell'의 '업 개념(biz definition)'의 틀을 이용하여 껌의 역사로 보여준다. 그와 더불어

'그레마스'의 '기호사각형'모델을 통해 미래에 선보일 새로운 껌을 개발하는 과정을 보여준다. 이 과정을 독자들이 학습함으로써, 자신이 관심있는 제품 및 서비스를 역사적 관점으로 관찰하게 한다. 동시에, 독자 스스로가 미래시장에 내보일 것을 생각해 내는 훈련을 할 수 있을 것으로 기대된다.

이렇게 제15장까지 독자들이 읽고 나면, 미학의 주제였던 형태-색상-콘텐츠가 아름다움의 재료가 되어서 9가지 다양한 미학창작기법에 의해 가공되어 새로운 아름다움으로 피어남을 목격하게 될 것이다. 또한 이런 아름다움창작기법이 경영활동에 새로운 활력을 주는 멋진 상품/조직/비즈니스개발도구가 됨을 확인할 수 있게 된다.

창의적 생각을 갑자기 많이 만들어 낼 수 있는 천재는 몇 명 되지 않는다. 이 책은 평범한 사람을 대상으로 한 책이다. 이 책에서는 〈그림 1-3〉의 미학적 창작기법을 소개함으로써 일반인도 위에서 다루어진 9가지 생각/창작기법의 틀 안에서 새로운 무엇인가를 창의적으로 만들어 낼 수 있는 기회를 갖게 되

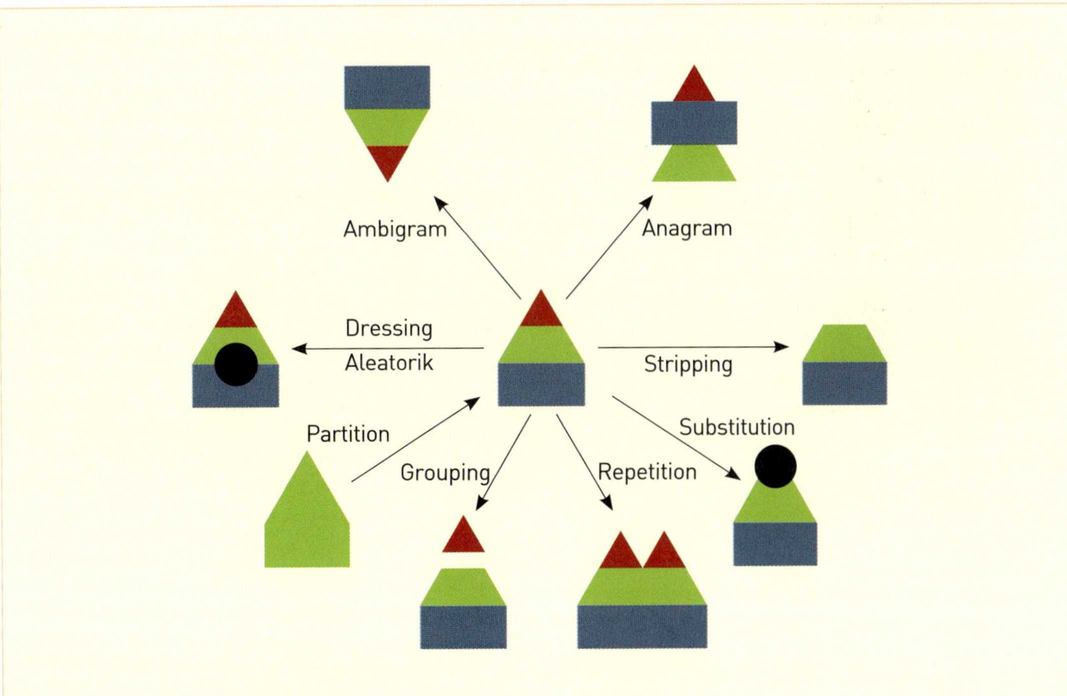

그림 1-3 이 책에서 다루는 미학적 창작기법

기를 희망한다.

참고로 〈그림 1－4〉는 이 책에서 다루어진 미학창작기법의 원천을 소개하고 있다. 이 책은 독자들의 흥미를 불러일으키기 위해 15세기 이전부터 20세기 이후까지 미술 음악 건축, 문학, 패션, 영화 등에 나타난 다양한 예술창작기법을 채용하였다.

예술분야		15세기 이전	15~17세기	18~19세기	20세기 이후
1 미술		· 서예의 stripping dressing · 붓의 aleatorik	· 다빈치의 grouping · 미술에서의 종의 합성	· 한국문인화 stripping · 인상파의 stripping	· 몬드리안의 분할 · 최소영의 물감대체 청바지 · 피카소의 aleatorik
2 음악			· 화성 대위법	· 모차르트의 aleatorik · 오페라의 종의 합성	· Jazz의 stripping · 클래식의 dressing · 오페라의 Aleatorik · 실용음악의 repetition
3 건축		· 고딕양식 dressing · 알람브라의 repetition	· 르네상스양식의 stripping		· 아돌프 로스의 stripping · 주방설계를 위한 stripping
4 문학		· 동양의 회문놀이			· 현대소설의 분절 · 한국소설의 anagram
5 패션(복식)		· 이집트복식의 dressing	· 한국복식의 stripping	· 구두의 dressing과 stripping	· 서양복식의 anagram · 복고풍의 repetition
6 영화					· 비선형플롯 anagram decoupage

그림 1－4 이 책에서 다루어진 창작기법(생각기술)의 예술분야별 원천

4 독자들의 연습공간

우리는 구체적으로 상품을 새롭게 만들어 내기 전에 우리가 개선하고자 하는 상품을 정해야 한다. 즉, 독자는 제일 먼저 제품이나 서비스의 카테고리를 선택해야 한다. 먼저 〈그림 1-5〉을 보자. 세 가지 질문에 답을 하고 있는 것을 볼 수 있다. 이 사례에서는 가상의 창업자가 첫 번째 공간에 그가 판매하고 싶은 제품이나 서비스를 적고 있다. 두 번째 빈 칸에는 판매제품을 총칭할 수 있는 제품카테고리를 적는 곳이다. 세 번째 공간에는 현재 이 사업을 실행하고자 하는 시장이나 상권에서 우리 상품이나 회사가 어느 위치에 있는지를 적는 부분이다.

〈그림 1-5〉처럼 독자의 사업이 상권에서 1등이나 1등과 충분히 거리를 둔 2등이 아니면, 귀하는 당장 이 사업을 접어야 한다. 왜냐하면 시장은 1등이나 2등만을 기억하므로, 귀하가 이 사업을 3~5등으로 시장이나 상권에 진입한

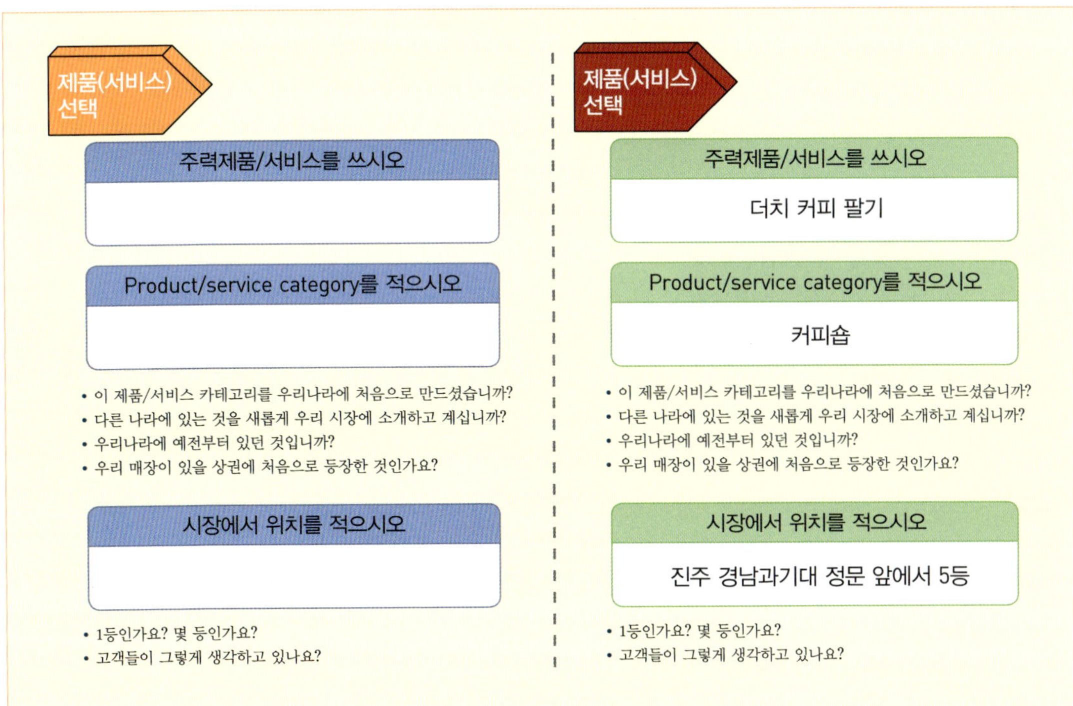

그림 1-5 사업 시작 전에 반드시 작성해야 할 1등 목록

다면, 당신의 귀중한 돈과 시간이 날아가고, 고객은 구경하기 힘들 것이고, 스트레스는 하늘을 찌를 것이고, 점점 친구들은 귀하를 멀리하게 될 것이기 때문이다. 어쩌면, 귀하가 다시는 재기를 못할 상황에 이를지도 모르기 때문이다. 저자가 이 단락에서 이렇게 감정적인 문장을 작성하는 이유는 사업실패는 개인의 삶에서 치명적인 상처와 경력으로 남기 때문에 이를 경계하기 위해서이다.

〈그림 1-5〉에서는 경남과기대 정문 앞 상권에 진입하고자 하는 커피집의 진입 시 포지셔닝을 정리하고 있다. 더치커피를 파는 사업을 구상하고 있는데, 지금상태로 진입하여 상권에서 5위밖에 할 수 없다는 이 사업은 하지 말아야 한다는 것을 정리하여 보여준다. 이 사업자는 다른 사업을 구상하던지, 이 사업 카테고리에서 1등 내지 2등을 할 수 있는 무엇인가를 사업화해야 할 것이다.

이제 독자들은 〈그림 1-6〉의 빈 칸을 한 번 채워보기 바란다.

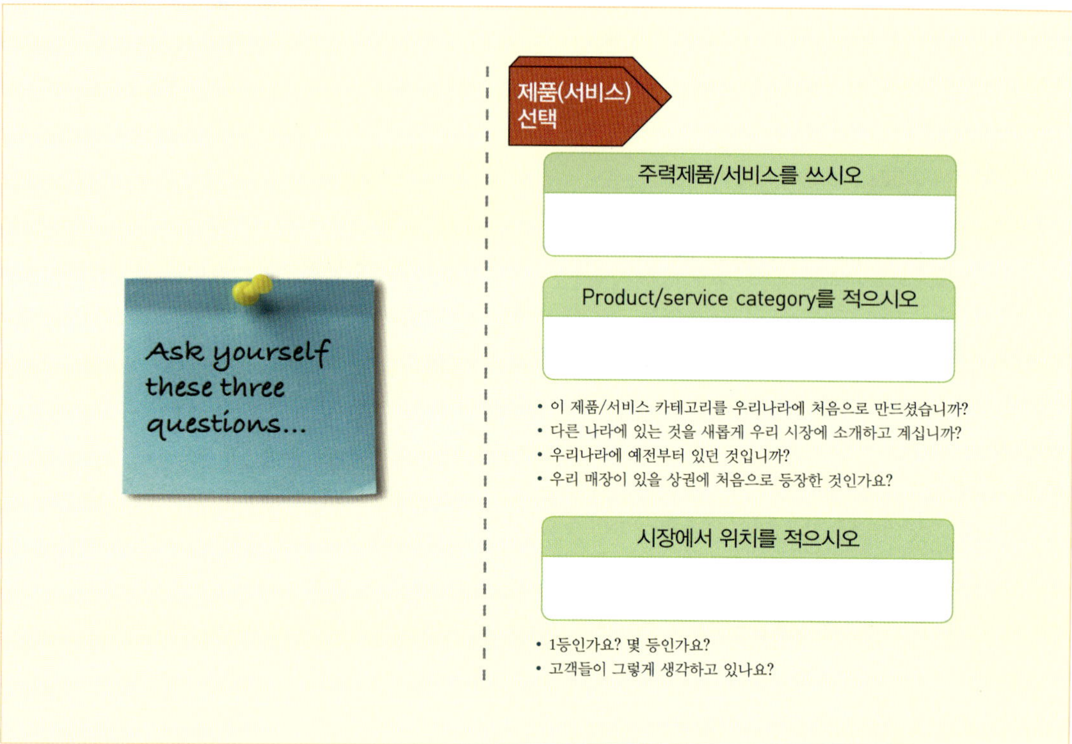

그림 1-6 독자의 연습장

Chapter 02

'어떻게 싸울 것인가'와 포지셔닝에 대한 전략적 선택

9가지 생각/창작기법은 상품개발 전술(tactics)이기 때문에, 전략적(strategic) 사고를 먼저 해야 한다. 이 장에서는 생각/창작기법을 통해 새롭게 창조되는 상품이 1) 목표시장의 변화, 2) 고객욕구의 변화, 3) 제품/서비스형태 및 기술에 어떤 영향을 미칠 것인지를 사전에 전략적으로 점검되어야 함을 지적한다. 이 점검을 위해 Abell(1980)의 업 개념(business definition)을 제시한다.

1 미학적 창작기법은 고객이 느끼는 가치를 높인다

기업이 생존하기 위해서는 고객이 느끼는 제품의 가치는 가격보다 높아야 하고, 가격은 제품의 원가보다 높아야 한다. 이 부등식이 유지되어야 기업이 생존할 수 있다. 이를 윤석철(1991)은 생존부등식이라 불렀다. 기업경영은 이 부등식을 유지하는 것이다. 제품의 가치를 높이는 일에는 창조성이 필요하고, 제품의 원가를 낮추려면 생산성이 필요하다.

지금 이 책은 고객이 느끼는 제품이나 서비스의 가치를 증진시키기 위한 생각의 기술을 미학의 창작기법을 통해 제시한다. 동시에, 제품의 원가를 낮추는 생산성향상에 적용할 수 있는 기법을 미학의 창작기법에서 찾아 제시하고자 한다.

특히, 이 책은 주로 제품이나 서비스의 가치를 창출하는 데 목적을 두고 있다. 왜냐하면, 원가가 상승하더라도 제품가치가 계속 증가하면 가격을 상승시켜서 기업의 이익을 유지할 수 있기 때문이다. 이런 이익의 유지는 기업의 생존을 지속적으로 가능하게 하기 때문이다(계속 기업의 원칙).

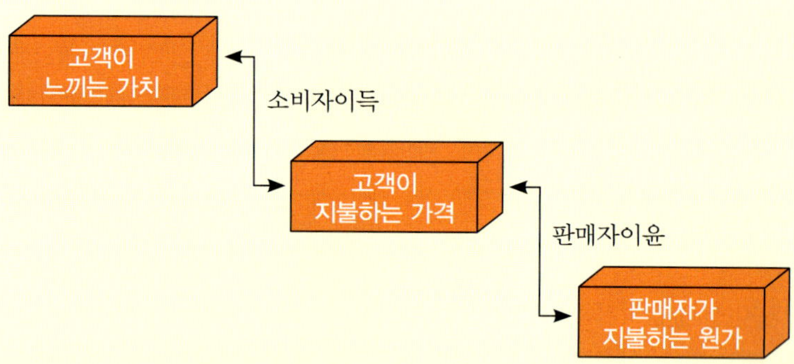

그림 2-1 윤석철(1991)의 생존부등식에서 미학의 창작기법이 적용되는 부분

2 우리의 창작물은 경쟁자를 고려해야 한다

단순히 제품이나 서비스의 가치를 높이는 것이 반드시 시장에서의 성공을 의미하지는 않는다. 경쟁사보다 더 많거나 좋은 가치를 고객에게 전달했을 때만이 성공할 수 있다.

예를 들어 〈그림 2-2〉를 보면, 중국시장에 진출한 껌의 포지셔닝(positioning)을 브랜드가치와 제품가치로 나누어 보여주고 있다. 각 회사는 상표별로 독특한 가치이미지를 구축하는 전략을 사용하여 왔다. 이렇게 하는 이유는 Double Mint나 Yida라는 상표로 대변되는 Wrigley라는 강력한 경쟁자(2010년대 시장점유율 80% 정도)에 대비하여, 오리온이나 롯데는 다른 가치이미지를 가짐으로써 강한 상대와 경쟁하지 않고 자신의 생존을 담보할 수 있는 이미지공간을

브랜드	브랜드 value	제품 value
WRIGLEY'S DOUBLEMINT	너와 나의 친근함	• 입안 상쾌 • 휴대 간편
益达	가족사랑/친구	• 충치 예방 • 치아 미백 • 잇몸 열기(붓기) 제거, 치아를 시원하게 • 휴대간편 • 공유
好丽友®	3+삼중보호 (입안 상쾌, 튼튼한 치아, 충치 예방)	• 입안상쾌, 충치예방, 튼튼한 치아 • 꽃 향기 • 공유, 독특, 가격 대비 고가치
乐天	씹는 재미	• 씹는 맛이 무궁 • 유쾌한 맛 • 머리가 맑아짐, 졸음퇴치 • 만화 캐릭터, 귀여움
曼妥思	신기하고 독특한	• 개성, 독특함 • 입안 상쾌 • 이중의 맛

그림 2-2 2010년대 중국 껌 시장 상표별 가치차이(포지셔닝 차이)

확보하기 위해서이다. 오리온은 입안 상쾌/튼튼한 치아/충치 예방의 세 가지 가치를 강조하고 있고, 롯데는 씹는 재미를 추구하고 있다고 저자는 판단한다.

전략 없이 신제품개발의 창작이 이루어지면 중구난방의 도깨비 시장으로 회사의 제품 서비스를 끌고 들어가게 된다. 이를 브랜드 아키텍처(brand architecture) 없이 제품이나 서비스 개발이 이루어지는 경우라고 말한다. 이런 무질서한 상품은 기업의 마케팅자원을 효율적으로 사용하지 못함으로써 자원을 낭비할 뿐만 아니라, 고객선택의 용이성을 제공하지 못해서 시장에서 외면받기 쉽다. 즉, 고객의 눈에 제품과 서비스의 바다에서 우리 제품/서비스는 어디에 있는지도 모르게 된다.

그래서 고객시각에서 상품개발이 이루어져야 한다. 이 책에서는 아벨(Abell)이 제시한 업의 개념(biz definition)을 이용하여 9가지 창작기법이 적용될 제품이 전략적 방향을 갖출 수 있도록 유도하고자 한다.

3 생각의 기술 9가지가 적용된 새로운 것을 세 측면의 전략적 방향에서 점검하자

창작기법을 통해 새롭게 고객에게 선보이는 '높은 가치'의 제품이나 서비스는 기업의 전략적 목표에 부합하는 동시에, 경쟁사와 견주어 시장에서 포지셔닝(positioning)되어야 한다. 이 전략의 부합성을 판단하는 기준으로 저자는 목표시장(who), 제품/서비스가치(why), 제품/서비스공급형태(how or what)를 제시한다.

이 기준을 활용하기 위해 Abell이라는 사람이 개발한 '業의 개념(Biz Definition)'을 이용하자. 〈그림 2-3〉의 그림을 보면 Abell 틀의 X축은 우리 제품이나 서비스를 현재 사용하거나 미래에 사용가능할 고객집단을 나열하는 축이다. Y축은 이 고객들이 왜 이 제품이나 서비스를 구매하는지에 대한 욕구를 나열하는 축이다. Z축은 X축의 고객이 Y축의 욕구를 만족시키기 위해 기업이 어떤 제품이나 서비스를 제공해야 하는지에 대한 기술이나 콘텐츠(contents)를 나열하는 축이다.

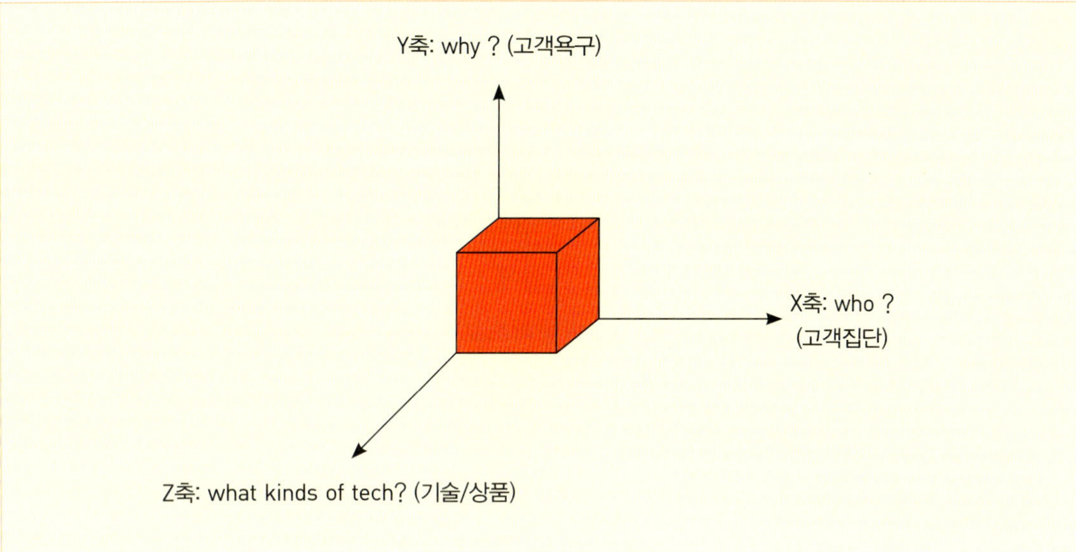

그림 2-3 Abell의 업 개념(Biz definition) 그림

9가지 미학적 창작기법이 적용된 새로운 상품이 개발되면,

첫째, X축의 고객집단인 목표시장에 변화를 초래하고 있는지를 점검해야 한다. 물론 기업이 목표시장의 변화를 추구하는 것이 목표인지, 목표시장의 변화를 추구하지 않는 것이 목표인지에 대한 사전 결정이 필요하다, 그리고, 새로운 것이 기업의 목표시장과 일치하는지를 점검해야 한다.

둘째, Y축의 고객욕구에 변화를 초래하고 있는지를 점검해야 한다. 여기에서도 기업이 목표시장의 욕구(또는 가치)변화를 추구하는 것이 목표인지, 목표시장의 욕구(또는 가치)변화를 추구하지 않는 것이 목표인지에 대한 사전 결정이 필요하다. 그리고, 새로운 것이 기업이 목표로 하는 고객욕구(또는 가치)와 부합하는지를 점검해야 한다.

셋째, Z축이 Y축을 만족시키는 도구인지를 점검해야 한다. 이미 기업이 목표시장의 욕구(또는 가치)변화를 추구하는 것이 목표인지, 목표시장의 욕구(또는 가치)변화를 추구하지 않는 것이 목표인지에 대한 사전 결정을 해 놓은 상태이다. 이제, 새로운 것의 기술, 제품, 서비스 등의 특징이 이 기업이 목표로 하는 고객욕구(또는 가치)와 부합하는지를 Z축으로 점검해야 한다.

4 이제 이 시장에 우리가 진입하고자 한다. 어떤 전략을?

논의의 편리성을 위해 중국에서 판매되는 껌 사례를 들어보자. 〈그림 2-4〉는 중국시장에 진출한 Wrigley의 Double Mint상표와 Mentos상표를 Abell의 업 개념에 적용시켜 본 것이다. X축은 연령을 적용하여 고객을 시장세분화했다. Wrigley는 어린아이에서 노인에 이르는 폭넓은 연령층을 목표시장으로 하고 있는 반면에, Mentos는 연령적으로 젊은이를 선택적으로 목표시장으로 하고 있음을 알 수 있다.

Y축은 목표시장의 고객이 제품을 구매하는 이유를 보여준다. 주로 Wrigley는 입안의 상쾌함을 얻기 위해 제품이 구매되며, Mentos는 재미를 얻기 위해 제품이 구매되고 있음을 알 수 있다. 그래서 Z축에서 Mentos는 재미를 주는 껌을 표현하기 위해 cube통에 넣어 제품을 판매하는 차별화전술을 사용하고 있다. 이 모든 사실을 하나의 그림으로 표시한 것이 Abell의 업 개념도로 표시된

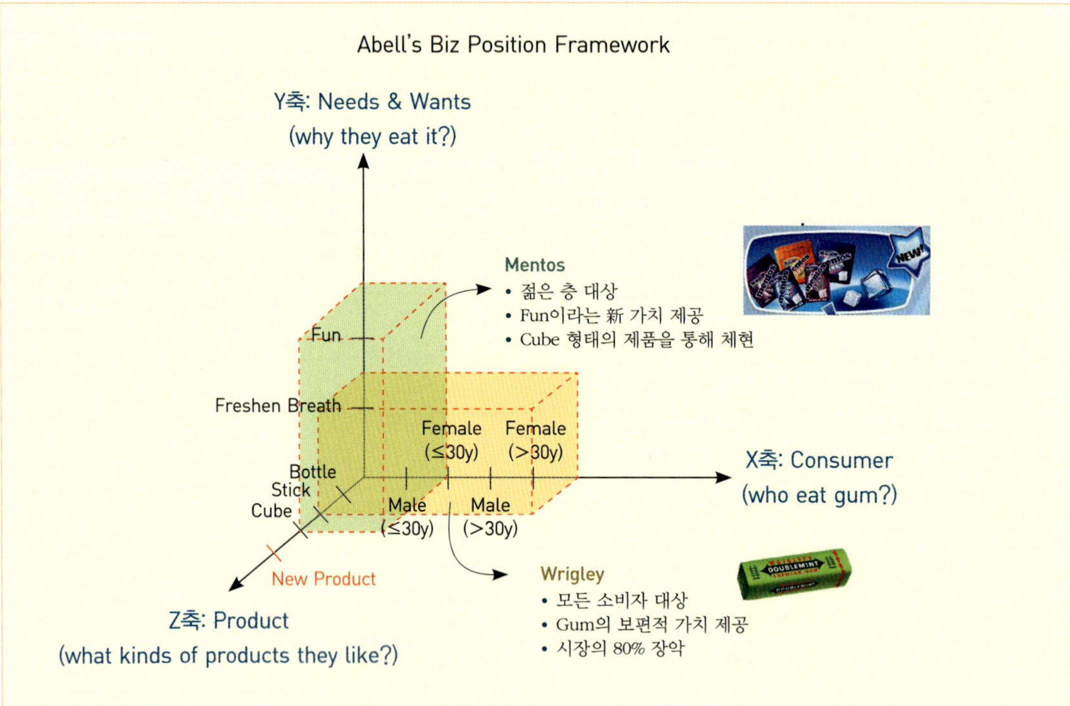

그림 2-4 Abell 업 개념에 Double Mint와 Mentos 적용해 보기

〈그림 2-4〉이다.

그렇다면 이 Abell의 업 개념 틀을 활용하여 우리의 전략을 만들어 보자. 먼저 〈그림 2-5〉와 같은 전략을 만들어 낼 수 있다. 이 전략 포지셔닝을 face-to-face 전략이라 한다.

먼저 X축을 보자. 새로운 상품의 목표시장을 기존의 가장 강력한 경쟁자의 목표시장과 동일하게 정한다. 그러면 〈그림 2-5〉처럼 X축은 파란색의 경쟁자와 노란색의 우리 회사 목표시장을 동일하게 표시된다.

Y축으로는 우리의 새로운 상품은 기존 경쟁사가 만족시키는 기존 욕구를 만족시킨 상황에서 더 나아가 아직 만족시키지 않는 새로운 욕구를 만족시키는 전략이 가능하다. 따라서 〈그림 2-5〉처럼 경쟁사의 Y축보다 더 많은 범위를 커버하는 우리 회사의 Y축을 표시하게 된다.

Z축에서는 고객의 새로운 욕구를 만족시키기 위해 X축이 제공하지 않는 새로운 Z축의 기술과 서비스가 제공된다. 따라서 우리 제품의 Z축 범위는 파란

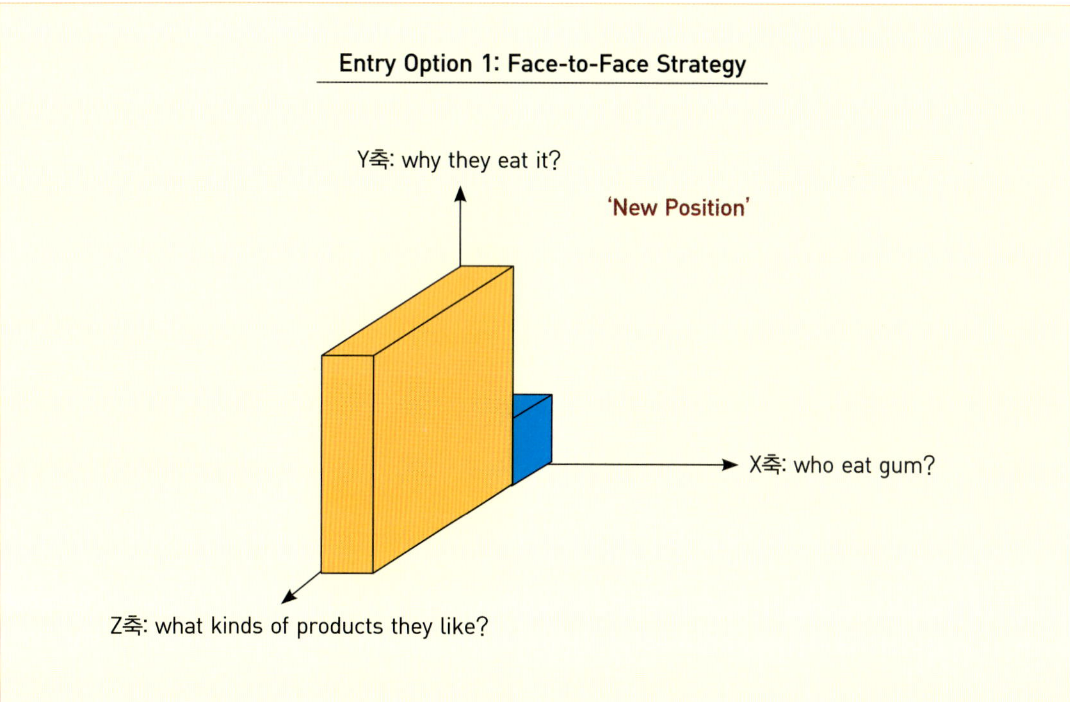

그림 2-5 Abell의 업 개념으로 도출가능한 전략 1: face-to-face 전략

색의 경쟁사와 다른 범위에 놓여지게 된다. 하지만 근본적으로는 동일한 고객을 대상으로 경쟁자와 경쟁하여 사업을 전개하므로, 이를 face-to-face 전략이라 부를 수 있다.

만약 중국 껌 사례처럼 시장점유율 80%를 가진 강력한 Wrigley의 입장에서 시장후발주자가 이런 전략을 사용해 버리면, Wrigley가 가만 놓아두지 않을 것이다. 후발 경쟁사의 제품과 동일한 Y축의 욕구를 만족시키는 Z축의 새로운 기능과 형태를 가진 제품을 출시할 것이다. 이 제품은 80%의 시장점유율을 가능하게 한 강력한 유통망을 통해 매장 내 전시공간에 높은 시장점유율로 전시될 것이다. 그러면 후발주자의 제품은 처음에는 팔리다가, 나중에는 전시공간에서 자취가 사라지게 될 것이다. 2000년대 초반 중국에는 없던 자일리톨을 가지고 Lotte가 20% 후반의 시장점유율을 차지하자마자, Wrigley가 동일한 제품을 만들어서, 2009년에 Lotte의 시장점유율이 5% 이하로 떨어진 것이 그 대표적인 사례이다.

두 번째 전략은 기존 강력한 경쟁사가 미처 공략하고 있지 않은 새로운 목표시장을 선정하여 그 사람들이 원하는 욕구를 만족시키는 새로운 제품을 만들어 내는 전략이다. 마치 화북을 점령하고 있는 조조를 피해, 유비가 제갈량의 조언을 받아들여서 형주 땅을 필두로 청두에 새 나라를 세운 것과 같은 전략이다. 목표시장을 달리해서 주요경쟁사의 주목을 피하고(X축), Y축으로는 X축의 새로운 목표시장 사람들이 우리 제품을 사는 새로운 이유를 제공하는 전략이다. Z축으로는 새로운 고객의 새로운 욕구를 위한 새로운 제품이나 서비스, 기술을 제공하는 전략이다. 이것이 유비(Liu Bei)의 전략이다.

세 번째 전략은 기존 경쟁자가 공략하는 X, Y, Z축을 포함하여 더 많은 목표시장과 더 많은 욕구와 더 많은 제품을 공급하는 전략이다. 예를 들어, 마이클 잭슨의 노래는 일반가수가 다루는 사랑에서부터 'Heal the world'처럼 전 인류를 위한 사랑을 다룬 노래까지 전 범위를 아우른다. 마이클 잭슨은 X축에 거의 모든 연령대 인종 지역을 포괄하고 있으며, Y축으로는 사랑부터 사회비판까지의 여러 개인적 사회적 이슈를 다루며, Z축으로는 발라드부터 랩까지의 다양한 장르는 소화하고 있다. 세 번째 전략은 마이클 잭슨 전략이다.

중국 껌 시장에서 80%를 점유하는 Wrigley가 마이클 잭슨인 것이다. Wrig-

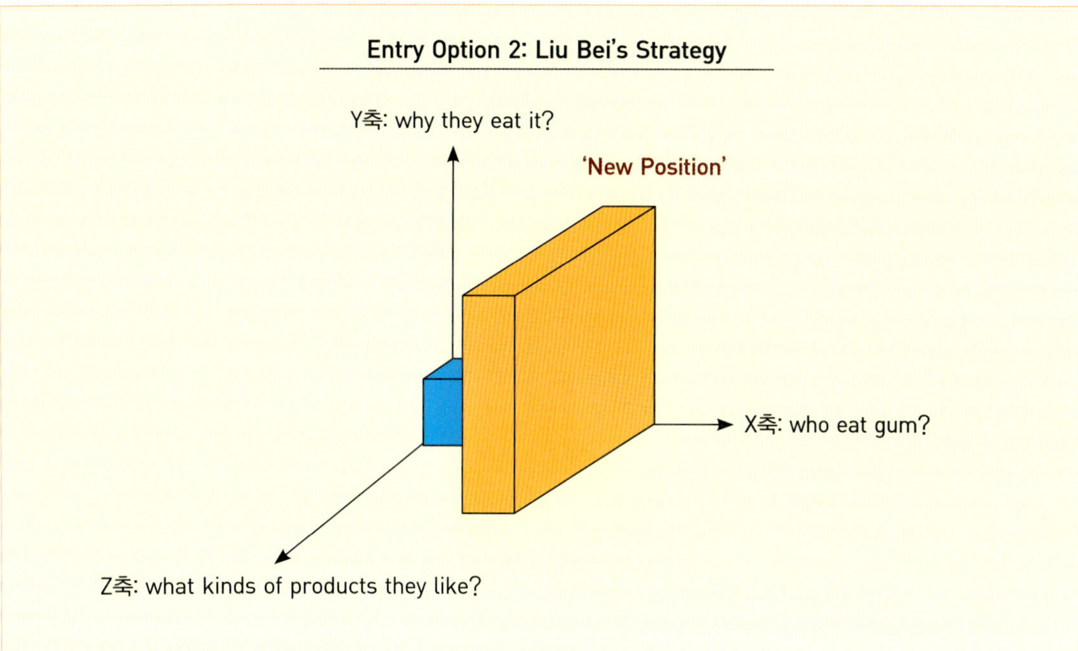

그림 2-6 Abell의 업 개념으로 도출가능한 전략 2: 유비의 전략

ley보다 더 많은 X, Y, Z축을 포괄하는 제품을 개발하고 시장에 접근하기 위해서는 엄청난 마케팅자원을 가지고 있어야 할 것이다. 기존 경쟁자를 초월(dominate)하는 것은 많은 자원이 필요한 일이다. 중국 껌 시장에서 Wrigley를 상대로 이런 전략을 사용할 수 있는 후발주자는 없을 것이다.

지금까지 논의를 보면, 우리는 후발주자로 option 2의 진입전략인 유비의 전략을 선택해야 할 것으로 보인다. 이것은 기존의 것과 '거리두기'를 해서 시장에서 성공할 수 있다는 제1장의 논의에 근거한다. 만약, 독자가 중국에서 일하는 껌 후발주자의 마케터라고 하자. '이 책에서 제공하는 9가지 생각기술을 이용하여' 우리제품이나 서비스를 새롭게 하는 전략은

1) 기존 경쟁사가 눈여겨 보지 않는 새로운 목표시장에서
2) 원하고 있는 새로운 욕구를 찾아내고
3) 이 욕구를 만족시키기 위해 제품/서비스/기능을 제공해야 하겠다는 것을 명심하고 9개 생각의 기술을 적용해야 한다.

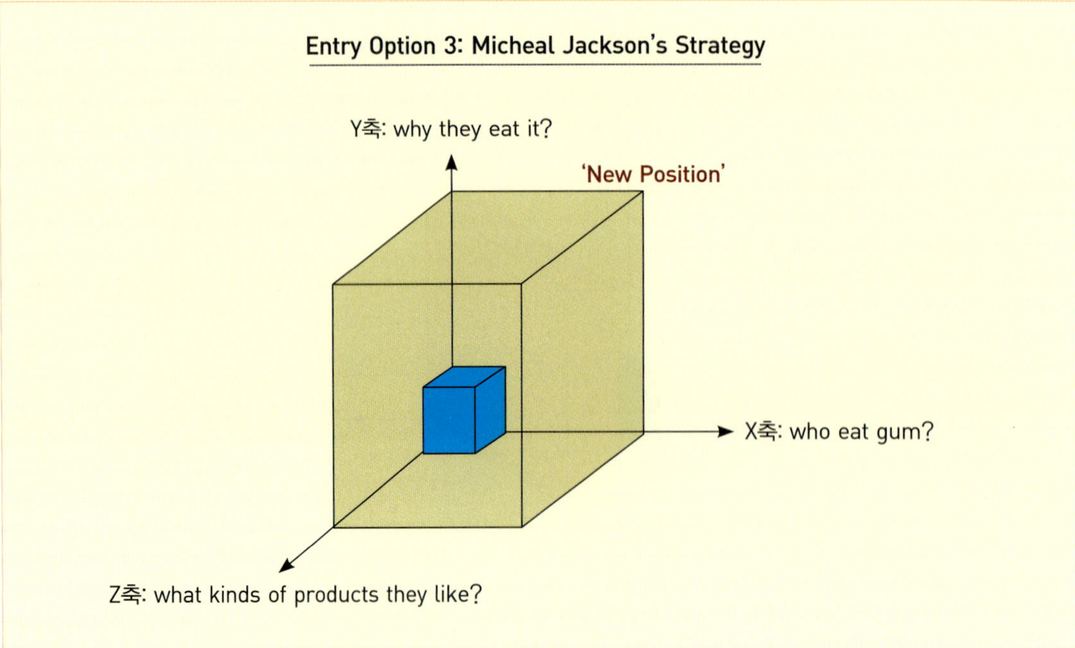

그림 2-7 Abell의 업 개념으로 도출가능한 전략 3: 마이클 잭슨 전략

이렇게 중국 껌 시장에서 후발주자가 option 2를 선택했듯이, 독자들도 지금까지 다룬 세 가지 전략적 포지셔닝 중 하나를 자신의 상품개발 방향으로 전략적 선택을 해야 한다.

이 책 제3장에서부터는 각종 미학적 창작기법이 적용될 때마다 가끔씩 새로운 신제품이나 서비스, 기업형태를 Abell의 업의 개념에 적용시켜 볼 것이다.

5 독자의 연습장

독자들이 생각하는 나의 사업의 전략적 방향을 아래 중의 하나로 선택해 보자.

- 정면대응(face-to-face strategy) ______________________
- 유비전략(Lui Bei strategy) ______________________
- 마이클잭슨전략(MJ strategy) ______________________

업의 개념을 이용하여 〈그림 2-8〉에 독자가 생각하고 있는 시장에 진입했을 때의 우리 회사나 상품의 위치를 그려보자.

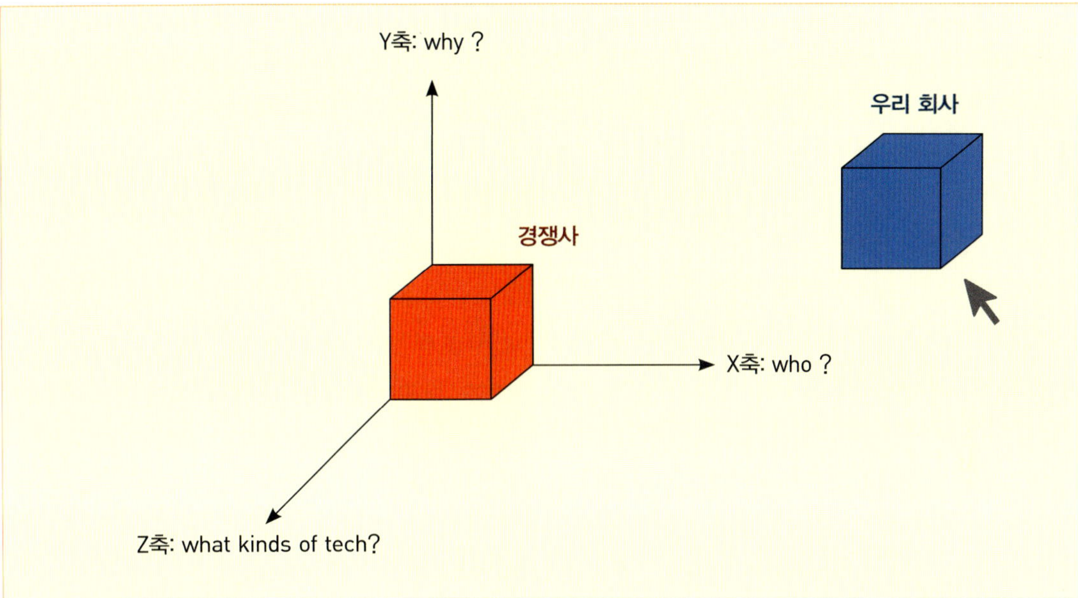

그림 2-8 업의 개념 연습장

요약

상품을 개발하기 전에 신제품의 새로운 전략적 포지셔닝을 정해야 한다. 소규모 창업자들은 유비의 전략을 선택하여 새로운 고객집단이 만족하는 새로운 욕구를 만족시키는 신상품을 만들 것을 권하고 싶다. 그리고 이런 유비의 전략은 기존 조조와 거리두기에 성공하는 것이고, 이것이 업의 개념을 통해 시각적으로 반드시 표시할 수 있어야 한다.

참고문헌

김위찬, 그레 마보안 (2005), 블루오션전략, 서울: 교보문고.

김호종 (2007), 실용트리즈의 창의성과학, 서울: 두양사.

김효준 (2009), 창의성의 또 다른 이름 트리즈, 서울: 인피니티북스.

니카이 다카요시 (2008), 잠자기 전 5분, 서울: 전나무숲, 윤혜림 옮김.

박강·김병재·장혁수·김영욱·박용원 (2005), 공학문제해결의 길라잡이: 창의공학, 서울: 인터비젼.

알트슐러, 겐리흐 (2005), 그러자 갑자기 발명가가 나타났다. 서울:인터비젼. 박성균 옮김.

윤석철 (1991), 프린시피아 메네지멘타, 서울: 경문사.

Abell, D.F. (1980), Defining the Business: The Starting Point of Strategic Planning, NJ: Prentice Hall.

Schmitt, B. and Brown, L. (2001), Build your own garage: Blueprints and tools to unleash your company's hidden creativity. NY: Free Press.

Chapter 03

관찰하고 분해하면 피타고라스와 플라톤, 괴테를 만나게 된다 Observing

미학에서 사용하는 생각의 기술을 습득하고 이를 바탕으로 새로운 것을 창조하기 위해서는 독자들이 예술품을 관찰하고 분해하는 것을 스스로 할 수 있어야 한다. 이렇게 분해를 해 놓고 보면, 피타고라스나 플라톤이 주장한 이상적인 '형태'–괴테 등이 주목한 '색상'–예술작품 해석의 대상인 '콘텐츠'가 예술작품의 기준이며, 이 세 가지가 제품/서비스를 관찰하는 기준이 될 수 있음을 알 수 있다.

그림 3-1 김홍도의 씨름도에서 잘못 그려진 부분을 표시

'바람의 화원'이라는 이정명의 소설을 보면, 김홍도의 '씨름도'라는 그림에서 오른쪽 하단에 있는 구경꾼의 엄지손가락 위치가 잘못 그려져 있음을 지적하고 있다. 하지만, 이런 오류는 전체 그림에서 느끼는 역동성이나 흥미진진한 감흥에 전혀 영향을 주지 못하고 있다. 다만, 이런 잘못을 지적하는 눈썰미가 경영자에게는 필요하다.

1 관찰하기(observing)와 플라톤

시장에서 경쟁력 있는 새로운 제품/서비스/문화콘텐츠/비지니스모델을 개발하는 데 있어서 기업이 사전에 해야 할 것 중의 하나가 우리가 경쟁하고자 하는 시장에서 고객의 눈에 비친 제품/서비스/문화콘텐츠에 대한 면밀한 관찰(observing)이다. 이 관찰을 토대로 현재 우리 것이 고객을 만족시키고 있는 부분과 그렇지 않은 부분을 진단하고, 미래의 시장에 선보일 우리제품/서비스에 개선점으로 반영하여야 한다.

이제, 좀 더 깊은 관찰에 대한 연습을 해 보자. 한 번은 무작정 관찰한 것을 나열하여 글로 써 보는 연습을 할 것이고, 다른 한 번은 기준을 제시하고 그 기준에 맞추어 관찰한 것을 분류하고 나열해 볼 것이다.

먼저 다음 〈그림 3-2〉의 사진을 보고 독자들이 관찰한 것을 여섯 개만 적어보자.

(______________________________)

(______________________________)

(______________________________)

(______________________________)

(______________________________)

(______________________________)

그림 3-2 사진 1

〈그림3-3〉의 그림을 보고, 관찰한 것을 빈 칸을 채워보자.

Samsung

(이 그림은 네모 형태가 아니라 ______________ 형태로 만들어져 있다.)

(이 그림은 ______________ 색으로 그려진 것이다.)

(이 그림 안에는 ______________ 라고 쓰여져 있다.)

그림 3-3 어느 회사의 가상적인 logo

〈그림 3-3〉은 세 가지 질문을 하고 있다. 첫째, 대상의 형태(shape)이다. 저자가 원하는 답은 타원형이 옆으로 약간 누워있는 형태이다. 때로는 타원형이 대각선 형태로 되어 있어서 '날아가는 느낌'이라고 답할지도 모른다. 어느 경우든지 형태에 대해 독자들이 묘사한 것을 직접 빈 칸에 넣기를 바란다.

둘째, 대상의 색상(color)이다. 질문자는 파란색이라는 것을 관찰자가 추론하도록 유도하고 있다. 우리나라 사람 중 대부분이 이 로고(logo)의 색상을 맞출 수 있을 것으로 예상된다.

셋째, 대상의 콘텐츠(contents)이다. 관찰자는 이 로고가 '삼성'이라는 회사의 로고라고 답을 하게 될 것이다.

이렇게 세 가지의 질문을 유도한 것은 사람들이 무엇인가를 관찰할 때 형태－색상－콘텐츠(내용) 순으로 대상을 인식하기 때문이다. 이런 형태－색상－콘텐츠(내용)는 인지심리학에서 대상인지의 기본 관찰과정이라고 오랫동안 주장되어 왔다(Wheeler, 2003). 그래서 시각적 대상에 대해 관찰을 실시할 경우, 형태－색상－콘텐츠(내용) 순으로 관찰결과를 나열하면 그 대상에 대해 많은 것을 체계적으로 관찰하여 정리할 수 있게 된다.

그래서 위의 〈그림 3－2〉의 그림을 보고 독자들이 대답한 6가지를 다시 분류해 보면, 크게 형태－색상－콘텐츠(내용)로 구분됨을 쉽게 알 수 있다. 따라서 우리 제품/서비스의 형태－색상－콘텐츠(내용)을 관찰하기만 하면 새로운 제품을 만들 틀을 갖게 되는 셈이다.

그런데 형태－색상－콘텐츠 분석틀은 인지심리학의 주제이기 이전에 철학과 미학의 주제였다. 먼저 수세기 동안 세밀하게 완성된 미에 대한 개념 중 플라톤이 '티마이오스(Timaeus V)'에서 밝힌 '조화와 비례'는 피타고라스에게서 유래한 것이다. 이들은 이상적인 형태와 비례가 존재한다는 것을 주장하고 있다(Eco 2004). 형태에서 느끼는 아름다움과 추함에 대한 논의는 그 후 계속적으로 이루어져 13세기 토마스 아퀴나스까지 이루어진다. 몬드리안의 그림에서 화면이 색으로 분할된 그림을 보면, 색으로 분할된 네모 형태만이 존재하고 있지 않는가? 이렇게, 미학에서 다루는 아름다움의 첫 페이지는 형태가 차지하고 있다.

색상이 미학의 주제가 된 것도 오래된 역사를 갖고 있다. 플라톤이 황금의 아름다움을 대화편에서 언급한 후에, '빛으로서의 神'이 유럽중세에서 각광받았고, 아우구스티누스가 '보기 좋은 색'으로 아름다움을 이야기하다가, 토마스 아퀴나스가 '선명한 색'을 미의 요소로 정의내린 바 있다(창홍, 2010). 심지어 독일의 대문호 괴테(Goethe)도 "색상론(*Theory of Color*)"이라는 책을 쓰기도 했다.

콘텐츠는 우리말로 '내용'으로 해석된다. 형태와 색상을 갖춘 것은 이미지가 되고, 이 이미지를 해석해야 하므로 각종 알레고리가 등장했으며, 이 상징을 해석하는 도상학과 도상해석학이 비평가의 핵심활동내역이 되었다. 이런 활동의 중심에 예술작품에 표현된 콘텐츠가 있는 것이다(Eco, 2010).

따라서 미학의 주제로 형태－색상－콘텐츠는 피타고라스 때부터 따진다면 2500년 이상의 역사를 가진 평가기준인 셈이다

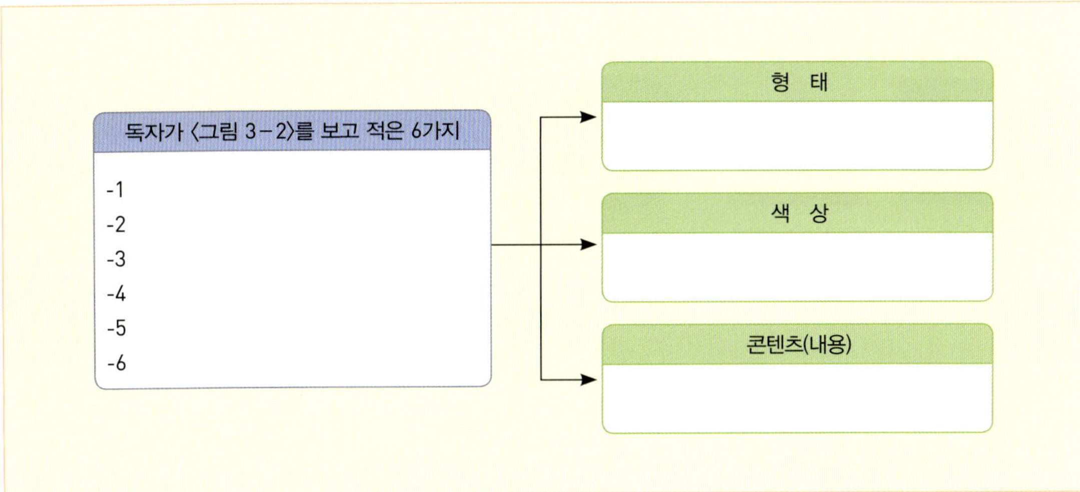

그림 3-4 관찰한 것을 형태-색상-콘텐츠 순으로 분류하기

저자는 이 책의 제3장에서 아주 단순한 세 가지 기준인 형태-색상-콘텐츠(내용)를 기준으로 관찰을 시도한다. 그래서 독자들이 쉽게 대상물을 관찰하게 유도하고자 한다. 더 많은 관찰의 기준은 제6장에서 자세히 하나씩 다루고자 한다. 제3장에서 훈련된 단순한 관찰을 복잡한 관찰의 수준으로 길을 이끌고자 한다.

형태를 관찰하기

이 책에서 인지심리학의 인지과정의 첫 단계로 '형태'를 선택했지만, 러시아의 형식주의 철학자들도 형태를 지각하기 위한 조건을 제시하고, 이 형태를 '낯설게 하기' 위한 방법을 제시한 바 있다. 이렇게 낯설게 함을 통해 새로운 주목을 고객으로부터 받게 되는 기회가 되는 것이다.

이제 제일 먼저 형태로 제품을 관찰해 보자. 대부분의 제품은 다양한 형태를 갖추고 있고, 서비스는 눈에 보이지는 않지만, 서비스를 제공하는 공간이나 장소는 눈에 보이는 사물들로 채워져 있으므로, 제품이나 서비스를 형태측면에서 관찰할 수 있다.

디자인 영역의 책에서는 형태를 크게 세모, 네모, 동그라미로 구분한다

그림 3-5 네모·세모·동그라미

그림 3-6 에펠탑의 세모에 네모와 동그라미가 더해져 있다.

그림 3-7 파리의 팡테옹 건물의 정면 사진

(Gage, 1993). 대부분의 시각물은 이 세 가지 형태의 조합이다. 이제 독자들은 아래 단락을 읽으면서 모든 사물을 세 가지 형태로만 생각해 보자. 마치 퇴계 이황 선생님이 주역을 읽으시고 난 후에 모든 사물이 주역의 괘처럼 보였듯이 말이다.

복잡한 대상물을 단순한 세 가지 형태(정확히는 도형적 실루엣)로 나누다보면, 복잡한 것도 복잡해 보이지 않게 된다. 이런 연습을 위해, 우리에게 익숙한 건물의 형태를 관찰해 보기로 하자.

〈그림 3-1〉의 김홍도 그림도 원형을 기본으로 하고 있음을 알 수 있다. 〈그림 3-6〉의 에펠탑 사진을 보자. 에펠탑은 전반적으로 세모인 형태로 보이고, 다리 부분에 동그라미가 아래쪽에 구성되어 있고, 네모가 살짝 중간 중간의 전망대에 끼어든 모양새이다. 〈그림 3-7〉의 파리의 팡테옹 건물을 앞에서 보면 위에서부터 동그라미의 돔이 보이고, 세모의 정면 입구 지붕에, 네모를 구성하는 전면으로 되어 있다. 이 건물은 로마의 팡테옹을 본 받고 있으므로, 로마의 팡테옹도 네모 정면, 세모지붕, 뒷 건물은 원형으로 되어 있음을 유추할 수 있다.

이렇게 모든 형태는 기본적으로 네모, 세모, 동그라미의 결합이다. 따라서 현재 제품 상태가 네모 형태이면, 세모와

원의 형태에서 신제품기회와 차별화수단이 있고, 현재 제품이 원형이면, 네모와 세모 형태에서 신제품기회가 있다. 이런 사례는 주위에서 쉽게 발견할 수 있다.

- 라면이 한국시장에 들어왔을 때는 보관 운반 등의 용이성을 위해 네모 형태였는데, '너구리'라는 신제품이 들어오면서 원형 라면이 등장했다. 이제 세모라면만 남았다.
- 김밥은 기본적으로 원형이다. 그런데 편의점에서 삼각김밥이라는 세모 형태의 신제품을 출시했다.
- 파리바게트라는 빵집에서 파는 빵의 형태를 보면, 네모·원형·세모의 세 형태임을 쉽게 발견할 수 있다.
- 손목시계는 주로 원형과 네모이다. 세모시계는 발견하기 힘들다.
- 네모 수박이 출시된 적이 있다.
- 각진 네모 안경과 동그란 안경이 있다.
- 컵은 주로 위에서 보면 원형인데, 네모 형태로 만들어지면 주목성이 커진다.

독자 여러분도 새로운 형태의 제품을 만들 수 있게 된다. 이제 독자가 관심 있는 제품을 하나 골라서, 아래 표를 완성해 보자.

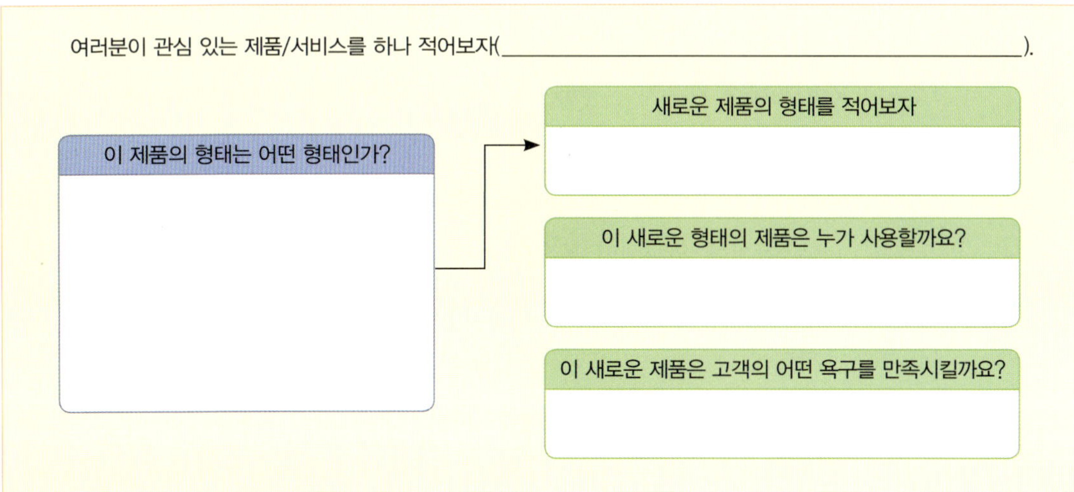

그림 3-8 새로운 형태의 제품 만들기 연습

색상을 관찰하기

피카소가 1901~04년대 초에 몇 년간은 자신의 작품을 거의 모두 청색으로 그려서, 비평가들은 그 시기를 청색시대라 부른다. 1905~06년에 피카소는 일련의 작품들을 선명한 장밋빛과 갈색톤으로만 그려서, 이 시기를 장밋빛 시대라 한다(곰브리치, 1998). 이렇게 시각적으로 예술작품은 색상으로 관찰자에게 말을 하게 된다. 색상이 관찰자에게 소통하려 한다는 것은 괴테가 1840년에도 지적했듯이 오래된 이론이다.

인지심리학에서 주장하는 대상관찰의 순서 가설에서는 사람들은 대상을 볼 때 형태 다음으로 색상(color)을 본다(Gage, 1999). 색상은 색이 있는 유채색과 색이 없는 무채색으로 구분된다. 색이 있는 유채색은 hue와 tone에 의해 〈그림 3-9〉와 같이 분류된다. 따라서 기존 제품이 무채색이면 유채색으로 제품개발이 가능하고, 기존 제품이나 서비스가 유채색이면 무채색이 새로운 시장기회가 된다. 더 나아가 유채색은 다시 hue와 tone을 바꾸어서 새로운 제품을 만들 수 있다.

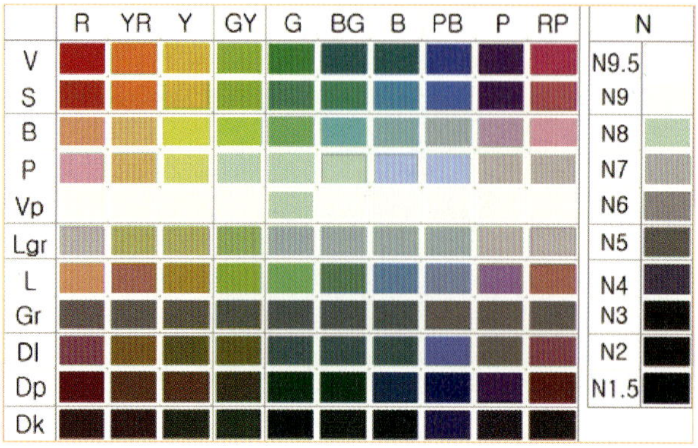

그림 3-9 색상표

- 1970년대 자동차는 주로 검정색, 흰색, 회색의 무채색이다. 하지만 최근에는 다양한 유채색이 자동차 색상으로 사용된다.
- 중국에서 팔리는 넷북(netbook)은 검은색인 무채색을 기본으로 하고 있다. 여기에 유채색인 분홍과 파란색을 선택할 수도 있다.
- 한국에서 수박의 속은 빨간색이다. 미국에서 수박의 속은 빨간 것, 노란 것도 있다.
- 케첩은 기존에 빨간색이었다. 몇 년 전에 미국의 하인즈 회사는 어린아이들이 빨간색에 거부감을 갖는 것을 알고, 초록색의 케첩을 만들었다.
- 파이프와 파이프를 연결하는 단관핀은 품질에 따라 그 색상을 달리한다.

단관핀의 부식방지를 위해 사용하는 페인트의 색상이 진할수록 단관핀의 수명이 길어짐을 의미하고, 품질이 좋다는 것을 의미한다.

- 전 세계적으로 코카콜라는 검은 색의 탄산소다수이다. 하지만 멕시코에서 팔리는 inca cola는 노란색 콜라이다.
- 19세기에 서양의 탄산수는 색상이 없었다. 여기에 검은색 탄산수가 등장했는데 콜라였다. 오란씨나 환타는 유채색 탄산수이다.
- 2011년도에 핸드폰 제조사들은 하얀색 스마트폰을 출시하기 시작했다. 기존 스마트폰은 주로 검정색이었다.
- 2012년에 출시되는 삼성전자의 갤럭시S3은 기존 검은색이나 흰색의 무채색에서 벗어나 약간 파란색을 가졌다. 유채색으로 채택한 것이다.
- 무채색만을 사용하던 아이폰에 사용하던 애플사가 2013년도에 황금색의 아이폰과 유채색의 아이폰을 생산판매하기 시작했다.
- DSRL의 색상은 거의 검은색이다. Nikon은 자신들의 DSRL에 빨간색 포인트를 준 디자인을 통해 다른 상표와 차별화를 시도한다.

특히 제품품질의 차별화가 힘든 서비스의 경우에는 색상이 매우 좋은 경쟁수단 및 차별화수단이 된다.

- 빨간색은 SK주유소, 초록색은 GS칼텍스, 노란색은 S-oil, 파란색은 현대오일뱅크이다. 이 세 상표에서 판매하는 기름의 품질은 거의 동일하다.
- 은행의 CI(corporate identity)인 로고의 색상을 보고서 사람들은 은행 간 신뢰성에 차이를 느낀다.
- 보험회사에서 근무하는 보험설계사들은 검은색이나 진한 감청색의 양복을 입을 것을 권해 받는다. 이 색이 고객에게 신뢰를 주기 때문이다.
- 렌트카 회사 중 노란색은 Hertz, 초록색은 National, 빨간색은 Avis이다. 차를 빌려준다는 서비스는 동일하다.
- 한국의 우체국은 빨간색, 중국의 우체국은 초록색, UPS는 고동색이다.
- 스타벅스는 초록색, 커피빈은 고동색, 파스쿠치는 빨간색이다. 모두 커피를 판다.

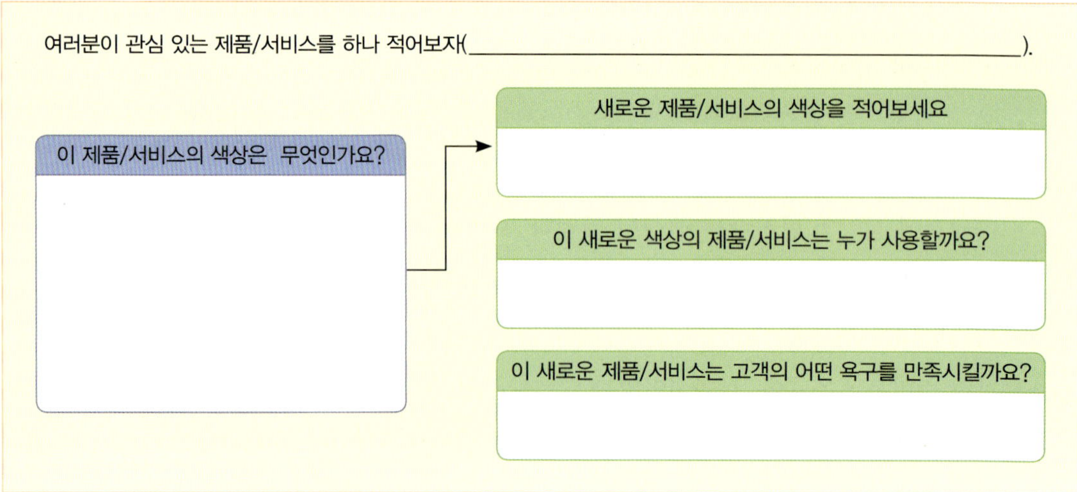

그림 3-10 새로운 색상의 상품 만들기

- 통영국제음악제의 브로셔에 표시된 가격은 색상마다 다르게 표시되어 있다.
- 어느 중학교는 학년별로 이름표 색이 다르다.
- 프로야구 및 프로축구팀은 각기 다른 색상의 유니폼을 입는다.
- 지하철 노선표는 색상으로 구분되는 경우가 많다.

독자여러분도 새로운 색상의 제품이나 서비스를 만들어 보자. 독자가 관심 있는 상품을 하나 골라서, 아래 표를 완성해 보자.

콘텐츠(contents)를 관찰하기

미학의 대상이 되는 예술품을 인식하는 마지막 단계가 콘텐츠(contents)관찰이다. 그런데, 이 콘텐츠(contents)는 지금까지 다룬 형태와 색상과는 다르게 '고객의 주관적 시각'이 작용한다는 특징이 있다.

1. 겉에서 보기와 속으로 보기, 내 눈으로 보기와 남의 눈으로 보기

콘텐츠는 창작품을 구성하는 많은 요소로 구성되어 있어서, 도대체 관람자가 무엇을 보고 있는지 창작자도 모를 가능성이 있다는 특징이 있다. 그래서,

예술품의 관찰에 있어서는 몇 가지 시사점이 있다. 첫째, 관찰하는 주체가 보는 관점에 따라서 물리적 대상의 감각적 외양이나 실제를 볼 수도 있고 보지 못할 수도 있다. 둘째, 관찰자의 사전경험이 관찰의 내용을 좌우한다. 예를 들어 말을 과거에 본 적이 없는 사람은 말이라는 답을 전혀 할 수 없다. 따라서 관찰을 통해 실체를 찾기 위해서는 '다양한 관찰결과가 도출될 수 있다는 다양성을 열어두는 태도'와 '과거 경험을 풍부하게 하는 평상시의 공부'가 필요하다(이규철, 2006). 이 같은 결론을 제품개발 중 콘텐츠(내용)개발 시에 활용하기 위해서 필요한 몇 가지 전제로 활용할 수 있게 된다.

〈그림 3-11〉은 일반적인 마케팅교과서에 실려 있는 제품의 구성도이다. 제품은 크게 세 가지로 구분된다. 제품의 핵심이 되는 편익이나 서비스 콘텐츠(내용)를 핵심제품이라 한다. 세탁기의 세탁기능, 냉장고는 식품을 낮은 온도에서 보관하는 콘텐츠(내용)를 갖추고 있어야 한다는 것이다. 기대제품은 핵심제품 이외에 상표나 포장 스타일과 같이 제품의 부가가치를 높이는 콘텐츠(내용)를 갖춘 상태를 말한다. 확장제품은 설치 및 애프터서비스와 같은 판매 이후에 일어나는 여러 콘텐츠를 포함한 제품개념이다.

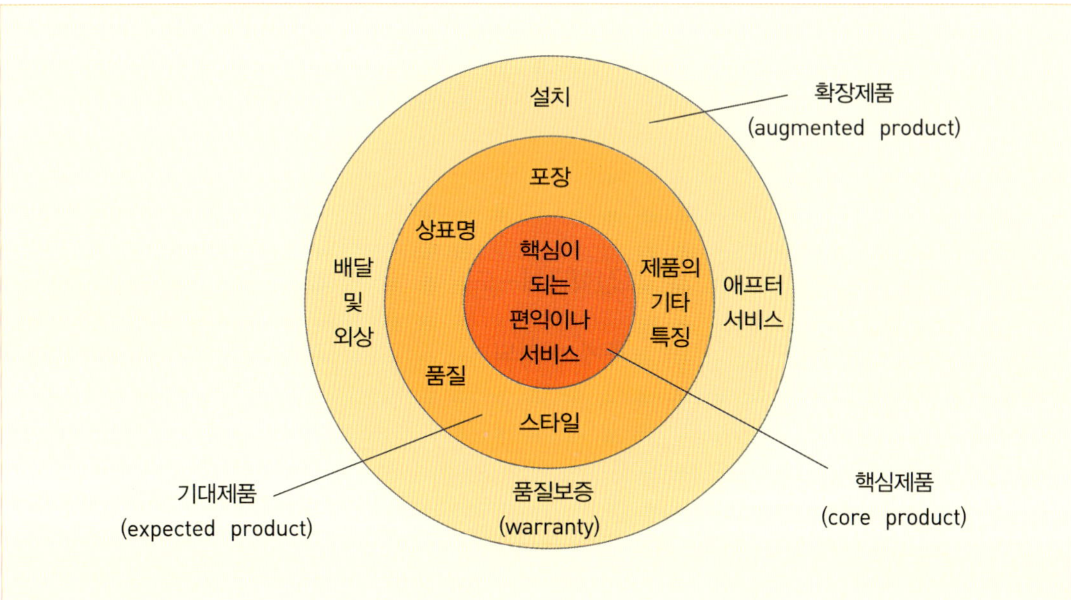

그림 3-11 제품의 구성

이와 같이 제품의 콘텐츠 구성을 놓고, 예술창작품처럼 동일한 전제를 세울 수 있다.

첫째, 보는 관점에 따라서 관찰하는 주체가 물리적 대상의 감각적 외양이나 실제를 볼 수도 있고 보지 못할 수도 있다는 예술품의 경우와 마찬가지로, 고객(구매자)이 〈그림 3-11〉의 많은 제품선택기준 중에 무엇을 보고 있는지를 판매자는 알 수 없다. 둘째, 관찰자의 사전경험이 관찰의 내용을 좌우한다는 것과 마찬가지로 제품이나 서비스를 접하는 소비자의 사전경험이 관찰의 내용을 좌우한다. 따라서 이런 제품해석의 특징을 몇 가지로 정리할 수 있다.

- 고객시각 contents는 경영자나 마케터 시각 contents와 다르다.
- 고객이 누구냐에 따라 contents를 다르게 인식한다. 따라서 우리 제품의 주요 고객목표시장에 따라 제품의 contents를 달리 본다는 가정이 가능하다.
- 고객이 처한 상황에 따라 contents를 다르게 인식한다. 상황은 장소와 시간과 그 제품특성에 의해 변화할 것이다.
- 고객의 욕구나 필요에 따라 contents를 다르게 인식한다.
- 고객의 욕구나 필요에 따라 마케터가 제공해야 하는 제품/서비스의 구성요소가 달라진다.

위와 같은 전제를 바탕으로 기업은 어떤 물리적 또는 비물리적 콘텐츠를 제품이나 서비스 등에 담을 것인가 하는 것은 제6장에서 구체적으로 다룬다.

2. 前도상학단계-도상학단계-도상해석학 단계로 콘텐츠(내용)을 관찰하기[1]

형태-색상이 예술품에 반영되면 콘텐츠가 된다. 이 콘텐츠의 의미를 해독할 때 미학에서는 前도상학단계, 도상학 단계, 도상해석학 단계를 거친다.

'여자와 남자가 걸어서 다가오다가, 마주 서서는 서로의 볼을 부딪치며 '쪽' 소리를 낸다.'

---

1) 이 단락은 진중권(2008)에서 뽑았음. 일반 독자는 읽지 마시고 건너뛰어도 좋을 부분임.

前도상학 단계에서는 관찰자는 '남자', '여자', '볼 부딪치기', '쪽 소리 내기' 만을 읽고 해석한다. 이를 '일차적, 자연적 의미'를 읽는다고 말한다. 있는 그대로의 것을 그대로 기술(describe)하는 것이다.

도상학 단계에서는 '볼을 부딪치며 쪽 소리를 내는 행위'를 '인사'로 해석했는데, 이런 해석은 역사적이나 문화적으로 이 행동의 맥락을 알아야 인사로 해석한다. 고개를 숙여서야 인사를 하는 줄 아는 한국 시골의 어느 사람 눈에는 '볼 부딪치기'는 인사가 아닐 수 있다. 이를 '이차적, 관습적 의미'를 읽는다고 말한다. 특정문화권의 관습적 코드에 대한 학습이 필요하며, 이것이 전제되어 해석하는 수준을 말한다.

도상해석학 단계에서는 볼을 부딪히는 두 사람의 '반가움'을 읽어내는 것이다. 의미 해독의 최고단계의 '본래적 의미'를 찾는 단계이다. 작품에 담긴 정신적 의미를 해석한다고 진중권(2008)은 말한다. 이제 콘텐츠는 내용 그 자체를 벗어나서, 상징이나 가치가 되는 것이다.

이제 상품을 콘텐츠로 가정하자. 형태와 색상이 제품이나 서비스에 투여되면 상품이 된다.

'북경 왕징 화련백화점 마트의 판매진열대에서 '초코파이'를 발견한다.'

前도상학 단계에서는 관찰자는 '초코파이'를 보고 해석한다. 〈그림 3-11〉에서 제시한 것처럼, 소비자/구매자/관찰자는 '초코파이'의 동그란 형태와 검은 색상, 초코렛이라는 코팅, 상표, 포장 등을 보게 된다. 마케팅에서는 이렇게 구매 전 단계에서 고객에게 시각적으로 노출되는 것이 구매의 첫 단계이기 때문에, 경영자는 '어떻게 하면 다른 상품과 차별적인 형태-색상-콘텐츠'를 시각적으로 보여 줄 것인가에 몰두하게 된다.

저자는 도상학 단계에서는 초코파이를 TPO(time, place, occasion)로 해석한다. 어느 시간에 어느 장소에 어느 상황에 구매해야 하는 제품으로 소비자가 해석하게 된다. 이는 오랜 시간 동안 군대나 가족 사이에서 즐거운 일이 있을 때 사용하는 도구로 끊임없이 소비되어 온 결과이다.

도상해석학 단계에서는 초코파이가 그 자체를 벗어나서, 상징이나 가치가 되는 것이다. 저자는 초코파이를 '情'으로 해석하는데, 이렇게 해석하는 이유는 저자가 오랜 시간 동안 광고에서 초코파이를 '정'이라고 불리는 이미지에 노출되었기 때문이다. 정을 나누는 도구로 초코파이를 해석하게 된다. 하지만 초코파이 '정' 시리즈 캠페인을 보지 못하고, 초코파이를 구매해 보지 못한 사람은 초코파이 속에 무엇이 있는지를 모르기 때문에 '정'이 들어있는 도구로 초코파이를 보지 못한다. 그래서 마케터는 상품을 광고를 통해 storytelling을 부여한다. 이를 통해 소비자로 하여금 상품을 일차적인 상품에서 벗어나 의미가 있는 상품으로 만들 수 있기 때문이다.

요약

이 장에서 주목해야 하는 것은 모든 예술작품이 형태－색상－콘텐츠(내용)순으로 파악되듯이, 우리 제품이나 서비스도 형태－색상－콘텐츠(내용)로 관찰될 수 있다는 것이다. 이제 이런 관찰을 바탕으로 미학에서 사용하는 생각의 기술을 구체적으로 나열해 보고, 이 기술을 통해 신제품이나 서비스, 조직 혁신을 시도해 보자.

참고문헌

곰브리치, E.H. (1998), 서양미술사, 서울: 열화당.

곽영식, 홍재원, 이윤경 (2007), 마케팅가격전략, 서울: 베넷.

이규철 (2006), [깨미동과 떠나는 생각여행] 관점의 다양성, 서울신문, 2006년 3월 3일.

이정명 (2007), 바람의 화원, 서울: 밀리언하우스.

진중권 (2008), 진중권의 서양미술사: 고전예술편, 서울: 휴머니스트

창홍 (정유희 옮김), 미학산책: 소트라테스에서 소쉬르까지, 서울: 시그마북스.

Eco, U. (2004), History of Beauty, Lizzoli.

Eco, U. (2010), 중세 I: 야만인, 그리스도교도, 이슬람교도의 시대, 서울: 시공사.

Gage, J. (1993), Color and Culture, LA: UC Berkely.

Gage, J. (1999), Color and meaning: Art, Science, and Symbolism, LA: UC Berkely.

Goethe, J.W. (1970), Theory of colours, MIT Press. (1840년 London 출판본을 다시 출판).

Seckel, A. (2004), Master of deception: Escher, Dali & the artists of optical illusion. NY: Fall River Press.

Wheeler, A. (2003). Designing brand identity, NY: Wiley.

Chapter 04

'dressing'을 이용한 제품/서비스개발

'Sex and Suits'라는 책에서 Hollander(1995)는 지난 200년 동안 여성 옷은 남성의 옷을 여성의 몸에 계속 덧입혀 온 것이라고 주장했다. 즉, 지난 200년의 여성복 역사는 여성이 남성의 옷을 채택함으로써 기존 여성복식과 차별화를 시도한 역사라는 것이다. 이렇게 기존 것에 무엇인가를 dressing하면 새로운 것이 된다. 이 dressing 창작기법은 복식뿐만 아니라 음악 미술 건축의 창작기법임을 이 장에서 보여주고 있다.

1 'dressing'이란?

dressing이 음식에 사용되는 경우를 '맛깔장'이라고 부르고, 이 dressing은 기존 음식에 더해져서 맛을 더하는 무엇인가를 뜻한다. dressing을 복식에서 사용하면, 'dressing'은 말 그대로 옷을 입는 것이다. 기존 것에 무엇을 더 입음으로써 더 예뻐지는 행위를 dressing이라 한다.

의상학에서 dressing을 통해 어떻게 신제품이 탄생되는지를 살펴보기 위해 '고대 이집트 복식'을 살펴보자. 〈그림 4－1〉은 고대 이집트 왕과 왕비의 모습이다.

고대 이집트의 왕은 머리에 왕을 상징하는 태양빛 모양의 관을 쓰고, 화려한 목도리를 착용했으며, 주름이 많은 치마를 입고, 그 위에 삼각 에이플론(삼각으로 이루어진 앞치마 같은 것)을 입고 있다. 반면에 이집트의 일꾼이나 노예의 모습이라고 제시된 〈그림 4－2〉를 보자. 그들은 윗몸에는 아무것도 걸치지 않고 '로인클로스(loincloth)'라고 불리는 옷으로 아랫도리만을 감싸고 있다. 이 '로인클로스'는 장방형의 천을 허리에 걸치는 남자의 의복으로 초기에는 왕에서부터 노예까지 폭넓게 사용되었다(Boucher, 1987).

그림 4－1 고대 이집트 투탄카멘왕과 왕비를 묘사한 장면

여기에서 주목할 점은 왕이 노예계층에 비해 많은 것을 입었다는 사실이다. 많은 것을 입었다는 것은 기본 형태에 무엇인가를 더했다(dressing)는 것이다. 의상학의 하위학문 중의 하나인 복식(服飾)사회심리학에서 다루는 이슈 중의 하나가 바로 dressing에 의한 사회계층간 차별화이다. 이 dressing을 layering이라고도 부른다. layering은 층을 더 한다는 뜻이다. 즉, 사회계층 중 특정계층이 어떤 옷을 기본적으로 입고 있으면, 다른 사회계층은 여기에 더 복잡

그림 4-2 고대 이집트 일꾼 또는 노예

한 장식을 하거나, 몇 겹의 옷을 더 입어서 차별화를 시도하여 美를 추구하는 것이 layering이다. 즉, 다른 계층보다 더 많은 차별적인 복식을 입음으로써 자신의 계층이 다름을 부각시키는 것이 layering이자 dressing이다. 위의 사례에서 이집트 왕은 노예들이 입는 '로인클로스' 이외에 머리와 목과 몸 등에 장식 및 다른 옷을 더함으로써 dressing을 통한 차별화를 시도하고 있음을 보여주었다. 이집트복식에서는 왕과 왕비 등의 지배층이 피지배층과의 차별화를 위해 옷을 더 입었던 것이다(Kaiser, 1996).

위의 사례에서 보듯이 기존 제품/서비스/콘텐츠에 무엇인가를 더함으로써 새롭고 차별적인 제품, 서비스, 콘텐츠를 만드는 생각의 기술 또는 창작기법이 바로 'dressing'이다.

의상학에서의 차별화기법(layering 또는 dressing)

남들이 옷 입은 것에, 나는 무엇인가를 더 입어서 차별화를 시도한다.

경영학에서의 차별화기법(layering 또는 dressing)

남들에게 없는 무엇인가를 하나 또는 그 이상을 추가함으로써 차별화를 시도한다.

하지만 이런 dressing을 통한 차별화 시도는 의상에서만 이루어진 것이 아니다. 음악, 미술, 건축, 공예 등에서 발견되는 dressing현상을 정리해 보면, 많은 예술품들이 dressing이라는 생각의 기술을 통해 새로운 것으로 탄생하여 각광받아 왔다.

2 음악, 미술, 복식의 dressing은 '종의 합성'과 '종의 분화'로 해석가능하다

우리는 다윈(Charles Robert Darwin)의 〈종의 기원〉에 대해 교과서를 통해 알고 있다. 이 '종의 기원'은 '종의 분화'가설로 이 세상의 많은 종들이 계속적으로 분화하고 있다는 주장을 한다. 그런데 우리는 '종의 분화'가설의 반대편에 있는 '종의 합성'가설에 대해서는 별로 아는 바가 없다. '종의 분화'는 하나의 종에서 다른 종으로 계속적으로 종이 많아진다는 가설이고, '종의 합성'은 기존의 종이 합쳐져서 새로운 종이 만들어지고 있다는 가설이다. 이 '종의 합성'은 우리나라 사람인 우장춘 박사의 가설이다.

dressing을 다윈적 사고로 보면, 기존의 무엇인가에서 새로운 무엇인가가 합쳐져서 그 전의 무엇과는 동일하지 않은 무엇인가가 새롭게 창조되었지만, 이것이 기존의 것과도 일맥상통한 무엇을 갖고 있는 경우에, '종의 분화'라고 부를 수 있다. 반면에, 기존의 무엇인가에 새로운 무엇인가가 합쳐져서 그 전의 무엇과는 동일하지 않은 무엇인가가 새롭게 창조되면, 이것을 '종의 합성'이라고 평가할 수 있다.

동일 카테고리 내 다른 장르 간 수평적 dressing

동일 문화예술 분야 내 파당성 및 상호배척 등으로 인해 서로 접촉이 제약되어 있는 다양한 하위 장르간이나 학파 간에 '종의 합성'이라는 dressing을 통해 혁신적인 새로운 작품이 이루어질 수 있다(신동엽, 2003).

- '밥 딜런'이 Rock이라는 음악장르에 Folk음악을 가미한 새로운 음악을 선보였다.
- 조용필은 본래 Rock을 하던 사람인데 '돌아와요 부산항에' 등의 음악을 들어보면 '트로트'라는 음악장르가 가미되어 있다.
- 서태지는 '시나위'이라는 그룹에서 Rock을 하던 사람인데 1992년 '난 알아요'라는 타이틀곡을 가진 그의 첫 앨범에서 Hiphop이라는 장르를 합

그림 4-3 동일분야 내 다른 장르 간 수평적 dressing 사례

성하였다. 그의 '하여가'에서는 김덕수의 꽹과리 소리가 들어간다. 즉, 힙합에 한국전통리듬을 dressing했다.

위의 사례를 우장춘적 시각으로 보면 장르 간의 '종의 합성'이고, 다윈적 시각으로 보면 Rock이라는 장르를 기준으로 새로운 작품으로 '종의 분화'가 이루어졌다고 설명할 수 있다. 이렇게 음악이라는 동일 분야 내에서 다른 장르를 섭취하여 dressing이 이루어져서 새로운 작품이 태어나게 된다.

동일카테고리 내 다른 지역 간 수평적 dressing

지역간 접촉 제약으로 인하여 분리되어 있었거나, 구조적 차이로 인한 차별성이 존재하였던 별도의 것들이 결합하여 혁신을 창출한 경우가 여기에 해당한다(신동엽, 2003).

- 모차르트의 곡은 독일음악과 이탈리아음악의 합성으로 평가받는다.
- 윤이상의 음악을 서양시각에서 보면 서양음악과 한국 전통음악의 합성으로 본다.

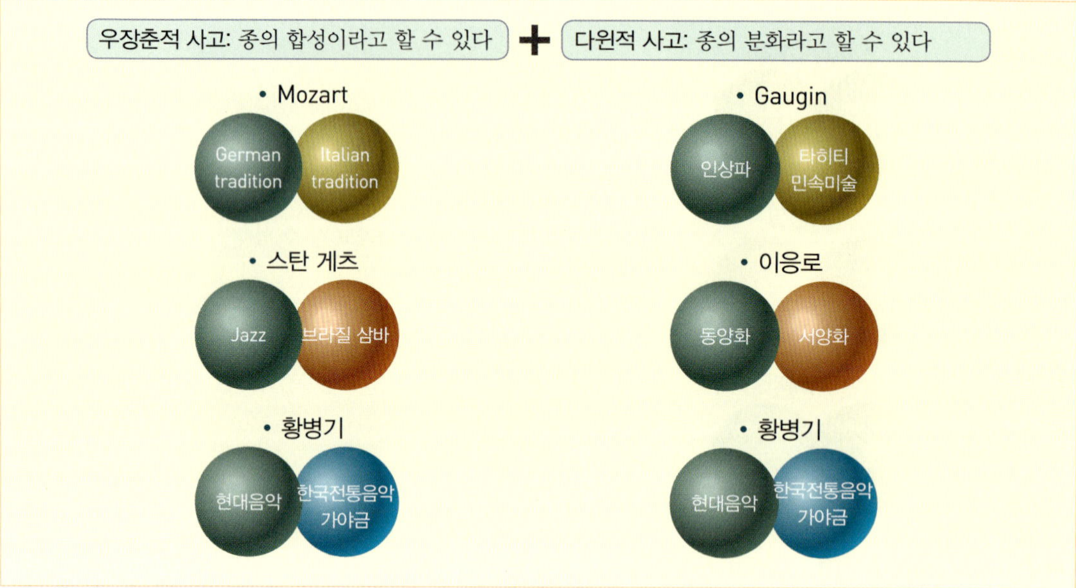

그림 4-4 동일분야 내 다른 지역 간 수평적 dressing 사례

- 황병기의 가야금 곡들은 전통적인 가야금 곡이 아니라 현대적인 음악이다.
- 스탄 게츠가 브라질의 삼바음악을 채용하여 미국의 재즈와 접목하여 재즈삼바가 되었다. 그 영향으로 미국에서 가장 많은 저작권료를 받는 사람은 비틀즈가 아니고, 안토니오 카를로스 조빔이라는 브라질 재즈 작곡가이다(남무성, 2007).
- 미술에서는 인상파화가 중 고갱이 인상파의 특징에 타히티의 전통미술 요소를 가미하여 새로움을 선사한다.
- '이응로' 화백의 한글추상 등은 서양의 미술원천에 한국적이고 동양적인 것이 합쳐진 사례이다.
- 1735년 에베르(Hebert)라는 이름의 장인이 처음으로 동양가구 위에 붙은 칠기판을 떼어다가 프랑스 고급가구에 붙이는 아이디어를 내면서 독특한 퓨전가구가 탄생하였다(이지은, 2007).
- 루브르에서 발견되는 퐁파두르 부인이 소장한 중국자기에는 중국자기에 유럽스타일의 청동받침을 더하고 있다.

- 시오노 나나미(1996)는 베네치아 여인의 호화로운 옷감과 보석, 향수는 비잔틴의 영향을 받았고, 얇은 베일과 터번의 취미는 터키의 것을 받아들였으며, 금발에 대한 동경은 북유럽 창녀의 풍습을 도입했다고 주장한다.

동일분야 내 다른 계층적 분야 간 수직적 dressing

'종의 합성' 중에는 동일분야 내에서 다른 사회계층이 별도로 사용되던 것이 수직적으로 합성되는 경우가 있다. High Culture로 인식되는 것과 일반대중의 Pop Culture의 결합이 그것이다. 동일 분야 내에서도 계층적 지위 구조로 인한 접촉 제약에서 초래되는 차별성으로 사용이 개별적으로 일어나던 것들이 결합하는 경우를 말한다.

'Queen'의 〈보헤미안 랩소디〉를 보자. 이 곡은 랩소디라는 제목이 붙어 있듯이 고전음악에서 사용하는 기악곡과 합창이 자유롭게 변화하여 적용되어 작곡된 곡이다. 본래 랩소디는 광시곡(狂詩曲)이라고도 한다. 일종의 자유형식에 의한 기악곡으로서, 대부분 민족적 또는 서사적인 성격을 띤다. 원래 고대 그리스에서 짧은 서사시를 가리켰으나, 음악의 형식으로서는 특히 19세기에 환상곡풍의 자유로운 형식이 되었으며, '토마셰크'의 '피아노를 위한 랩소디'(1810)는 그 최초의 예이다. 리스트, 드보르작, 드뷔시, 에네스코, 바르톡 등의 작품이 있다. 이렇게 Queen은 Pop이라는 계층적으로 대중계층의 것과 고전음악이라는 상류계층의 것들의 형식을 접목했다.

'두 번째 달'이라는 우리나라 ethnic band는 아일랜드 민속음악, 아르헨티나 민속음악 등을 현대음악과 접목시켜 2005년에 올해의 최고의 음반 중의 하나로 뽑혔다. 이들 작품 중에 '고양이 효과'라는 곡이나 '얼음연못'을 한 번 들어보시라. 이것의 연주도구나 그들의 음악적 배경을 보면 서양고전음악이고, 그들이 연주하는 것은 대중적인 민속음악이다.

미술분야를 살펴보면, 귀족이었던 '로트렉'은 그의 상업시설인 물랭루즈의 포스터 작품으로 유명하다. 백남준의 작품은 대중적인 매스미디어 수단인 비디

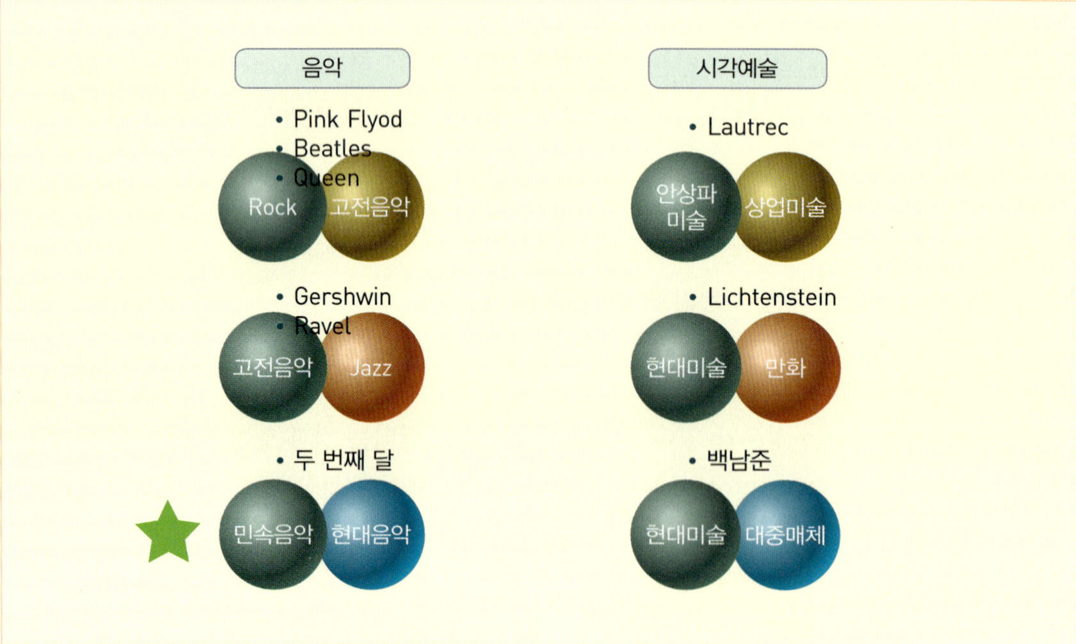

그림 4-5 동일분야 내 다른 계층적 분야간 수직적 dressing 사례

오와 TV를 사용하여, 높은 사회계층의 욕구를 만족시키는 예술품을 만들어 냈다. 이 두 사람은 귀족적 미술의 기존미술에 대중적인 새로운 소통매체를 합성시킨 사례이다.

애플사의 CEO '잡스'가 라스베가스에서 연설할 때 보면, 대중연설이므로 격식을 갖추어야 하지만 청바지를 입고 발표를 하고 있는 모습을 몇 년 동안 볼 수 있었다. 청바지는 본래 하층계급의 광부들의 복식이었는데 상류층의 외출복으로 전환되어 고가로 팔리는 경우가 여기에 해당된다. 몇 십만원짜리 청바지가 신제품으로 시장에 쏟아져 나오지 않는가?

유행의 상향전파사례 중의 하나가 르네상스 시대 베네치아 여자들의 최대한 열어젖힌 가슴이 있다(시오노 나나미, 1996). 그 시대 귀족 여자들이 창녀들의 옷차림을 흉내 냈기 때문이다. 베네치아의 창녀들은 동성애를 예방하기 위한 대책으로 유방을 온통 드러낸 모습으로 사창가의 창가에 서는 것이 허용되었다. 이 패션을 상류계층이 채택했다.

동일분야 내 다른 시대 패러다임 간 수직적 dressing

시대간 예술 패러다임의 차별성에 근거하여 다른 시대의 것을 새롭게 합성한 경우가 있다(〈그림 4-6〉 참조).

- '브람스'는 고전음악과 낭만음악을 결합한 것으로 평가받는다.
- '스트라빈스키'는 고전음악과 현대음악을 합성하였다.
- K팝스타 시즌 4에 출전한 이진아의 자작곡 중에는 바흐의 고전음악에서 채용한 부분을 발견할 수 있다.

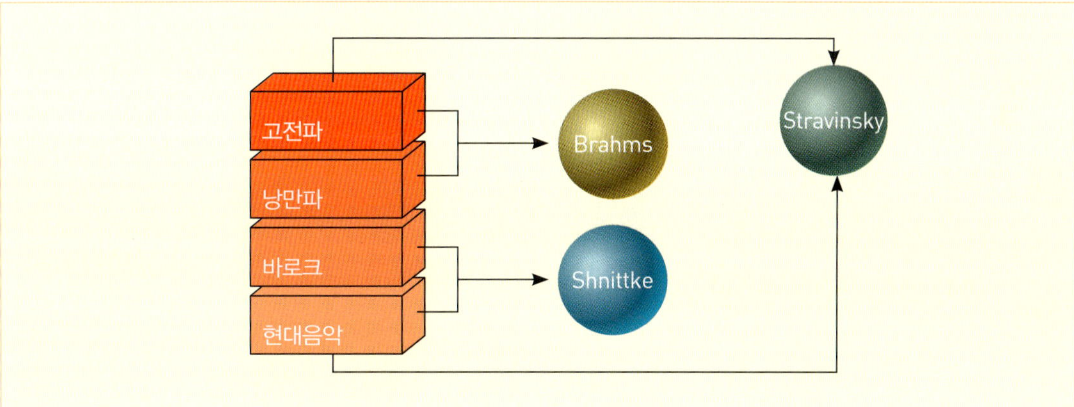

그림 4-6 동일분야 내 다른 시대 패러다임 간 수직적 dressing사례

이렇게 과거시대의 것을 현대적으로 해석하는 작업은 예술분야에서 새로운 일도 아니다.

- '이문세'의 1980년대 중반 곡들은 여러 가수들에 의해 다시 불려지는데, 빅뱅의 '붉은 노을' 등이 대표적이다. 이것들은 모두 시대적 차이를 극복하고 대중의 사랑을 받았다.
- 오드리 햅번이 전성기에 입던 바지가 최근에 다시 유행하는 것이 동일분야 내 다른 시대 패러다임 간 수직적 dressing에 해당된다.
- 2000년대 말 한국여성에게서 유행하고 있는 발등을 덮는 구두의 경우도 프랑스 루이 14세의 구두와 매우 흡사하다(〈그림 4-7〉 참조).

그림 4-7 루이 14세의 발등 덮은 하이힐과 최근의 C2C사이트에서 판매 중인 여성구두

3 건축의 dressing

고딕 성당의 건축과 기둥

서양건축사는 교회건축의 역사라고 말할 수도 있을 정도로 많은 종교관련 건축물과 관련되어 있다. 서양 교회건축의 기초가 된 그리스의 스토아가 로마의

그림 4-8 그리스 스토아 형태를 갖고 있는 독일 바덴 바덴의 쿠어하우스 내부 모습

그림 4-9 그리스 스토아 형태를 갖고 있는 독일 바덴 바덴의 쿠어하우스 외부 모습

바실리카로 발전하고, 바실리카가 교회 건축의 기본형태가 되는 과정은 지극히 dressing의 역사이다(Toman, 2004).

그리스 도시국가의 광장에 등장하는 스토아라는 건축물을 보면, 일자형의 기다란 건물로 광장을 면한 곳은 기둥만 있고 벽은 없으며, 반대편은 기둥과 벽으로 되어 있는 개방형 건물이다(〈그림 4-8, 4-9〉 참조).

그림 4-10 ㄷ자 모양의 안뜰이 생김

그런데 로마시대로 오면 〈그림 4-10〉의 윗 그림과 같이 ㄷ자 형태로 바뀐다. 그래서 안뜰이 생기고, 건물 안뜰을 향한 면은 모두 벽이 없고 기둥만 있는 형태로 바뀌었다.

로마의 바실리카의 안뜰 공간에 지붕을 dressing한 것이 교회의 기본형태가 되었다. 그래서 정면 중앙 입구로 교회에 들어가면 신랑이라는 높은 지붕공

그림 4-11 주기둥이 주로 보이고 덧기둥이 살짝 dressing된 독일의 어느 성당 기둥

그림 4-12 덧기둥만이 보이는 어느 이탈리아 성당의 기둥

간이 생겼으며, 예전 스토아의 주랑에 해당하는 〈그림 4-8〉의 공간은 측랑이 되었다. 지붕공간에는 신랑의 조명을 위해 창문이 만들어진다. 따라서 교회건축의 역사는 건물과 건물의 dressing과 첨탑과 창문 등의 dressing의 역사인 셈이다.

이제 교회건축물 중에서 고딕건축물의 기둥만을 별도로 살펴보자. 먼저 〈그림 4-9〉는 스토아 형태의 기둥을 보여준다. 각 기둥은 천장의 하중을 버티기 위한 위치에 설계되어 있다. 그런데 고딕풍의 교회 등의 서양 건축물은 마치 여러 개의 얇은 기둥을 몇 개 묶어서 하나의 기둥을 만든 것처럼 보인다. 가장 간단한 형태로는 〈그림 4-11〉처럼 주 기둥 겉면의 한 면마다 한 줄기 덧기둥을 dressing한 경우를 보여준다. 이 덧기둥은 서까래에 이어져 천장에서 교차한다. 〈그림 4-11〉를 보면 주기둥이 천장의 하중을 모두 받아내고 있음을 알 수 있다. 반면에 덧기둥은 서까래와 연결되어 있어서 실제 지붕하중을 받아내지 않고 있다.

이제 〈그림 4-12〉와 〈그림 4-13〉을 보면 하중을 받아내는 주기둥의 모습은 보이지 않고 오직 덧기둥만으로 모든 기둥이 이루어지듯 착각하게 만들어진 고딕기둥을 보여준다.

이렇게 고딕건축물의 기둥은 주기둥과 고딕기둥으로 이루어져 있다. 이런 기법은 중세유럽의 고딕에서만 이루어진 것은 아니다. 〈그림 4-14〉는 폼페

그림 4-13 스페인 부르고스 성당의 고딕기둥

그림 4-14 폼페이 유적에서 보이는 주기둥과 덧기둥의 단면

이 유적에서 발견된 기둥의 단면이다. 주기둥 주위로 연꽃무늬의 덧기둥이 보인다.

무량수전 배흘림기둥을 생각해 보자. 우리의 건축에서 사용된 기둥은 주기둥만이 사용된다. 덧기둥이 없는 것이다. 따라서 고딕건축의 기둥은 덧기둥이라는 dressing이 이루어져서 새로운 시각적·물리적 모습으로 우리 눈으로 인식된다(최순우, 1994).

다리(bridge) 위에 지붕이나 건물이 dressing

지붕이나 회랑이 있는 다리를 '낭교'라고 부른다. 우리가 생각하는 일반적인 다리는 지붕이 없다. 하지만, 한국사람들이 관광으로 많이 방문하는 스위스 루체른(Lucern)에 가면, 낭교가 있어서 우리나라 관광객이 열심히 이 다리를 사진에 담는 모습을 볼 수 있다. 이 다리는 다리 위에 지붕을 얹었다.

단테와 베아트리체가 운명처럼 만난 피렌체의 베키오 다리에는 건물이 들어서 있다. 우리가 아는 다리는 다리만 있을 뿐 그 위에 건물은 없다. 하지만 옛날 파리 등의 다리에도 건물들이 들어서 있었다. 이 베키오 다리는 그 건물들이 아직도 남아서 상업시설로 이용되고 있다.

그림 4-15 다리 위에 지붕이 dressing되어 있는 루체른의 카펠교

그림 4-16 다리 위에 건물들을 세운 피렌체의 베키오 다리

4 빛(light)을 dressing한 예술가

모네나 마네와 같은 인상파(impressionism)의 그림을 기억해보자. 이들은 그림에 빛을 dressing함으로써 사물이 갖고 있는 형태가 애매모호해졌다. 빛을 그림에 반영한 정도와 각도, 관찰자의 관찰각도, 시간에 따라 그림대상의 고유 색상이 빛에 의해 달라지는 현상을 루앙성당시리즈, 연작시리즈, 생트 빅투아르 산 연작시리즈 등을 통해 보여주었다. 이런 현상에 대한 관찰의 근원은 빛(light)을 그림이 도입했기 때문이다.

그렇다면, 예술에 빛이 도입되기 이전의 작품은 어떠했는가? Arnheim(1974)는 빛이 예술에 적용되기 이전의 작품들에서는 입체감이 없었다고 주장한다. 로마시대 도자기에 그려진 그림을 보면 바탕색과 그림과의 대비에 의해 사물을 보여줄 뿐이다.

이명옥(2008)은 빛을 그림에 도입한 것은 인상파 화가 이전에 카라바조, 베르메르, 렘브란트 등이라고 열거하고 있다. 이렇게 빛이 도입되자 인물에 입체감이 살아났다. 또한 Acton(2004)은 인상파화가만이 빛(light)을 그림에 도입한 것이 아니라고 주장한다. 그녀가 나열한 빛을 도입한 예술가나 건축물을 나열하면 다음과 같다.

- 영국 18세기~19세기에 걸쳐 안개와 빛을 풍경화에 담은 조지프 말로드 윌리엄 터너(Joseph Mallord William Turner)
- 3차원 설치작품에 빛을 도입한 플레빈(Dan Flavin)
- 건물 천장에 구멍을 뚫어서 직접 하늘에서 쏟아지는 햇살이 공간 내 설치한 미술품에 다달하게 만든 터렐(James Turrell)
- 건물의 천장을 3,312개의 유리로 덮어서 빛이 유리를 담고 있는 철의 그림자를 마당(Great Court) 안에 쏟아지도록 설계한 영국대영박물관(British Museum)

위의 사례에서 볼 수 있는 것은 빛(light)이라는 새로운 요소가 예술가들의 작품을 다른 작품과 차별적인 것으로 만드는 수단이 되었다는 것이다. 그들이 왜 어떻게 빛을 도입했는지는 구체적으로 알 수 없지만, 이들은 빛이라는 수단을 dressing함으로써 차별화를 통해 고객들에게 어필할 수 있는 기회를 갖게 되었다.

요약

dressing으로 신제품이 가능하다

지금까지 음악·미술·건축·의상 등의 다양한 분야에서 시간과 공간의 요소들을 dressing함으로써 종의 분화와 종의 합성처럼 다양한 창작물이 쏟아져 나왔음을 보여주었다. 그렇다면 우리도 이렇게 창의적으로 dressing을 할 수 있을까? 물론 할 수 있다. 우리는 어릴 적부터 이미 이런 dressing 훈련에 익숙해져 있다. 우리나라에서는 어렸을 때부터 옷입히기 게임을 해 오고 있다. 속옷만 입은 마네킹에게 모자나 액세서리, 옷 등을 입히는 게임이다. 저자는 어릴 적에 누나들이 종이 마네킹에 종이옷을 오려서 열심히 입히던 것을 구경한 적이 있다. 예전에는 종이 옷이었는데 요즘은 디지털로 한다. 이것이 우리나라가 갖고 있는 dressing 연습장이다.

이제 제6장에서는 dressing을 통해 신제품/서비스/문화콘텐츠를 개발하는 구체적인 세부기준을 제시하고 독자들이 스스로 경영에 필요한 창작물을 만들어 내는 연습을 실시하게 된다.

참고문헌

남무성 (2007), Jazz it up, 서울: 고려원북스.

시오노 나나미 (1996), 바다의 도시 이야기, 서울: 한길사.

신동엽 (2003), 문화예술혁신과 필드의 네트워크구조, 영추포럼.

이명옥 (2008), 그림읽는 CEO, 서울: 21세기북스.

이지은 (2007), 귀족의 은밀한 사생활, 서울: 지안.

최순우 (1994), 무량수전 배흘림 기둥에 서서, 서울: 학고재.

Action, M. (2004), Learning to look at modern art, NY: Routledge.

Arnheim, R. (1974), Art and visual perseption: A psychology of the creative eye, CA: UCLA.

Boucher, F. (1987), 20,000 years of fashion: The history of costume and personal adornment, NY: Abrams.

Hollander, A. (1995), Sex and Suits: The evolution of modern dress, Kodansha Globe.

Kaiser, S. (1996), The social psychology of clothing: Symbolic appearances in context, NY: Fairchild Books.

Toman, R. (2004), Gothic, Cologne: h.fullmann.

Chapter 05

'stripping'을 이용한 상품개발

어떤 사건이 있는 없든 차이가 나지 않는다면, 그 사건은 전체에 반드시 필요한 부분이 아니다

아리스토텔레스, 시학 8장

덜함이 더함이다

미스 반 데어 로에, 바우하우스 마지막 교장

아돌프 로스(Adolf Loos)는 '장식은 범죄다'라고 외치며, 건축에서 일체의 장식적인 요소를 배제하였다. 비엔나 호프부르크 앞의 로스 하우스(Loos haus)는 아무런 장식 없는 벽면을 자랑하며 건축사의 한 획으로 서 있다. 이렇게 기존 것에서 무엇인가를 제거(stripping)함으로써 새로운 것을 창출하는 과정을 통해 신상품과 프로세스를 설계할 수 있다.

1 'stripping'이란?

의상학의 dressing 개념이 음악과 미술에서도 동일하게 적용될 수 있고, 이를 통해 새로운 음악, 미술, 의상이 생겨났음을 보여주었다. dressing 개념의 반대가 eating이라는 개념과 stripping이라는 개념이다. eating은 먹어버린다는 뜻과 생략한다는 뜻이 들어 있다. stripping은 옷을 벗어버린다는 뜻이다. 이 개념은 기존의 것에서 삭제하거나 생략하는 것을 통해 차별화를 시도할 수 있음을 시사하고 있다.

우리나라 인기배우 김민정은 기존 한복에서 윗도리가 제거된 상태의 한복을 입고(한복에는 치마와 저고리를 입는데, 김민정은 치마만 입었다는 뜻) 부산국제영화제에 참여한 적이 있다. 이것이 eating이나 stripping을 통한 차별적 디자인을 시도하여 아름다움을 창조한 사례이다.

즉, dressing의 반대개념으로 사회계층 중 특정계층 또는 특정인이 어떤 옷을 기본적으로 입고 있으면, 다른 사회계층이나 다른 사람이 여기에서 하나 또는 몇 개의 구성요소를 제거함으로써 새로운 것을 만들어 내는 것이 eating이자 stripping이다(Kaiser 1996; Schmitt and Brown, 2001). 이런 연장선상에서 기존제품에, 기존서비스에, 기존콘텐츠에서 무엇인가를 제거함으로써 새롭고 차별적인 제품, 서비스, 콘텐츠를 만드는 것이 eating이나 stripping이다.

의상학에서의 차별화기법(eating 또는 stripping)

남들이 옷을 입으면, 나는 벗어 버려서 차별화를 시도한다.

경영학에서의 차별화기법(eating 또는 stripping)

남들이 하는 무엇인가에서 하나 또는 그 이상을 제거함으로써 차별화를 시도한다.

stripping 기법은 광고회사에서 창의적인 아이디어를 내려할 때 사용하는 SCAMPER라는 창의적 사고기법 중 'Eliminate(제거하라)'에 해당하는 사고이다. stripping은 복식뿐만 아니라 음악·미술·건축 등에서도 발견된다.

2 예술분야에서 stripping 원리

Jazz의 cool은 stripping

Jazz의 역사에서 큰 획을 그은 마일스 데이비스(Miles Davis)는 '때로는 불지 않는 것이 부는 것보다 중요하다'며 cool jazz를 창시했다. 이는 기존 bebob 등에서 빠르게 진행하는 jazz의 운영방식을 완전히 탈피했다. 1950년대를 상징하는 마일스 데이비스의 쿨재즈(cool jazz)앨범 〈Birth of Cool〉을 들어보면 디지 길레스피(Dizzy Gillespie) 등의 기존 비밥(Bebop)과는 아주 대조적이다. 비밥이 빠르고 복잡하다면, 쿨재즈는 '차분하게 느리게 이야기하는 방식'이다(남무성, 2007). 가령 4/4박자 곡 한 마디의 시간 안에 비밥이 1/16박자의 짧은 음을 16개 배치하여 연주한다면, 쿨재즈는 2박자짜리 두 개를 시간상으로 멀리 배치한 것이다. 이렇게 동일한 시간의 공간 안에서 음을 가까이 두는 것과 멀리 두는 것은 음악을 듣는 사람에게 아주 다르게 들리고, 이런 차이가 듣는 사람의 느낌을 다르게 한다.

비밥의 4박은 16분 음표가 16개 1111 1111 1111 1111

쿨재즈에서 4박은 1박이 4개 1 1 1 1

베토벤의 〈운명교향곡〉에서 첫 도입부의 '빰 빰 빰 빠 암'과 김종국의 〈사랑스러워〉에서 '머리끝부터 발끝까지 사랑스러워…'를 생각해 보면 쉽게 이해된다. 이것을 stripping 관점에서 본다면 베토벤은 김종국의 노래에 비해 상대적으로 일정시간 안에 연주하는 양을 줄인 셈이다.

텔로니어스 몽크(Thelonious Monk)라는 연주자는 공연 도중에 때로는 연주를 하지 않거나 멈추어 버린 것으로 유명하다. 이 사람은 의도적으로 연주 도중에 음을 stripping함으로써 새로운 자신만의 음악스타일을 창출하기도 했다.

기타리스트 이병우는 2010년 통영국제음악제 콘서트를 진행하면서, 연주를 시작하기 전에 베이스 기타리스트에게 4박에 2개의 음을 4박자에 1개의 음만을 칠 것을 요구하였다. 한 개를 생략해 달라고 요구한 것이다.

미술의 stripping

한국화의 미에 대한 평가에서 최순우는 '여백의 미'라는 말을 사용했다(최순우, 1992). 그림을 그릴 때 다 채우지 않음으로써 작가의 의도를 제시하고, 관람자는 그 공간에 자신의 상상을 집어넣게 된다. 아래 김홍도의 신선도를 보면 8폭 병풍에서 오른쪽에서 5번째 병풍에는 아무것도 그리지 않았다. 이렇게 그리지 않아도 그린 효과가 있다. 김홍도의 의도적인 stripping이다(유홍준, 1996).

이정명(2007)의 '바람의 화원'에서 신윤복과 김홍도는 다음과 같은 대화를 나눈다. 이 둘은 최소한의 붓 터치(최대의 stripping)만으로도 완벽한 그림이 될 수 있음을 말한다.

> "산수나 사군자의 양식은 그리 간단치 않아. 지극히 뛰어난 예인은 절제할 줄 아는 자지. 가능하면 선을 줄이고 붓질을 줄여서 극도의 단순한 기법으로 대상의 핵심을 표현하는 거야. 단 세 번의 붓을 대어서 난 한 폭을 치는 대가도 있다."

이렇게 그리지 않는 전통은 한국문인화에서 많이 발견된다. 무위당 장일순씨의 작품 중, 〈묵란-어머니〉라는 작품을 보면, 회색빛 향기가 밑에서 올라와 사람의 코로 솟아나는 그림이다. 이 작품에서 그는 단 몇 개의 붓터치로 난을 그리고, 향기를 그리고, 그 향기를 맡는 사람을 그리고, 그 사람이 맡는 향긋함을 표현한다. 이 분의 작품은 단순한 붓터치로 감상하는 사람에게 많은 체험을 줄 수 있다는 것을 보여준다(유홍준, 1996).

그림 5-1 김홍도의 신선도

예를 들어, 무위당 장일순 〈나무아미타불〉이라는 작품에서 사람의 얼굴은 단 붓 다섯 번이다.

굵게 직선으로 세 번
가늘게 곡선으로 두 번

장일순의 작품은 단순함(simplicity)의 극치를 보여준다. 이렇게, 그림에서는 최대한의 stripping만으로 충분히 작품이 가능하다.

비단 이런 stripping이 한국화에만 있는 것은 아니다. 빛을 회화에 dressing하고 stripping하는 역사는 화려하다. 시각예술에서 시선의 변화와 더불어 빛을 처리하는 방식은 르네상스 이후 엄청난 변화를 겪었다. 빛의 극단적인 대비를 통해 공간의 깊이와 볼륨감을 만들어낸 바로크 회화에 비해(한마디로 빛을 많이 사용했다는 소리), 르네상스 회화는 빛이 어디에서 유입되는지 모를 정도로 화면의 밝기가 균질했다(한마디로 빛의 사용이 적어졌다는 소리)(김홍기, 2007). 반면에 19세기 인상파는 화면에 빛을 많이 dressing하여 사용한 반면에, 사물형태를 윤곽선이 없어져 보이는 stripping을 시도했다. 즉, 인상파 화가들은 그림에서 사물의 형태를 stripping하는 경향이 있다. 빛을 dressing함으로써 사물의 형태가 사라지고 있고, 오직 인상만 남았다는 평가를 받는다.

모네(Monet)의 연작시리즈 중 건초더미 연작시리즈와 루앙대성당 연작시리즈에서 건초더미나 성당의 형태가 뚜렷하지 않고 모호해진다. 모네의 루앙대성당의 장미입구와 장미창이 모두 윤곽선이 흐릿해져 있다. 또한 작가가 그린 시간에 따라 건초더미나 성당의 색상이 모두 달라지고 있음을 알 수 있다. 연작시리즈의 색상이 모두 다른데, 이런 것은 실제 대상의 색상이 존재하지 않는다는 것을 표현하기 위한 것이다. 이렇게 모네의 연작시리즈는 실제 상태에서 존재하는 형태와 색상이 stripping되어 가고 있다.

건축의 stripping

건축에서는 의도적으로 건물의 일부를 짓지 않는 경우가 있다. 필로티

그림 5-2 필로티가 일반주택에 적용된 경우

(pilotis)가 대표적이다. 지상층의 전부 또는 일부를 일반인의 자유로운 왕래와 자동차의 통행을 위하여 개방하는 것이 목적이며, 거주 부분이나 사무실은 지상을 왕래하는 사람과 차량의 동선(動線)에 방해되지 않는 2층 이상에 설계한다는 개념이다. 그래서 1층이 비어 있고 기둥만 있게 된다. 있어야 한다는 편견을 버린 사례이다. 즉, 공간을 위한 벽을 stripping한 것이다.

그런데 건축에 있어서, 있어야 한다는 편견을 버리면 더 이상한 작품이 나올 수도 있다. 북경에 있는 CCTV건물을 보면 기둥 두 개를 없애고 가운데 공간을 stripping했다. 필로티는 주로 기둥만 있고 벽을 제거했으나, 이 건물은 기둥도 stripping하고 벽도 stripping했다. 북경에 기념비적인 건물로 남을 것이다.

16세기 프랑스 가구에서의 stripping

16세기부터 17세기 후반까지 프랑스 가구 중 일반인이 앉는 의자는 등받이가 생기고, 쿠션이 dressing되어 가는 방향성을 가졌다고 지난 장에 소개한 바 있다. 반면에 왕의 의자에서 출발하면, 16세기까지 프랑스 왕의 의자 등받이는 머리보다 한참 높은 등받이가 특징이다. 16세기 들어서면서 의자의 등받이는 점점 낮아지기 시작했다. 따라서 왕의 의자는 높이 측면에서 stripping의 역사를 가진다(이지은, 2007).

요약 stripping으로 신상품이 가능하다.

지금까지 음악 미술·건축·의상 등의 다양한 분야에서 시간과 공간의 요소들을 stripping함으로써 다양한 창작물이 쏟아져 나왔음을 보여주었다. 그렇다면 우리도 이렇게 창의적으로 stripping을 해서 고객에게 사랑받는 제품이나 서비스를 창조할 수 있을까? 물론 할 수 있다. 아래에서 언급된 것처럼 아리스토텔레스의 말을 기억하기만 하면 된다. 이 언급은 어느 구성요소를 stripping할지 안 할지를 결정할 때 가장 핵심적인 기준이 된다.

- 어떤 사건이 있는 없든 차이가 나지 않는다면, 그 사건은 전체에 반드시 필요한 부분이 아니다(아리스토텔레스 시학 8장: 천병희 옮김 2002).

제6장에서는 stripping을 통해 신제품/서비스/문화콘텐츠를 개발하는 구체적인 세부기준을 제시하고 독자들이 스스로 경영에 필요한 창작물을 만들어내는 연습을 실시하게 된다.

잠깐 쉬어가는 페이지

KBS 프로그램 중 '남자의 자격'의 '귀농'편에서 김국진은 고창읍내로 전자레인지를 사러 가서 매장주인에게 이렇게 말한다.

'가장 버튼 수가 적은 걸로 주세요'.

이 언급은 고객은 반드시 기존 것보다 dressing이 많이 된 제품을 원하지 않는다는 것을 보여준다.

말을 뜻하는 한자인 馬는 요즘 중국 본토에서 马자로 쓰인다. 간자체는 많은 중국한자를 아주 간단한 형태로 stripping했다.

참고문헌

김홍기 (2007), 그림이 된 건축, 건축이 된 그림 1, 서울: 아트북스.

남무성 (2007), Jazz it up, 서울: 고려원북스.

아리스토텔레스 (2002), 시학, 서울: 문예출판사, 천병희 옮김.

유홍준 (1996), 정직한 관객, 학고재.

유홍준 (1997), 다시 현실과 전통의 지평에서, 창작과 비평.

이정명 (2997), 바람의 화원, 밀리언하우스.

이지은 (2007), 귀족의 은밀한 사생활, 서울: 지안.

최순우 (1992), 최순우 전집, 학고재.

Jensen, B. (2000), Simplicity, Cambridge, MA: Perseus Book.

이 책은 업무, 조직 등을 설계할 때 stripping을 어떻게 할 것인가에 대한 통찰력을 제공한다. 이 책에서 단순화를 설계할 때 기준으로 제시한 것이 고객시각에서 1) simpler to know, 2) feels simpler, 3) simpler to use, 4) simpler to do, 5) simpler to succeed의 다섯 가지이다.

Kaiser, S. (1996), The social psychology of clothing: Symbolic appearances in context, NY: Fairchild Books.

Loos, A.(1997), Ornament and Crime: Selected Essays. (Studies in Austrian Literature, Culture, and Thought. Translation Series), Ariadne Press.

Schmitt, B. and Brown, L. (2001), Build your own garage: Blueprints and tools to unleash your company's hidden creativity, NY: Free Press.

Chapter 06

무엇을 dressing하고 무엇을 stripping할 것인가? 아리스토텔레스의 크기부터…

이 장에서는 음악 미술 건축 의상에서 사용된 dressing과 stripping을 구체적으로 제품과 서비스를 개발하는 데 응용하는 과정을 다룬다. 이를 위해 제3장에서 다룬 형태-색상-콘텐츠 인식과정을 큰 기준으로 하고, 이 기준 밑에 세부기준을 제시하여, 이 세부기준을 이용하여 신제품이나 서비스가 개발된 사례를 보여준다. 그리고 마지막으로 독자들이 형태-색상-콘텐츠의 세부기준을 응용하여 신제품이나 서비스를 스스로 개발하는 연습을 해 본다.

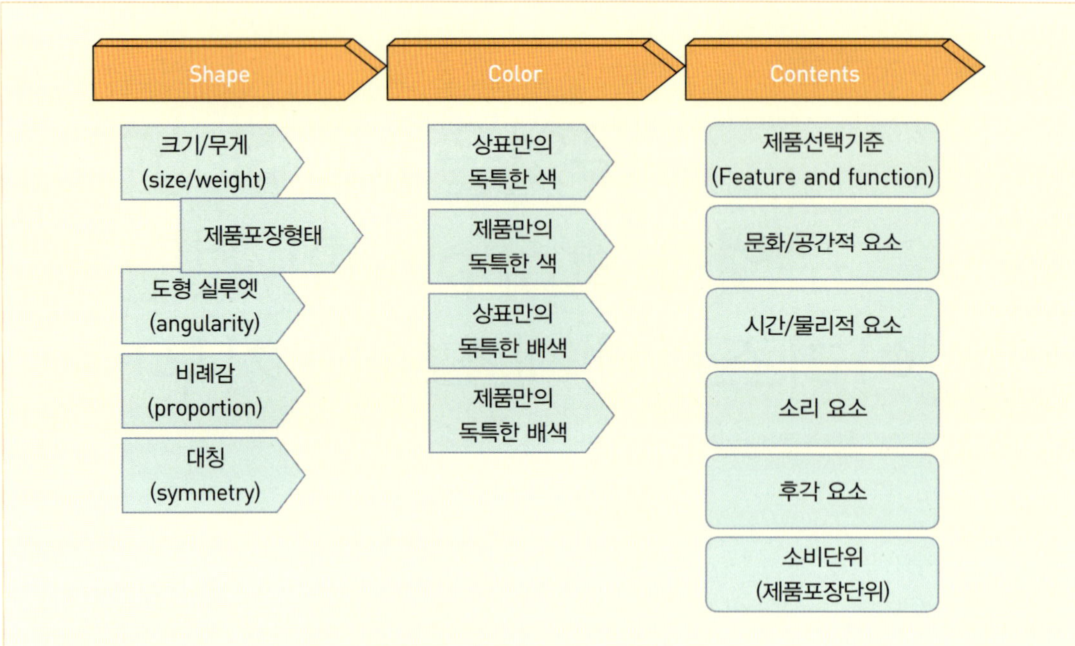

그림 6-1 형태-색상-콘텐츠의 세부기준을 요약

독자들은 제4장과 제5장을 읽다보면 도대체 무엇을 dressing할 것인지 무엇을 stripping할 것인지에 대해 막연하다는 느낌을 갖게 된다. 그럴 때 사용할 수 있는 가이드라인은 없을까? 저자는 이 책의 독자들이 제3장에서 배운 형태(shape)-색상(color)-내용(contents)순으로 dressing 및 stripping 요소를 찾아서 넣어볼 것을 권하고 싶다. 그렇다면 형태-색상-내용에서는 어떤 구체적인 기준을 사용할 수 있을까? 〈그림 6-1〉은 독자들이 사용할 수 있는 형태-색상-콘텐츠의 세부기준을 요약해서 보여주고 있다.

이제 하나씩 세부기준을 이용하여 신제품과 서비스를 창작해 보자.

1 형태(shape)의 dressing이나 stripping

형태의 변화가 필요한 것은 형태의 변화가 기이함을 증가시키기 때문이다. 인지심리학이나 미학책을 읽다보면 형태(shape)에 해당되는 미시적 개념으로는 1) 크기(사이즈), 2) 도형적 실루엣, 3) 비례감, 4) 대칭(symmetry)이 논의되고 있다(Schmitte and Simonson, 1997). 이제 이 네 가지 기준을 변화시켜 기이함을 증가시켜 보자.

크기(size)나 용량/무게

아리스토텔레스에게 美란 크기와 질서가 잡힌 배열에 근거한다(창홍, 2010). 크기가 미학적 요소라는 주장은 2,300년이 넘는 역사를 가진 셈이다. 먼저, 미술에서 크기를 바꾸어서 멋진 창작품이 된 사례를 보자.

- 조지아 오키프는 미국이 자랑하는 여성 미술가이다. 그녀는 화면에 꽃의 일부만을 크게 그림으로써 세상의 주목을 받았다. 미국 뉴멕시코 산타페에 있는 그의 갤러리에서 무진장 큰 꽃술을 즐겨보라.
- 미국의 Claes Thure Oldenburg라는 사람은 13m나 되는 빨래집게를 작품으로 만들었다. 무진장 크게 만들어서 설치작품으로 성공했다.

평소에 기억하고 있는 제품이나 서비스의 크기에 비해 새로운 것의 크기가 매우 크거나 작다면, 고객의 기대범위를 초과하거나 너무 작아서 고객들을 놀라게 하고 주목하게 만든다. 〈그림 6-2〉의 메뚜기는 얼마나 큰가? 종이컵만하다. 저자는 이 메뚜기의 크기에 깜짝 놀랐다.

그래서 경영자들은 크기를 일부러 다르게 만들어서 신제품을 시장에 내놓게 된다.

- 조총이나 화승총은 대포의 발포 원리를 가진 조그만 대포였다. 화승총은 대포를 본받았기 때문에 장전을 앞에서 한다.

그림 6-2 중국 어느 마을에서 촬영한 종이컵만한 메뚜기

그림 6-3 미국·중국·한국의 두루마리 화장지의 키 차이

- 사람을 이동시키는 엘리베이터보다 음식만을 운반하는 엘리베이터가 작다.
- 100년 전 한성신보에 비해 현재 조선일보는 신문지의 크기 면에서 dressing되어 있기 때문에 상대적으로 지면이 크다.
- 현재 조선일보에 비해 무가지 신문인 메트로(Metro)는 크기 면에서 stripping되어 있다.
- 미국 화장실화장지(toilet paper)에 비해 한국의 두루마리 화장지는 키가 작다.
- CJ가 내놓은 햇반의 기본형(210g)에서 최근 대용량(300g)으로 제품의 다양성이 넓어졌다(제품깊이가 깊어졌다). 끼워팔기(tie-in)에 사용되는 햇반에는 120g짜리가 있다. 용량을 줄인 경우이다.
- 책의 크기를 보면 문고판, 포켓북 등 다양한 사이즈의 책을 만나볼 수 있다.
- 냉장고는 30년 전에 비해 점점 용량이 커지고 있다.
- 100년 전 코카콜라의 병용기보다 현재 미국에서 팔리는 코카콜라 용량이 크다.
- 가전업계에서는 혼자 사는 사람들을 위해 기존 밥솥보다 적은 용량의 전기밥솥을 생산하여 판매한다. 2012년 홈쇼핑에서는 1~2인용 전기밥솥이 전기료도 절약된다고 광고하고 있다.
- 자동차가 맨 처음 나왔을 때는 배기량이 한 종류였지만, 현재 한 회사가 생산하는 차의 배기량 종류는 많다(dressing과 stripping이 동시에 이루어졌다).
- 음악을 걸어가면서 들을 수 있도록 한 기계들은 모두 집안에서 음악 듣는 기계보다 크기가 작다.
- DMB에서 보는 영화화면은 집에서 보는 영화화면보다 작다.

- 최초로 우리나라에 라면을 선보인 삼양라면은 본래 100g이었다. 농심은 경쟁제품보다 20g이 많은 라면을 출시했다.
- 가전회사들은 기존 TV보다 큰 스크린의 화면을 가진 영상기기를 많이 만들었다.
- 맥도날드 햄버거와 차별화를 하기 위해 버거킹은 햄버거를 크게 한 와퍼를 만들었다.

그림 6-4 기존 CD보다 크기를 증가(dressing)함으로써 차별화를 시도한 라임라이트

- 독일권에서 팔리는 맥주의 용량은 한국의 것보다 큰 경우가 있다.
- Lime Light라는 음악컨설팅회사가 내놓은 자사 전속 연주자의 음악모음 CD를 보면 기존 CD보다 크기가 큼을 알 수 있다(〈그림 6-4〉 참조).
- 한국 일반매장에서 팔리는 코카콜라 용량은 술집에서 팔리는 크기보다 크다.
- LCD TV가 맨 처음 나왔을 때, PDP TV보다 화면크기가 작은 시장에 진입했다.
- 불황기를 맞으면 대개 제품의 크기가 작아지는 경향이 있다. 2009년 CJ는 북경에서 판매하는 두부의 크기를 1/4 가량 줄인 신제품을 출시했다.
- 2009년도 신문기사 중에는 불황기이기 때문에 소주, 노트북, 냉장고, 식품 등의 제품크기가 작아졌다는 소식이 들어있다.
- 컵커피 제품은 점점 커지고 있는 추세를 보인다.

위의 사례에서 보듯이 기존 형태에서 크기(size)의 변화만으로도 고객들의 관심을 끌게 되고 경쟁사와 차별화가 가능하다. 따라서 크기를 기준으로 dressing이나 stripping을 통해 새로운 상품을 시장에 선보일 수 있다.

그림 6-5 세 가지 도형적 실루엣

도형적 실루엣(silhouette)

여기에서 도형적 실루엣이란 세모·네모·원형의 기본형태와 그 변형을 일컫는다. 평소에 기억하고 있는 제품이나 서비스의 도형적 실루엣에 비해 새로운 것의 실루엣이 너무나 다르면, 고객은 이 새로운 형태에 주목하게 된다.

차별화된 도형적 실루엣의 제공

기존 제품에서 도형적 실루엣을 달리함으로써 새로운 제품을 시장에 내놓은 사례도 많다. 또한 동일한 산업 내에서 자신의 상표만이 갖고 있는 독특한 도형적 모형으로 시장에서 쉽게 각인되고 성공한 사례도 많다.

- 폼페이의 유적이 발굴되면서 유럽에 등장한 네오클래식(neo-classic)을 보면, 바로 직전 시대의 유행양식인 로코코의 유연한 곡선이 stripping되고 로마의 간결한 직선이 dressing된 상태이다.
- 처음으로 시장에 등장한 동그란 햇반은 네모 햇반으로 제품의 모형이 변화하였다.
- 컵라면은 시장에 처음 나올 때는 원통형이었으나 한국야쿠르트는 용기면이라는 네모형의 즉석라면을 선보였다.
- 코카콜라의 병 모양을 멀리서 보기만 해도 코카콜라인 것으로 인식할 수 있다.
- 앱솔루트 보드카의 독특한 병모양은 이 보드카의 미국 내 성공요인으로 뽑힌다.
- 김밥은 본래 동그란 것인데, 최근 편의점에서는 삼각형의 김밥을 생산하여 판매한다.
- 빙그레의 바나나 우유는 용기 모양만 보아도 바나나향 우유임을 소비자가 알 수 있다.

- 잼을 판매하는 용기는 주로 원형이었으나, 고급잼은 네모 형태의 포장을 사용하기도 한다.
- 와인 잔은 지역별, 와인 종류별로 독특한 모양을 갖추고 있어서 고객의 마시는 즐거움을 배가시킨다.
- 애플의 개인용 컴퓨터의 모양새는 IBM사의 PC와는 완전히 차별화된 모양을 갖고 있다.
- 독일 프랑켄와인 중 일부는 프랑스와인이나 이탈리아 와인과는 달리 염소오줌통의 모양을 갖고 있다(<그림 6-6> 참조).

그림 6-6 독일 프랑켄와인 중 뷔르츠베르크에서 생산되는 앞은 동그랗고, 옆은 얇은 독특한 병모양의 와인

전략적 형태변화

하지만 제품을 만들 때 단순히 제품실루엣의 변화를 시도하여 성공할 확률보다, 고객의 욕구와 필요에 맞는 형태변화를 통해 시장에 진입하는 것이 더 성공 가능성이 높다. 이를

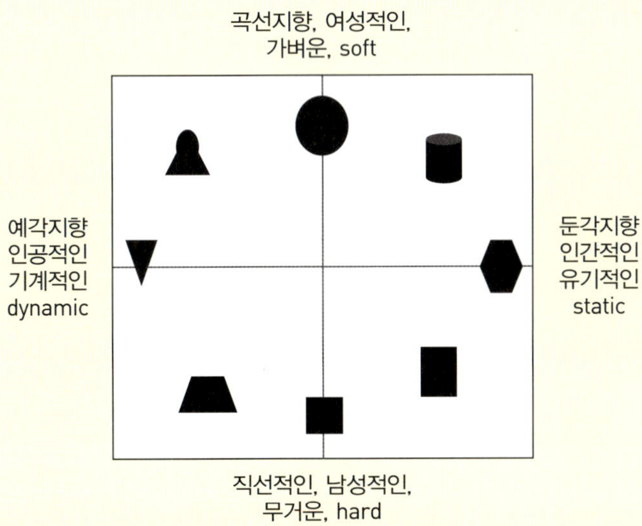

그림 6-7 IRI색체연구소(2003)의 도형별 실루엣별 이미지

위해 필요한 것 중의 하나가 이미지스케일(image scale)이다. 〈그림 6-7〉은 IRI 색체연구소가 제시한 도형별 이미지스케일이다. 이 표에서 도형의 실루엣에 따라 고객이 느끼는 감정은 모두 다름을 보여준다. 따라서 마케터는 사전에 고객들의 머릿속에 심어줄 우리제품의 느낌에 대해 깊이 고민하고 결정한다. 그런 다음, 도형별 이미지스케일 중 우리 제품의 느낌이나 이미지와 일치하는 도형을 선택한다. 다른 한편으로는 만약 우리 경쟁자가 주로 제1사면의 여성적이고 인간적인 원통형에 있다면, 우리는 그 곳의 도형을 사용하여 경쟁하던지, 다른 이미지 구축을 위해 우리 제품의 실루엣을 제2,3,4국면에서 채택할 수 있을 것이다.

제품형태변화와 제품포장형태의 변화

제품의 도형적 실루엣 변화에서 가장 많은 비중을 차지하는 것이 제품 자체의 도형적 변화이다. 〈그림 6-8〉과 같이 껌이라는 제품카테고리에서는 많은 제품형태의 변화를 통해 새로운 이미지를 고객에게 전달하고, 제품의 강점을 부각시키고 있다.

껌의 경우에는 기존의 스틱형 제품형태에서 캡슐 형태, 정 형태, 원형코팅 형태 등의 다양한 제품형태 자체의 변화가 있었다. 간기능 개선제 같은 경우에

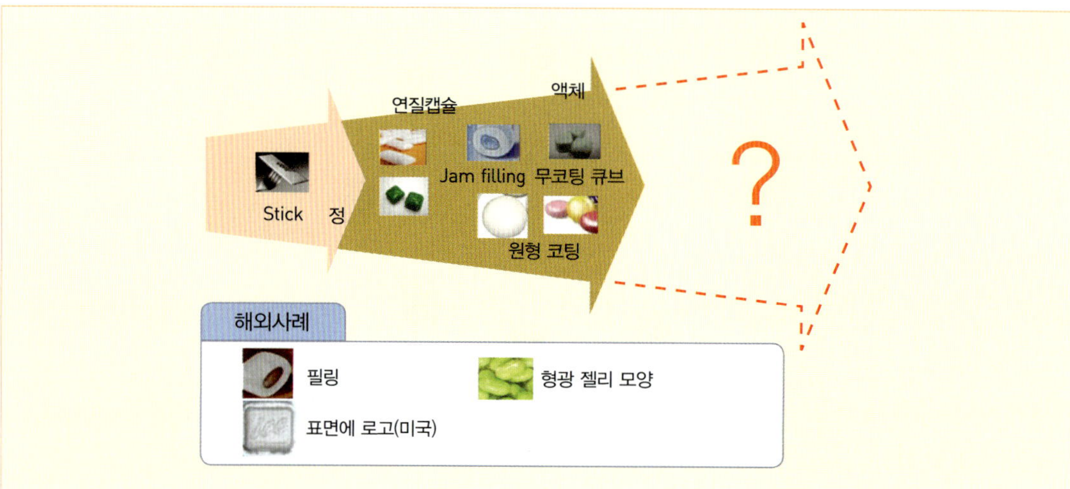

그림 6-8 껌 제품형태의 차별화 사례

그림 6-9 간기능개선제의 제품포장형태 및 껌 포장형태

는 제품포장형태가 사각종이 포장, 플라스틱통 포장, 액체캔 포장 등의 다양성을 보여주고 있다. 이렇게 고체인 제품의 포장만을 변경한 제품형태의 변화만으로도 기존 제품과의 성공적인 차별화를 시도할 수 있다.

반면에 향수와 같이 본래 형태를 갖추지 않은 액체의 상품 경우에는 용기의 형태를 기존의 것과 차별화함으로써 새로운 시장기회를 충분히 살릴 수 있다.

- 한국의 성인 여자들이 당연히 사넬 No.5의 독특한 용기형태를 기억하고 있다.
- 생수는 액체이므로 다른 생수와 차별화하기 위해서는 기존 네모 또는 원형의 형태에서 벗어나 세모의 제품포장을 사용할 필요성이 있다. 프랑스에 가서 유리용기의 세모 에비앙을 찾아보라.

비례감

Eco(2004)는 비례가 美의 기준이 될 수 있다는 논의가 몇 세기 동안 진행되었다고 밝히고 있다. 그리고 수학적이고 기하학적인 지배적 원리가 여러 시대에 존재해서, 비례의 의미도 시대에 따라 달라졌으며, 달라진 비례의 미에 따라 다른 비례감을 가진 작품이 존재한다는 것을 말하고 있다.

예를 들어, Fernando Botero는 콜롬비아가 낳은 세계적인 화가이다. 그의 비너스 작품에는 35−24−35의 비례감을 가진 모델이 아닌, 몸집이 비대한, 뚱뚱한, 살집이 허리 밖으로 튀어나오는, 발이 샌들을 덮는, 대지처럼 넉넉하고 풍만한 인체를 가진 모델이 등장한다. 예술분야에서는 이렇게 구성요소 간의 비례감을 변화시킴으로써 새로운 창작물을 만들어 낸다.

- 서예에서 서체의 변화는 기본적으로 실루엣의 변화로도 설명할 수 있다.
- 레오나르도 다빈치의 비트루비우스가 주장한 '인간의 배꼽이 중심이어서, 팔다리를 펼치고 누웠을 때 배꼽을 중심으로 삼아 컴퍼스를 사용하여 원을 그리면 손과 발끝이 원에 내접한다'라는 말을 믿고, 이것을 그렸다. 이런 비례감에 대한 집착은 20세기로 진전되면서 무너져 갔다.
- 통일신라시대 부처님의 머리와 몸의 비율이 고려시대에 오면서 머리가 커진다.
- 북경의 예술촌인 따산쯔(大山子)에는 유독 사람형상 중에서 머리와 몸의 비례감을 왜곡시킨 작품이 많다. 어느 작품은 머리가 유난히 크고, 어느 작품은 몸을 확대 왜곡시키고 있다.

이렇게, 기존 제품이 갖고 있던 구성요소 간의 기존 비례감을 버리고 변화함으로써 새로운 제품을 만들어 내는 활동을 통해 고객에게 새로움을 줄 수 있다.

그림 6−10 북경의 예술촌인 따산쯔(大山子) 전시물 중 비례감을 이용한 작품

- 이승철의 9집앨범은 기존 앨범보다 키가 크게 제작되었다.
- 냉장고의 냉동고와 냉장실의 비율은 시대에 따라 달라졌다. 처음에는 냉장실이 큰 제품이 많았으나, 최근에는 냉동실이 전체 냉장고에서 차지하는 비중이 높은 제품이 많아졌다.
- TV는 가로와 세로의 비율변화만으로도 새로운 스타일의 제품을 양산해왔다.
- 핸드폰에서 가로본능은 기존 세로형태 비례감을 역전시켰다(다른 각도에서 보라).
- 최근 핸드폰의 가로 세로 비율이 달라지기 시작했다. 주로 가로가 커지고 있다.
- 만화를 그리는 사람들은 어린아이를 그릴 때 특히 머리를 크게 하여 귀여움을 삽입한다. 진주의 상징인물인 논개를 캐릭터한 상태를 보면 현대 여성보다 머리가 크다. 하동 최참판댁 서희와 길상이의 캐릭터 역시 머리가 현재 성인보다 크다.
- 탄산음료는 설탕과 탄산이 얼마의 비율로 합해져 있느냐에 따라 제품이 달라진다.
- 향수는 알코올과 향을 내는 물질 간의 비율의 차이로 향수분류가 이루어진다.

대 칭

기존 제품이 대칭적이면 비대칭으로, 기존제품이 비대칭이면 대칭을 찾음으로써 새로운 제품을 만들 수 있다. 좌우 대칭이나 위아래 대칭을 파괴함으로써 새로운 제품을 설계할 수 있다. 사람들의 시각은 대칭을 이루고 있는 형태에서 안정감을 찾기 때문에 비대칭을 이루는 형태에서 진기함을 느끼게 된다.

- 본래 양쪽 소매가 모두 있거나 모두 없어야 하는 드레스가 정상인데, 한쪽 소매가 없는 드레스를 만들어서 눈길이 가게 만드는 것이 이 사례이다.

그림 6-11 바퀴 크기의 대칭이 비대칭이 된 경우

- 2012년 빅뱅이 새로운 앨범을 내면서 지드래곤이 한쪽 머리만을 길러서 염색하고, 반대편 머리는 짧게 처리했다. 이렇게 함으로써 관객의 눈을 사로잡을 수 있다.
- 걸그룹, 보이그룹의 인원수가 짝수 또는 홀수로 되어 있으면 대칭감을 달리한 안무를 구성할 수 있다.

돌발퀴즈

걸그룹 '여자친구의 인원수는 몇 명이고, 안무 시 누가 '센터'인 경우가 많을까?

2 색상(color)

색상을 dressing하거나 stripping하는 방법에 있어서는 단색과 배색이 기본 논의주제가 된다.

단순한 색상변화

단순히 색상을 변화시켜 새로운 제품을 만들어 내는 경우가 있다. 이렇게 만들어 낸 신제품은 차별적인 가격이 매겨지게 된다.

- 금의 색은 18k, 24k인가에 따라 달라진다. 그리고 가격이 달라진다. 까르띠에의 금반지는 로즈골드라고 해서 일반적인 금색보다 약간 장밋빛을 보여주는데, 일반 금보다 당연히 비싸게 판다.
- 파이프와 파이프를 연결하는 고리를 생산하는 어느 업체의 제품은 1) 단순 페인트칠을 한 경우, 2) 얇게 도금한 경우, 3) 두껍게 도금한 경우로 진행할수록 색이 진해진다. 색상의 차이를 통해 품질의 차이를 암시하고, 이 색상의 차이에 따라 가격을 달리 매긴다.
- 폼페이 유적에서 발견된 프레스코화 중에서 로마 하층민이 갈색의 직물로 옷을 입고 있다. 반면에 부자들은 흰색 토가(길고 펑퍼짐한 옷)를 입었다. 원로원 의원들은 '라티클라부스'라는 폭넓은 자주색 띠를 토가 위에 둘렀다. 군인들은 '안구스티블라부스'라는 자주색의 좁은 띠를 하얀 튜닉 위에 둘렀다(하층민(갈색)−stripping(색상) → 상층민(흰색 토가)−dressing → 원로원(자주색 띠))(네이버 2011).

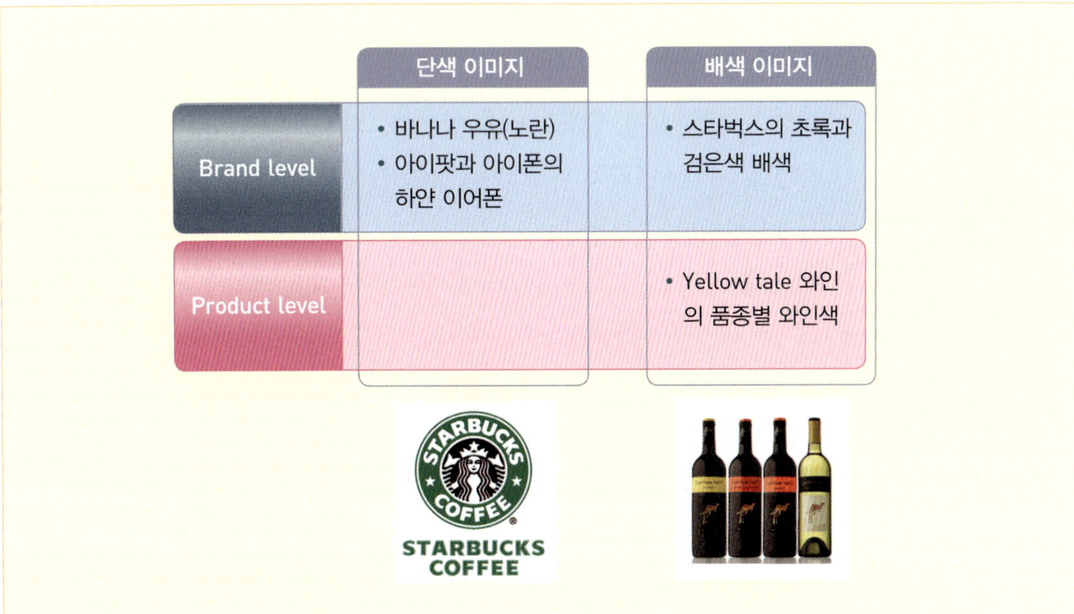

그림 6-12 단색 및 배색 이미지를 활용한 상표의 예시

그림 6-13 기본제품에 색상만으로 차별화를 시도한 제품의 광고 사례

- 자동차를 선택할 때, 고객은 여러 개의 색상 중에서 하나는 선택하도록 되어 있다.
- 형광펜은 노란색, 주황색 등 다양한 색상으로 판매된다.
- 빨간 케첩이 일반적이지만 몇 년 전에 초록색 케첩이 시장에 나온 적이 있다.
- 사이다는 콜라에서 검은색을 stripping했고, 노란색을 넣으면 멕시코의 노란 콜라, 주황색을 넣으면 환타가 된다.
- 휘발유는 본래 색상이 없으므로 각 정유판매 회사는 색상으로 차별화를 시도한다. 빨간 주유소는 SK, 파란 주유소는 현대오일뱅크, 노란 주유소는 S-oil.
- 앱솔루트 보드카는 일부러 색상을 stripping하여 투명한 용기에 담고 있다.
- 소주의 병은 녹색, 맥주는 갈색이 많다.
- 통영국제음악제의 팸플릿을 보면, 각 프로그램이 색상으로 표시되어 있고, 그 색상별로 입장료가 모두 다름을 알 수 있다. 이병우와 임동혁의 섹션은 짙은 분홍색으로 되어 있는데, 최고가의 입장료가 10만원이다. 반면에 '음악+음악극:에코'라는 작품은 오렌지색으로 되어 있고 최고가가 3만원이다.
- 유럽 중 스위스·오스트리아 등은 우체국이 노란색이다. 영국·일본·한국은 빨간색이다. 중국은 초록색이다.
- 우리나라 아이돌 그룹의 팬클럽은 그들만의 독특한 색상으로 자신이 좋아하는 그룹을 응원한다.
- 새누리당은 전통적 보수층이 사용하던 파란색을 버리고 빨간색을 채용하여 2012년 총선에 사용했다.
- 프로야구 포수 중에는 투구리드에서 투수가 더 잘 볼 수 있도록 손에 매니큐어를 바르는 경우가 있다.

그림 6-14 네이버의 초록색과 야후의 빨간색

- 그런데 한국과 중국에서 판매된 넷북은 색상이 3가지인데, 왜 가격차이가 없을까?

한편, 온라인상의 회사들은 어떤 색상으로 dressing을 하고 있는 것일까? 〈그림 6-14〉의 네이버와 야후를 비교하면, 검색엔진시장에서 기존 야후의 파란색에 대비하여 네이버가 후발주자로 들어가면서 초록색을 사용하였다는 것을 발견할 수 있다.

위와 같이 단순한 색상변화로만으로 충분한 매출을 올릴 수 있는 제품을 개발한다면 정말 다행이다. 형태의 변화에서도 마찬가지겠지만 색상변화의 시도에서도 마케터의 고객지향적인 전략적 선택이 필요하다. 이런 고객지향적 선택을 위해 참고할 만한 것이 색상 이미지 스케일(image scale)이다.

이미지 스케일을 이용한 전략적 색상변화

이미지 스케일(image scale)은 감성공간이라는 이름 아래 분석대상에 대해 사용자 또는 고객이 느끼는 공통감각을 형용사로 표현한 위치정립도(positioning)를 말한다. 이미지 스케일은 1966년 설립된 일본 색채디자인연구소(NCD: Nippon Color and Design)의 시게노부 고바야시에 의해 '색'에 대해 느끼는 사람들의 공통 감각을 형용사로 표현한 이래로 다양한 분야에서 개발되어 적용되어 왔다(Kobayashi, 1992). 이미지 스케일은 '색'에 대해 느끼는 감성에서 시작하여

'직물 패턴', '제품 포장', '도자기' '질감', '브랜드개성' 등에 이르는 다양한 대상의 이미지를 형용사로 표현하여 공간을 시각화하는 데 일조해 왔다. 이미지 스케일은 1) 연구대상이나 다른 디자인 분야의 디자인 흐름파악을 통한 디자인 경향파악이 가능하고, 2) 이미지에 의한 상품의 속성을 구분하며, 3) 종적/횡적 분석을 통해 소비자의 기호파악 및 패턴의 흐름을 시각화하며, 4) 미래 시장 동향의 기회를 제공하는 등의 효익이 있다고 주장되어 왔다(이희엽 외, 2006).

한국정부도 이 이미지 스케일 개발을 도운 적이 있으며, 연세대학교 인지과학연구소는 고바야시의 네 가지 축을 대상으로 우리나라 사람들이 느끼는 색에 대한 이미지를 공간차원에 개발하여 제공한 바 있다. 주로 노란색이나 빨간색은 부드럽고(soft) 동적인(dynamic) 이미지를 주고, 파란색이 짙어질수록 정적이고(static) 딱딱한 이미지를 갖게 된다.

또한 인지과학연구소는 색상의 배색에 따라 사람들이 느끼는 이미지 차이도 개발하여 보고한 바 있다. 이에 맞추어 각 배색의 위치에 해당하는 이미지형용사를 제시하였다(〈그림 6-18〉 참조). 따라서 제품변화를 시도할 때 새로운 제

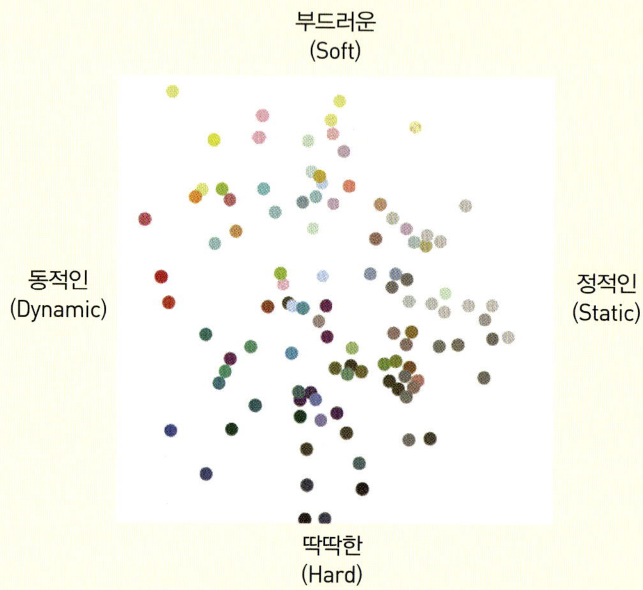

그림 6-15 단색 이미지 스케일 사례(IRI색체연구소)

품이 고객들로 하여금 '귀여운' 이미지를 제공하기 위해서는 〈그림 6-16〉에서 제시되었듯이 노란색과 주황색 배색을 사용하면 된다.

하지만 나라마다 색에 대한 인식이 모두 달라서 특정한 이미지를 제공하기 위해 국가별로 제공해야 할 색상의 배색이 모두 다름을 사전에 알고 있어야 한다. 스에나가(1998)의 '색체심리'라는 책을 보면 노란색이 일본인에게 행복한 감정을 만들어 낸다고 지적하고 있다. 이는 우리나라 국민들을 대상으로 노란색에 반응하는 '귀엽다'라는 감성과는 약간 차이가 있는 것이다. 따라서 각국의 특정한 제품(또는 대상)에 대한 독자적인 이미지 스케일을 개발하는 것이 필요하다. 하지만 이 글을 읽는 독자들이 한국에서 사업을 한다면 아래에서 제공하는 한국인의 이미지 스케일을 사용하여도 무방하다.

예를 들어, 기존 소주가 초록색이나 투명한 용기를 사용하여 배색 이미지 스케일상의 경쾌한 이미지를 양산하고 있다면, 새로운 제품을 개발하는 마케터는 두 가지 방향을 찾을 수 있다. 하나는 기존 경쾌한 이미지의 색을 그대로 사용하는 것이고, 다른 하나는 새로운 이미지를 만들어 내는 방법이다. 첫 번째

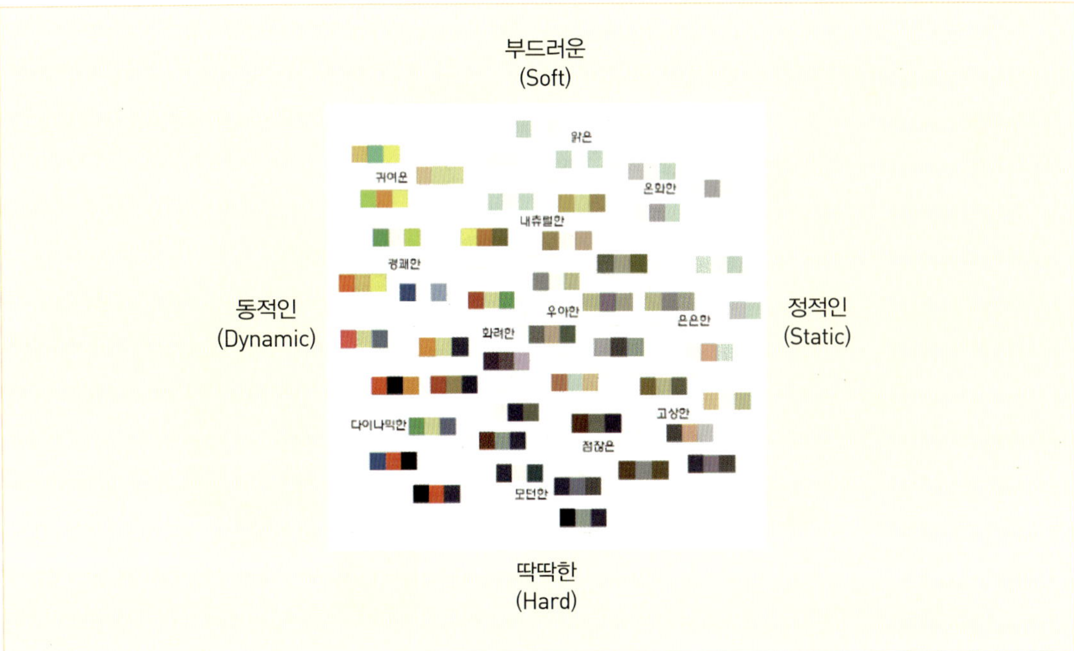

그림 6-16 배색 이미지 스케일 사례(IRI색체연구소)

전술을 채택한다면 배색이미지 스케일의 초록과 연두 및 흰색을 사용하여 용기를 디자인하면 된다. 두 번째 전술을 채택한다면 새로운 이미지를 먼저 선택해야 한다. 만약 다이나믹한 이미지의 소주를 개발하기로 결정했다면, 이미지 스케일 상의 '다이나믹한'에 해당하는 검정색과 빨간색 및 감청색의 배색을 사용하면 된다. 최근 복분자주들은 이 배색을 사용하여 기존 복분자의 전통적인 느낌에서 많이 벗어나고 있다. 이렇게 이미지 스케일은 기존 제품에서 느끼는 이미지와 미래에 추구할 만한 이미지를 제공하기 위해 마케터가 채택해야 할 색상을 제공해 주는 이점이 있다.

호주의 '엘로우테일'이라는 와인회사는 기존 와인라벨의 표시방법이 와인을 모르는 사람들에게는 너무나 어렵다는 데 착안하여 라벨색상의 변화에 따라 내용(콘텐츠)이 다르다는 것을 시각적으로 표현하였다. 먼저 이 회사의 레드와인의 레이블 색상은 노란색-주황색-빨간색 등으로 되어 있다. 노란색에서 빨간색으로 진행될수록, 레드와인의 실제 맛과 향기가 진해진다. 맛이 진한 와인을 마시고 싶으면 빨간색을 선택하면 된다. 또한 사람들이 품종에 따른 와인의 맛을 구분하기 어려워하기 때문에, 색상과 와인품종을 일치시키는 작업을 했

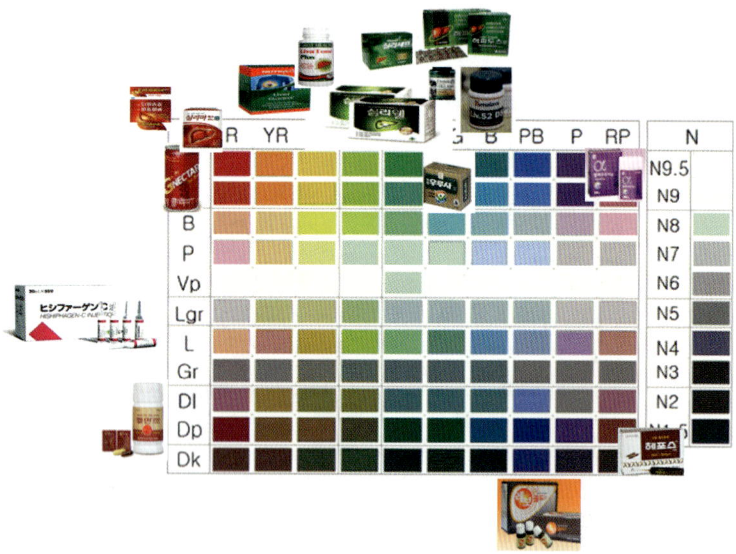

그림 6-17 색상환에 배치된 기존 간기능개선제의 포장색상

다. 노란색은 멀롯, 주황색은 쉬라즈, 빨간색은 카르버네 쇼비농을 표기하였다. 이렇게 내용(콘텐츠)과 색상을 일치시키는 작업을 실시하였다.

위버제네시스라는 회사는 천연재료의 발효를 이용해 추출한 간기능개선제를 만들었다. 이 회사는 어느 색상을 사용하여 제품이나 포장에 이용해야 할까? 〈그림 6-17〉은 색상환에 기존 간기능개선제들을 위치시켜 놓은 것이다. 위버제네시스가 신제품에 기존제품과 비슷한 색상을 사용할 경우에, 제품이 진열된 상태에서 다른 제품과의 식별이 거의 불가능할 것이다. 구매자가 이미 많이 구매해 본 경쟁사 제품의 경우에는 경쟁사는 색상만으로도 고객의 선택을 유도할 수 있지만 말이다. 만약 위버제네시스가 단색의 제품포장을 원하는 경우, 아래 제시된 색상환 중에서 다른 경쟁제품들이 사용하지 않은 색상을 사용하거나, 무채색을 사용할 것을 저자는 권고할 것이다.

3 콘텐츠(contents: 내용)[1)]

이 장에서 다루는 콘텐츠의 dressing과 stripping의 기준으로는 단순 물리적 요소 또는 프로세스 요소, 제품선택기준, 문화적 요소, 공간적 요소, 시간적 요소, 숫자나 단계, 청각요소, 후각요소가 있다.

단순 물리적 요소나 프로세스의 dressing과 stripping

기업은 현재 제품의 구성요소나 서비스의 프로세스에 dressing과 stripping을 시도함으로써 새로운 제품이나 서비스를 만들어 낼 수 있다.

1. 제품의 단순 물리적 요소 dressing과 stripping

• 연탄은 구공탄이라고 불리운다. 구멍이 19개여서 십구공탄이라고 불리

1) 구조(form)-기능(function)의 분류로 보면, 형태(shape)와 색상(color)은 구조(form)에 해당하고, 콘텐츠는 기능(function)에 해당한다. 따라서 구조 안에 들어 있는 기능을 부여하는 것이 바로 콘텐츠이다.

었는데, 여기에서 '십'이 생략되고 그냥 구공탄이라고 불리게 된 것이다. 본래 동일한 크기의 연탄에 25, 38 등의 구멍을 시도했으나, 최근까지 계속 남아 있는 연탄의 구멍 수는 19개이다.

- 애플사의 iPhone은 끊임없이 dressing이 제품 안에 들어온 사례이다. 처음에는 음악만 들었지만(ipod) 이제는 영화도 볼 수 있고, 인터넷도 할 수 있다.
- 국가별로 동일한 제품인데도 어떤 구성요소가 dressing이 되어 있거나 되어 있지 않거나 하는 사례가 많다. 미국 캘리포니아의 가드레일과 우리나라 가드레일을 비교해 보자. 우리나라의 경우에 가드레일은 지상에 세운 기둥, 기둥과 기둥을 연결하는 바(bar)로 이루어져 있다. 이들 바와 기둥을 연결하는 것은 볼트와 너트이다. 그런데, 미국의 경우에는 바와 기둥 사이에 나무토막을 집어넣었다. 이 나무토막은 바와 기둥 사이에 존재하여 차가 가드레일에 부딪쳤을 경우에 차의 충격을 더 완화시키는 작용을 한다. 이런 장치를 해 놓은 것은 미국 차가 더 속도가 높은 경우가 많기 때문이라는 가설 등 여러 해석이 가능하지만, 아무튼 우리나라 가드레일에 비해 dressing의 장치가 되어 있다고 해석가능하다. 이렇게 기존 제품을 보완 또는 향상시키는 데 dressing은 매우 유용한 방법이다.

그림 6-18 전철의 객차와 객차 사이에 문을 없앤 빈(Wien)

- 16세기 프랑스 가구 중 의자를 보자. 그 시대 가구의 대부분은 옮기기 쉽게 고안되었다. 그래서 의자의 경우에는 왕을 위한 의자를 제외하고는 거의 등받이가 없었다. 반면에 일반 의자에 비해 왕의 의자는 등받이가 dressing되어 있었다. 요즘처럼 등받이와 앉는 판에 쿠션이 들어가고 천으로 마감한 의자들이 나오기 시작한 것은 17세기 후반부터이다. 따라서 일반인이 앉는 의자는 등받이와 쿠션이 시간이 흐름에 따라 dressing되어 가는 방향성을 가진다(이지은, 2007a, 2007b).

- 핸드폰에 카메라 기능을 넣자. 핸드폰에 거울이 있었으면 좋겠다(삼성전자).
- 요즘 smart TV는 TV만 보는 것이 아니라 스마트폰이 하는 거의 모든 기능이 모두 들어 있다.
- 자동차에서 음악을 듣게 하자, 영화를 보게 하자(자동차 오디오, 자동차 극장).

그림 6-19 벽면의 장식을 모두 없앤 로스하우스(Loos Haus)

- 프린터에서 복사와 스캔도 했으면 좋겠다(all in one).
- 스위스칼처럼 한 칼에 모든 잡동사니 도구를 다 넣자(swiss army knife).
- 손톱깎기는 주로 스테인레스로 되어 있는데, nano Bell이라는 회사는 스테인레스 위에 범랑을 씌운 제품을 만들었다.
- 열차의 객차와 객차 사이에 문이 있어서 불편하니, 객차 사이의 문을 없애자(Wien). 한국 지하철도 이렇게 문이 없는 것이 등장했다.

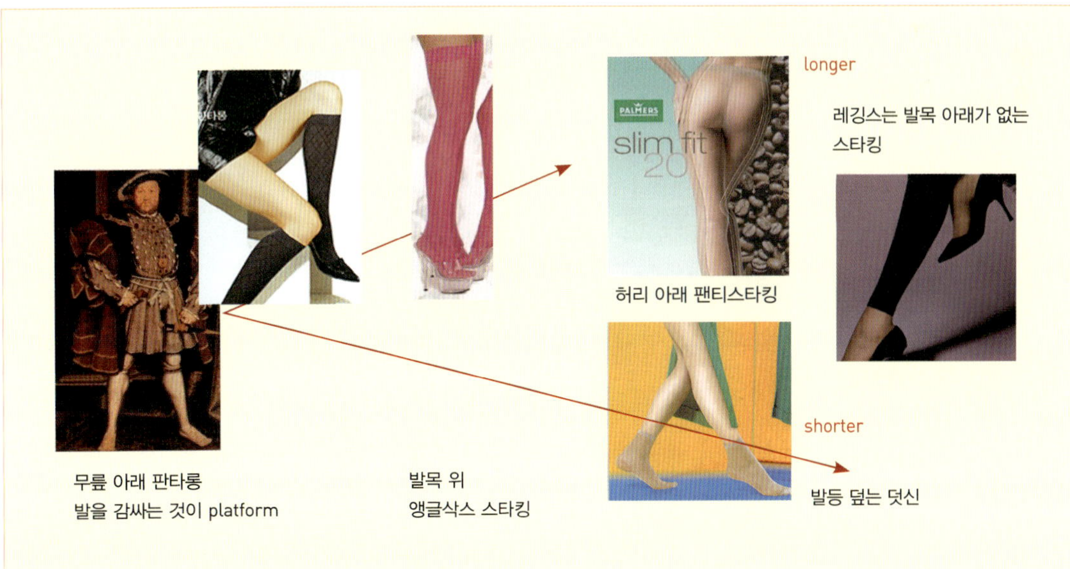

그림 6-20 스타킹의 변천은 다리에 닿는 면적과 부분에 대한 dressing과 stripping의 변화

- 바로크 건물 벽의 저 튀어나오고 지저분한 장식을 모두 없애자. 장식은 범죄이다(아돌프 로스).
- 16세기 이후 스타킹은 길어지거나 짧아져 갔다. 발목만 살아남은 경우가 있고, 발목만 제거되기도 한다. 즉, 레깅스는 팬티스타킹에서 발목 이하의 부분이 제거된 상태이다. 스타킹의 역사는 고객의 사용상황에 맞추어 dressing과 stripping이 이루어진 반복의 역사를 대변한다.
- 일본에서는 나베용 김치국물만 따로 파는 곳이 있는데. 이는 기존 김치에서 국물만 남기고 배추 등의 건더기는 없앤 것이다.

2. 서비스의 프로세스 dressing과 stripping

- 한국의 백화점에서는 고객이 마음에 드는 물건이 있으면 종업원에게 돈을 지불하거나 신용카드를 건네주면 된다. 그 이후에 종업원이 영수증을 내어 주거나 신용카드 전표를 갖다 준다. 하지만 중국은 결제과정에 한 단계의 프로세스가 더 있다. 지금은 없어진 중국 북경 왕푸징에 있는 롯데백화점에서 물건을 사는 경우, 고객이 마음에 드는 물건이 있으면, 종업원이 그 물건에 해당하는 제품의 가격이 명시된 전표를 준다. 손님은 이 전표를 cashier에게 직접 가서 건네고, 이 때 돈을 지불한다. 그러면 cashier는 물건 값을 냈다는 증명서를 손님에게 건넨다. 손님은 다시 매장에 돌아와서 매장 종업원에게 돈 냈다는 증명서를 제출하면, 그제서야 물건을 내어 준다. 한국 백화점에 비해 중국 백화점은 돈을 내는 과정이 dressing되어 있다. 한국인 구매자가 북경에서 쇼핑을 하면 불편하다는 인상을 받게 된다.
- 스마트폰의 운영체계인 안드로이드에 비해 애플의 iTunes는 음원구매에서 청취까지의 프로세스에서 한 단계를 더 dressing한 상태이다. 안드로이드폰으로 음악을 듣기 위해서는 인터넷상의 음원을 구매한 후 PC 내로 다운로드한다. 이를 복사하여 스마트폰으로 보내고 이를 청취한다. 하지만, iPhone은 인터넷상의 음원을 구매한 후에 iTunes에 한 번 더 보내고, 이를 iPhone으로 동기화시킨 후 청취하게 만든다. 이렇게 애플은

iTunes를 통해서만 음악을 듣게 함으로써 자신의 고객들이 서비스를 받는 공간에 반드시 들어오도록 유도한다.

- 한국의 지하철에는 보안검색이 없다. 북경의 지하철에는 공항에서나 볼 수 있는 보안검색대에 가방을 통과시켜야만 지하철을 탈 수 있다. 한국에 비해 지하철 타는 과정에 보안검색이라는 단계가 dressing되어 있다. 중국 정부는 이것이 필요하다고 생각한 모양이다.

가상적인 stripping 사례를 만들어 보자. 병원에서 의사의 진료를 받고 나면 간호사가 수납부터 약국방문과 미래 예약상태 등을 설명하는 경험을 독자들이 경험할 것이다. 이 지시사항에 따라 수납에 가서 돈을 고객이 지불한다. 그런데 수납에서 돈을 내는 프로세스를 제거하면 어떨까? 간호사가 돈을 받으면 안 될까? 그러면, 수납이라는 프로세스는 제거되고, 간호사의 업무 중 수납업무가 드레싱되게 된다. 이 때 간호사가 수납을 받는 것이 어려울까? 아니다. 커피 매장이나 식당에서 일하는 많은 노동자들이 수납업무를 재빠르게 처리하는 것을 보면, 간호사가 수납을 하는 것은 쉬운 노동이며, 고객이 별도로 수납처를 찾지 않는 편리성도 제공하는 좋은 stripping이다.

전통적인 마케팅관점에서 경쟁우위가 될 특성(feature and function)을 삽입 또는 제거

구매자가 제품을 선택할 때 사용하는 기준을 제품선택기준(evaluation criteria)이라 부른다. 이 선택기준이 될 만한 특성이나 기능(feature and function)을 제품이나 서비스에 구현하는 과정을 통해 기업은 경쟁우위를 확보하고, 시장에서 살아남게 된다. 이런 관점은 전통적인 마케팅의 제품개발과정이나 산업공학, 산업디자인에서 추구하는 구조와 기능(form and function)의 차별적 구현이 기업 생존요건의 필수조건이 된다.

- 식품첨가물이란 식품에 dressing되어 제품의 품질이나 판매기간을 연장시키는 일체의 물질을 일컫는다. 제조상에 들어가는 유화제, 증점안정

제, 껌베이스, 효소, 제조용제, 품질개량제, 응고제, 가공에 들어가는 강화제, 조미료, 산미료, 감미료, 향료, 발색제, 표백제, 조미료, 광택제 등, 보존에 들어가는 보존제, 살균제, 산화방지제, 방부제, 품질 유지 향상제 등이 그것이다. 반대로 이 식품첨가물을 stripping하여 판매하는 경우가 있다. 생활협동조합에서는 식품첨가물의 유해성에 주목하여 이들 식품첨가물이 없다는 광고와 함께 식품을 판매한다.

- 나이키 신발 중에는 자신의 발건강이나 운동상태를 점검해주는 센서를 dressing해서 스마트폰의 어플에 보여주는 것이 있다. 이 센서는 달리는 동안의 거리, 속도, 칼로리를 iPhone에 전송해 준다.
- 승용차의 경우 배기량은 제품선택기준 중의 하나이다. 기업은 배기량의 dressing을 통해 사회계층의 차이를 조장한다. 어떤 소비자는 1,500cc의 차량을 소유한 사람과 다르게 보이기 위해 3,000cc의 승용차를 구입하고 있지 않을까? 또한 우리나라에서는 자동차 구입 시 option이 많은데, 이 모든 option이 dressing을 통한 판매자의 이윤을 높이는 수단으로 작용하고 있다.
- 자동차 운전의 기본요소인 브레이크와 변속기 중 변속기를 없앤 것이 auto 자동차이다. manual 방식의 stick과 대비되는 차이다.
- 사이드 브레이크가 없는 차도 생산된다.

그림 6-21 20세기 초중반의 자동차 사례

〈그림 6-21〉과 같이 초창기 차를 살펴보자. 에어콘도 없고 라디오도 없다. 즉, 조선의 고종황제께서는 에어컨도 없고, 자동문 개폐기도 없는 차량을 타셨다는 뜻이다. 현재 우리가 타는 자동차의 옵션을 생각해 보면, 자동차의 역사는 끊임없는 dressing의 역사를 통해 현재와 같은 다양한 사양의 편의를 갖춘 자동차가 되었음을 알 수 있다.

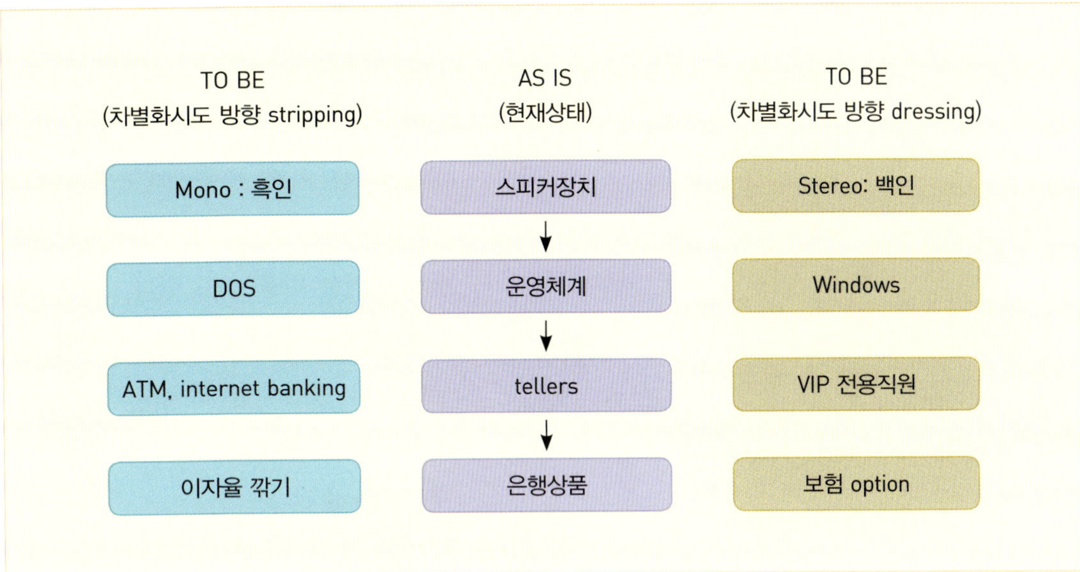

그림 6-22 제품 및 서비스의 제품선택기준의 변화

- Jazz 앨범의 stripping을 보자. 1950년대 jazz 음반에는 mono와 stereo가 있다. 이것은 부유층 백인을 위해서는 stereo의 음반을 만들고, 돈이 적은 흑인을 위해서는 저렴한 mono 음반을 만들어서 제공했기 때문이다(남무성, 2006).
- 삼성전자의 넷북은 기존 노트북에서 사용되어오던 많은 기능을 없애버린 stripping 제품이다. 또한 삼성전자 중국법인은 중국시장에 DOS 운영체계의 노트북을 출시하여 2007년 이래 성공적으로 판매한 바 있다. Windows를 stripping한 사례이다. 즉, notebook이 제공하던 기능(서비스)이 stripping되어 있다.

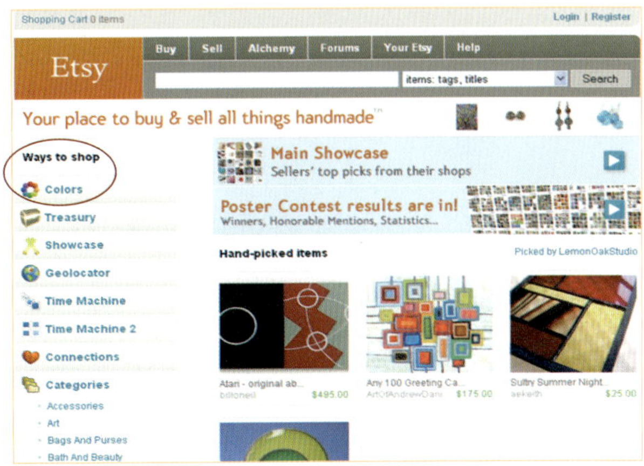

그림 6-23 색상찾기가 가능한 etsy.com

한편, 미학적 관점의 요소를 경쟁우위로 만들려는 시도도 나타났다. 이런 시도는 색상과 형태의 미학적 요소

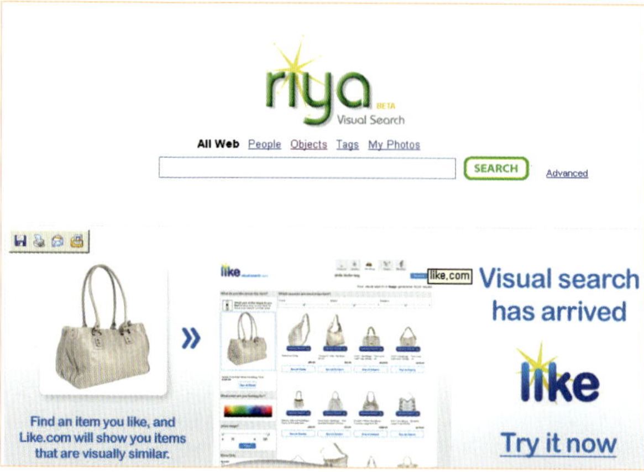

그림 6-24 형태찾기가 가능한 riya.com

가 제품선택기준이나 제품차별화 수단임을 가정하고 있다. 예를 들어 etsy.com이라는 사이트는 일반적인 B2C C2C 사이트처럼 제품카테고리 방식으로 고객이 물건을 찾을 수도 있고, 색상별로 물건을 찾을 수도 있다. 고객이 빨간색 제품을 찾고 싶으면, 색상찾기로 들어가서 빨간색을 클릭하고, 그러면 사이트가 보유하고 있는 모든 빨간색 제품이 노출된다.

riya.com이라는 사이트는 일반적인 B2C C2C 사이트처럼 제품카테고리방식으로 고객이 물건을 찾을 수도 있고, 제품의 형태별로 물건을 찾을 수도 있다. 고객이 동그란 제품을 찾고 싶으면, 형태찾기로 들어가서 동그란 것을 클릭하고, 그러면 사이트가 보유하고 있는 모든 비슷한 형태의 제품을 보여준다.

하지만 이런 기능의 개량적인 변화는 경쟁우위가 되지 못한다고 비판받아 왔다. 개량적인 변화보다는 근본적인 '제품카테고리' 창출만이 시장에서 성공한다고 주장하는 사람까지 등장했다(Ries and Ries, 2004). 이런 제품카테고리를 새롭게 만들기 위해 제품카테고리 간 dressing을 시도한 사례는 많다.

- 프랑스에서는 은행과 보험을 같은 금융매장에서 취급하는 것이 일반적이다. 한국도 최근에 이 두 상품을 증권지점이나 은행지점에서 동시에 취급할 수 있게 되었다. 심지어 최근에 세종증권을 인수한 농협은 농협매장 안에 증권 매장을 두는 Branch in Brand 또는 Store in Store 개념의 종의 합성매장을 구상하고 있다고 발표했다. 이럴 때 스스로 해야 하는 질문 하나가 있다.

'Branch in Brand' 또는 'Store in Store' 뜰까?

- 미국 월마트에서 매장 안에 각종 다른 매장을 갖춘 적이 있다. 은행도 들어갔었다. 실적을 확인해보아야 알겠지만 성공적이지는 않았다. 반면

에 한국에서는 은행과 보험 간에 상대방의 영역으로 상품을 확대(dressing)하려는 끊임없는 노력을 하고 있다.

"보험이나 증권 등 비(非)은행 금융기관에 지급결제(예금통장)를 허용하지 않는 것이 국제적 추세다." 신동규 전 은행연합회장

"보험사에 지급결제업무를 허용하면 소비자는 보험사 계좌로 송금이체 등 다양한 업무를 처리할 수 있어 크게 편리해진다." 이우철 전 생명보험협회장

문화적 관점의 대두

위의 기계적인 사고의 형태와 기능이라는 개선 이외에 문화적 관점을 제품이나 서비스가 지녀야 한다고 주장하는 사람(Schmitt and Simonson, 1997)과 제품과 서비스에 storytelling이라는 상징이 들어가야 한다고 주장하는 사람(Fog 외, 2005)들처럼 제품의 주관적 가치를 극대화하라는 주장이 최근 많아졌다. 한국의 경우에 문화적 요소를 제품이나 서비스에 도입하려는 시도는 아래 사례처럼 이제는 유행처럼 느껴진다. 이런 문화이미지는 사람이나 동물, 지역 등의 다양한 의식주 소재가 사용된다.

- TV 이름에 칸느, 보르도의 이름을 붙이고, 그 이미지를 상기시키려 한다.
- 산타페, 베라크루즈처럼 유명한 문화적 도시나 휴양지의 이름을 사용하여 이미지를 구축한다.
- 패션디자이너 앙드레 김의 작품을 가전과 연계한다.
- 한글 문양이 제품에 구현되는 경우가 많아졌다.
- 에르메스라는 브랜드는 그레이스 켈리 이미지로 켈리백이라는 제품을 만들었다.
- 미국의 대량판매 소매점 타깃(Target)이 포스트모던 건축가 마이클 그레이브스가 디자인한 물건의 포장상자에 그의 사진을 넣었다(데얀 수직, 2008)
- 중국사람들은 숫자를 좋아한다. 그래서 798, 888, 8688 등의 숫자를 이용한 상표를 많이 사용한다.

- 미국 프로경기의 구단은 동물이름을 마스코트로 사용하는 경우가 많다.
- 스키폴 공항에 남자 화장실 소변기 가운데 파리모양의 작은 벌레를 그려 넣자 소변 흘리는 양이 80% 줄어들었다

공간적 요소의 dressing과 stripping

인류문명이 꽃 핀 이래로 인간들이 사용한 제품이나 서비스를 보면 모두 창조되거나 다른 지역/공간의 것이 모방되어 결합한 것이다. 반대로 현재 상태에서 공간적 요소를 제거함으로써 새로운 것을 만들어 내는 것도 있다. 이것을 다른 문화 간 '종의 합성' '종의 분화' 또는 dressing, stripping이라고 이름 지을 수 있다. 예를 들어 다른 예술분야의 것들이 합성되는 것과 전혀 다른 예술가군으로 분류되는 문화, 예술 분야들의 소재 등이 활용되는 경우가 여기에 해당한다.

1. 예술분야에서의 공간적 요소의 사용

예를 들어, '칸딘스키'의 추상화에는 음악을 넣었다고 한다(미안하게도 저자의 눈에는 그의 추상화에 음악을 보지 못했지만 말이다). '두 번째 달'의 콘서트에서는 '마임'을 하는 분이 등장하여 '김현보' 작곡의 〈개나리 이끼…〉 연곡시리즈

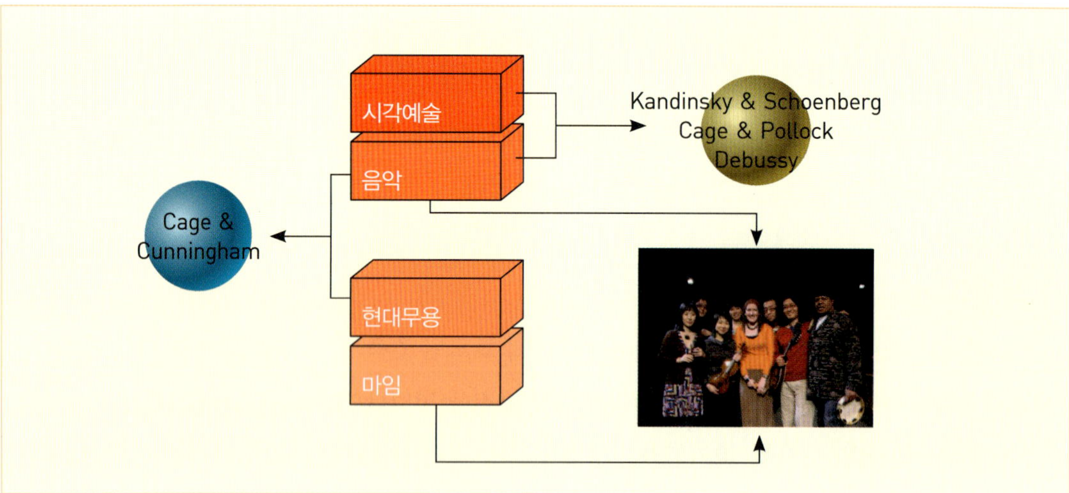

그림 6-25 다른 문화분야 간 '종의 합성'사례

곡에 맞추어 마임을 한다. 이렇게 아주 동떨어져서 서로 행해지던 것들이 만나서 새로운 것을 만들어진다.

- 팝에서 아일랜드 음악을 도입했다.
- 비틀즈가 인도음악인 시타를 사용하였다.
- 스탄 게츠(Stan Getz)의 재즈삼바는 브라질의 보사노바(브라질의 민속음악인 삼바가 유럽의 고전음악과 만나면서 현대적으로 개량된 것)를 재즈에 채용했다(남무성, 2006).

2. 제품에서 공간적 요소의 사용

서로 다른 공간에 존재하던 것들을 새로이 기존 것에 dressing하여 새로운 것을 만드는 것은 문화뿐만이 아니다.

- 인도가 개발한 '0'이라는 개념이 서양 수학에서 도입되었다.
- 감자, 사탕수수, 밀, 담배 등의 재배 확산은 신대륙발견 이후 대륙 간 전파를 통해 이루어졌다.
- 조선 세조 때 만들어진 청화백자는 중국의 것을 모방한 것이다.
- 19세기 기차여행의 수요는 대단했다. 인상파 화가들의 그림 중에는 유독 기차가 그려진 경우가 많았다. 철도여행이 이처럼 인기를 끌자 고객을 유인하기 위한 각종 디자인이 철도에 dressing되었다. 화차에서 뿜어 나오는 매연과 묵직한 피스톤 소리에 익숙하지 않은 사람들을 어떻게 끌어들일지 골몰했다. 기관차의 높은 굴뚝은 그리스 기둥의 세로 홈인 플루팅이 있는 도리아식 기둥처럼 장식하고, 기관차 위에 지붕을 얹어 마치 로마의 베스타 신전이 연기를 내뿜는 것처럼 보이게 했다(김홍기, 2007).
- 12세기 이탈리아의 베네치아에는 융자제도인 콜레간차가 있었다. 이 제도는 베네치아나 제노바와 같은 해양국가가 처음 만든 것은 아니다. 유대나 그리스나 아라비아 상인들 사이에서 쓰여 온 제도이다. 다만 이 사람들이 쓰고 있었던 것은 가족이나 친척 간에서만 통용되는 융자제도였다. 같은 나라 사람이라면 혈연관계와 상관없이 융자를 해주고 이자를

취하는 제도를 채택한 것은 이탈리아 해양국가가 최초이다. 혈연에서 벗어나 지역이라는 공간적으로 확대가 있었다(시오노 나나미, 1996).

경영학적 사고로 이런 현상으로 음식을 관찰하면, 많은 사례를 만날 수 있다. 유럽의 도시들을 여행하다보면 중동음식인 케밥(Kebab)을 파는 매장을 가끔 만날 수 있거나, 한국음식점도 서양화된 순서나 메뉴를 발견하는 것은 쉬운 일이다. 김치버거는 햄버거에 김치가 합성된 것이고 불고기버거는 햄버거에 불고기를 가장한 돼지고기가 합성되었다.

3. 고객에게 다른 사용 공간을 제공: channel의 dressing

경영자가 의사결정하는 가장 큰 것 중의 하나가 우리 제품이 판매되는 유통경로를 새롭게 하는 것이다. channel이 dressing되면 회사의 조직뿐만 아니라 제품, 가격, 촉진 등의 모든 요소의 변화가 초래될 수 있다.

〈그림 6－26〉을 보면 증권사가 유통채널을 dressing할 때마다 얼마나 많은

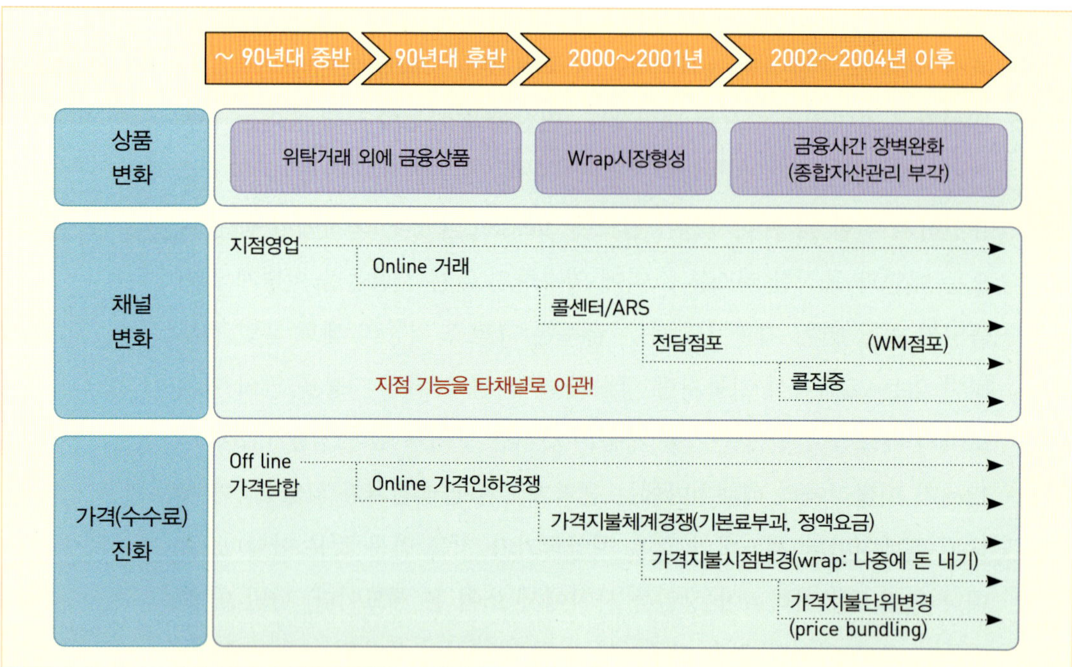

그림 6－26 증권사 channel의 dressing과 조직변화

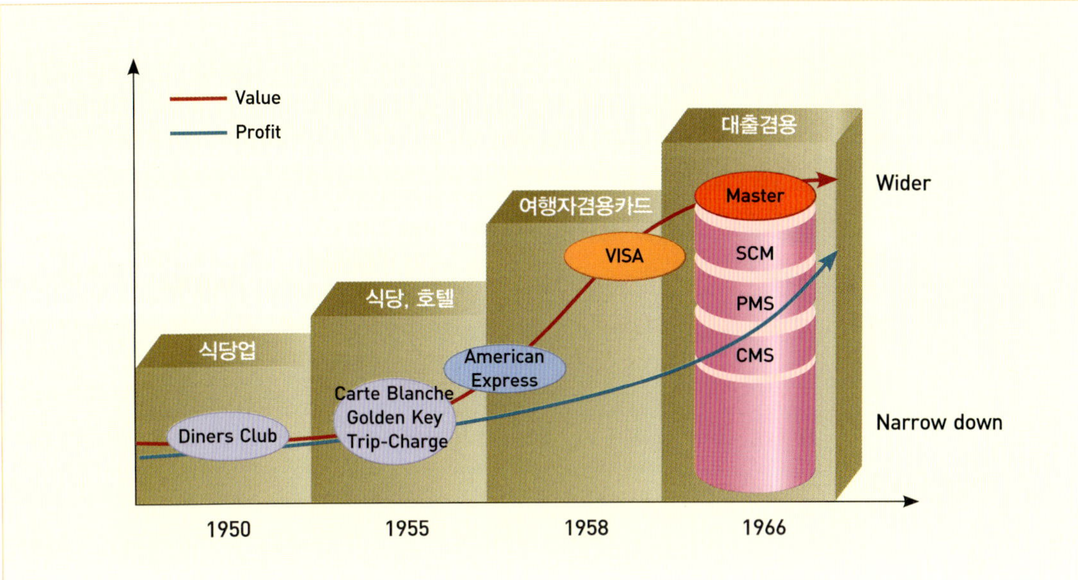

그림 6-27 신용카드의 산업별·지역별 사용공간 확대

조직과 업무에 변화가 일어났는지를 보여준다. 위탁거래에 집중하던 1990년대 이전에 비해 온라인채널이 추가되면서 상품도 변화하고 수수료체계도 복잡해졌으며, 인력도 감축되었다. 때로는 오프라인채널을 강화하기 위해 특정고객집단을 위한 WM점포 등이 추가되기도 한다. 이에 따라 증권사 수수료도 단순가격수준경쟁에서 가격지불체계경쟁, 가격지불시점경쟁, 가격지불단위경쟁으로 경쟁양상이 변천하였다.

신용카드사의 경우에는 신용카드를 사용할 수 있는 공간을 확대하는 것으로 50년의 세월을 보내고 있다. 처음에는 특정지역의 식당이나 호텔만 사용할 수 있었지만 산업별로 지역별로 점점 확대하여 가고 있다. 처음에는 특정도시에서만 사용가능하던 것이 미국 전역으로 확대되었고, 이제는 다른 국가에서도 자유롭게 사용할 수 있게 되었다.

신용카드는 결제를 대신 해주는 은행이 개입된 경우에서 시작하여, 신용카드로 은행이나 카드사가 대출업으로 진출했으며, 각종 산업과 연계한 보너스 프로그램으로 확대재생산하여, 고객의 사용가치를 극대화하였다. 최근에는 이렇게 한 개의 신용카드가 여러 가지 기능을 하는 것은 신용카드에서 dressing이 계속되었음을 의미한다. 최근에는 특정 기능만을 강조한 신용카드가 출시되었다. 즉, 대출기능만을 강조하거나 비행기 마일리지만을 적립할 수 있는 경우 등이 그것이다. 이 같은 경향은 신용카드의 기능 측면에서 stripping이 일어나고 있음을 보여준다.

온라인에서 물건을 판다는 자체가 판로의 channel dressing이다. 옷의 channel 역사는 1:1접촉 channel에서, 1:n 多面 offline channel 접촉에서, 1:n 多面 online channel 접촉방식으로 진화했음을 알 수 있다. 소비자가 옷을 선택할 수 있는 공간을 계속적으로 dressing한 것이 옷 판매경로의 역사이다.

2000년대 들어 급속하게 진행된 온라인 channel을 통한 판매경로의 확대를 살펴만 보아도, 그 dressing의 양상이 급격히 진행되었음을 알 수 있다.

초기의 온라인 판매는 판매자가 단순히 자신의 제품을 온라인에서 판매할 수 있는 기회를 제공하는 수준에 머물렀다. 아마존이 책을 온라인에서 파는 것이 그 사례이다. 전형적인 B2C이다. 두 번째 단계에서는 시장을 온라인에 만들어 주는 사이트가 등장하였다. Gmarket처럼 옷을 판매하는 업자들이 이 사이트에 입점을 하고, 옷을 사는 사람이 이 사이트에서 옷을 구매하며, 사이트는 이 중간에서 제품을 보증하는 대신에 판매자가 가져가는 돈의 일부를 수수료로 받

그림 6-28 옷 판매경로의 공간 확대

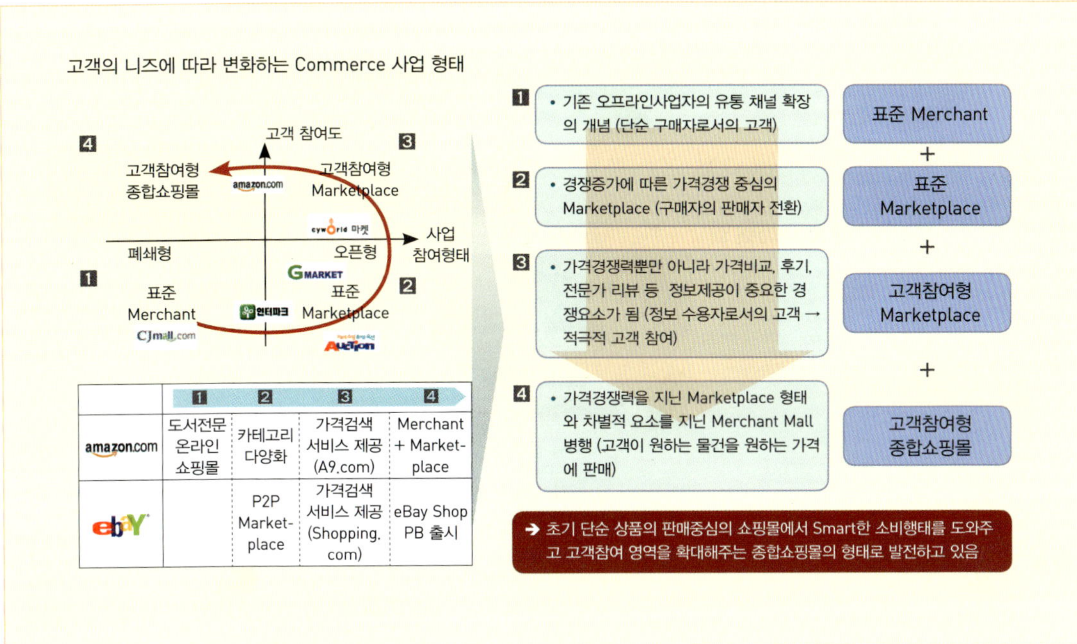

그림 6-29 e-commerce 고객접점 공간 확대

았다. 오프라인의 백화점과 동일한 비즈니스 모델이었다. 전형적인 C2C이다. 세 번째 단계는 고객의 참여를 유도하는 시장(market place)의 변화시도였다. 구매자는 기존 고객이 평가한 사용후기나 덧글을 통해 제품선택에 참고하기 시작하였다. 따라서 단순판매보다 고객이 참여하여 제품의 품질을 향상시키고, 소비자를 보호하기 시작하였다. 네 번째 단계는 B2C와 C2C를 한 사이트에서 만나볼 수 있게 된 것이다. C2C에서 고객이 불만이었던 제품에 대한 신뢰성을 보강하기 위해, 경쟁력 있는 브랜드를 사이트에 입점시켜 판매를 하는 것이다. 따라서 C2C 형태이지만 판매자가 개별사업자와 제조업자의 두 부류이다.

요즘은 인터넷상거래 증가율보다 mobile이라는 채널의 거래증가율이 더 높다.

시간적 요소를 dressing 또는 stripping

시간이라는 요소는 contents 측면에서 가장 활발하게 적용되지 않는 변수

그림 6-30 일반적인 C2C사이트의 많은 콘텐츠와 24시간 구매가능 화면

이다. 하지만 이를 새롭게 제품이나 서비스에 받아들일 경우에 그 효과는 남다를 것으로 예상된다.

- woot.com이라는 회사는 밤 12시마다 그 날 판매할 제품 중 단 한 가지 공개하는 B2C사이트이다. 따라서 이 회사의 저렴한 제품을 사고 싶은 사람은 매일 밤 12시에 이 사이트에 들어가야 한다. 그렇지 않으면 좋은 물건을 다른 사람들이 모두 사고 만다. 일반적인 다른 쇼핑몰은 24시간 언제 어디서나 우리 회사에 오도록 유도하기 때문에 시간이라는 요소의 강조가 적다. 하지만 woot.com은 시간이라는 요소를 판매수단으로 만들었다. 한편, 이 woot.com은 오직 한 개의 제품만을 판매하기 때문에 기존 C2C사이트가 무진장 많은 제품을 판매하는 것에 비해 엄청난 판매 제품의 stripping을 한 셈이다.
- 중국의 은행은 휴일에도 정상영업을 한다. 한국보다 시간이 dressing되어 있다.
- 한국의 은행은 2009년에 아침영업시간을 30분 일찍 시작하였다.
- 증권거래소 개장시간은 20년 전에는 아침 9시에서 12시, 1시에서 3시였

그림 6-31 woot.com은 오직 한 개의 제품을 하루에 12시부터 판매

는데, 지금(2008년)에는 아침 9시~오후 3시로 dressing되었다.

- 야식 식당은 다른 식당들이 영업하지 않은 시간에 영업을 하는 시간이라는 요소를 채택했다.
- fast food라는 음식들은 시간을 경쟁우위로 사용하여 고객들에게 시간절약이라는 편리성을 제공하는 것이다.
- etsy.com이라는 사이트는 일반적인 B2C, C2C 사이트처럼 제품카테고리 방식으로 고객이 물건을 찾을 수도 있고, 시간대별로 물건을 찾을 수도 있다. 고객이 자신 이외의 다른 사람이 가장 최근에 산 제품이 무엇인지를 알고 싶으면, 이것을 찾을 수 있다.
- 교차판매(cross-selling)는 마케터가 고객에게 시차를 두고 두 개 이상의 제품카테고리 상품을 판매하는 현상을 말한다. 이것은 시간이 제품판매에 중요한 역할을 하고 있다는 또 다른 증거이다.
- 크림빵을 상정해 보자. 일반적으로 크림빵은 상온에서 판매한다. 우리들 대부분이 생각하는 크림빵의 맛은 상온에서 먹었을 때의 맛이다. 하지만, 크림빵을 냉동고에 넣었다가 먹은 경우, 냉장고에 넣었다가 먹은 경우 모두 크림의 맛이 다르게 된다. 이렇게 온도의 차이가 맛을 다르게

하는데, 이것은 낮은 온도의 크림빵이 상온에 이르는 동안에 크림의 맛이 달라지기 때문이다. 따라서 크림의 맛도 시간조절에 의해 새로운 맛으로 변화시킬 수가 있다.

- 우리나라 대학교는 1년에 두 번의 정규학기를 제공하는 것이 일반적이다. 하지만 미국의 일부대학은 1년에 4번의 학기를 제공하기 때문에, 학생들은 빠르면 2년에 대학을 졸업할 수도 있다.
- 블로거 이운덕은 '짬'이 경쟁우위가 될 수 있다고 주장한다(boowoon.egloos.com)
- 문신(타투)을 하면 반영구적이다. 문신의 효과가 있으면서 문신이 유지되는 시간을 줄인 제품이 '헤라'이다. '은교'라는 영화에서 은교가 70대 노시인에게 새겨 준 것이 헤라이다.

이렇게 시간요소는 경쟁우위를 만들어 낼 수 있다. 시간을 우리 조직, 제품, 서비스에 도입하기 위한 기준을 요약하면 1) 미리, 2) 정기적, 3) 빨리, 4) 느리게 등을 들 수 있다. 여러분이 관심있는 제품이나 서비스를 1) 미리, 2) 정기적, 3) 빨리, 4) 느리게 변화시켜 보시라.

숫자나 단계를 dressing 또는 stripping

숫자나 단계를 추가하거나 제거하면 아주 훌륭한 것으로 기존 것을 변화시킬 수 있다.

- 우리나라는 중앙정부 밑에 도가 있고, 그 도 밑에 시·군이 있다. 하지만, 일본은 중앙정부 바로 아래 현이 있는데, 이 현은 도보다는 작고 시·군보다는 크다. 이 현은 우리나라 몇 개의 시와 군이 합쳐져 있지만, 도보다는 작다. 따라서 우리나라에서 시나 군에 일을 지시할 때는 도가 중간에 하나 있지만, 일본에서는 중앙정부에서 직접 현으로 일이 내려간다. 중간에 도 개념이 stripping되어 있다. 우리나라 시·군 입장에서는 몇 개의 시·군이 현으로 dressing되어 있는 셈이다. 이렇게 조직의 단계를 더

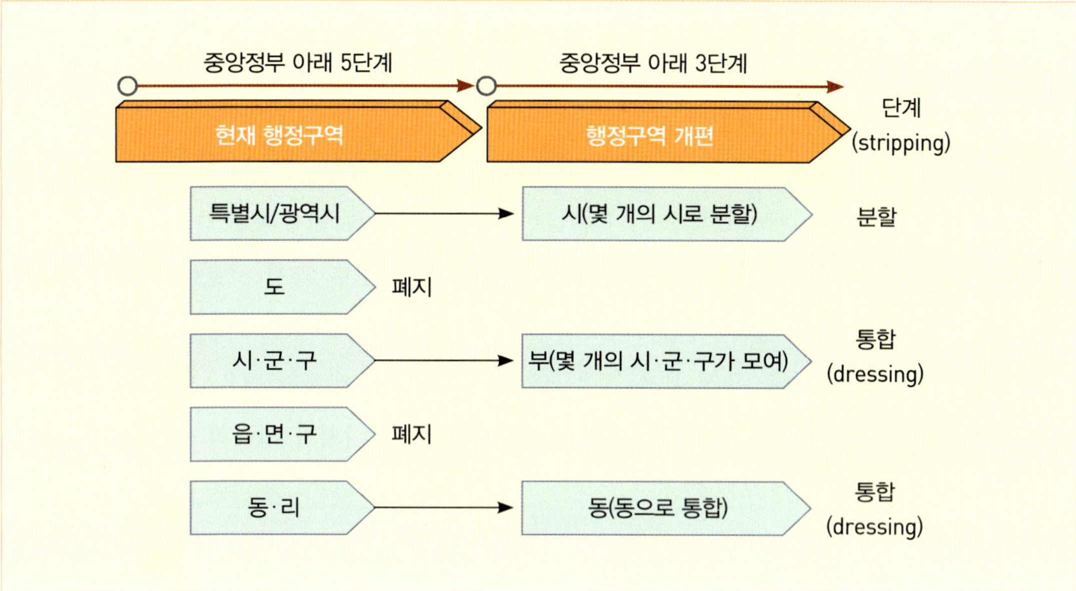

그림 6-32 행정구역 개편안 중의 하나

하거나 뺌으로써 조직의 능률을 올릴 수 있다. 따라서 〈그림 6-32〉처럼 우리나라 행정구역을 개편할 수 있다.

- Bar code는 가로축 하나로 정보를 입력한 것인 데 비해 QR code는 가로와 세로의 2차원으로 정보를 입력한 것이다.
- 일반적인 포털사이트는 무진장 많은 콘텐츠를 첫 화면에 보여준다. 네이버를 생각해 보면, 독자들도 이에 동의할 것이다. 반면에 구글이나 중국의 Baidu.com.cn은 첫 화면에 검색창 하나만을 선보인다. 즉, 일반 사이트방문객이 많은 콘텐츠를 클릭하지 않는 것에 착안하여 왕창 콘텐츠를 stripping한 것이다.

그림 6-33 검색창만을 부각시킨 Baidu(중국 최대 포탈 사이트)

청각적/후각적 요소를 dressing 또는 stripping

토마스 아퀴나스는 '시각과 청각은 영혼에 가장 가까이 다가갈 수 있는 감각이며, 아름다운 대상에 가장 민감하게 반응한다'라고 주장했다. 그래서 우리 제품이나 서비스에 소리가 없다면 일부러 소리를 넣을 필요가 있다. 이런 소리를 자주 들을 경우, 청취자는 이런 소리를 듣고도 특정 상표나 제품이 머리에 기억될 수 있다. 마찬가지로 후각적 요소도 구매자나 소비자를 학습시킬 수 있는 소재이다. 특정 향을 고객들에게 지속적으로 제공할 경우, 향과 제품을 연결시키는 기억이 생긴다. 이를 통해 향의 좋은 이미지가 제품의 좋은 이미지와 연계된다.

- 인텔칩은 본래 소리가 안 난다. 그래서 인텔칩 광고에 일부러 소리를 넣었다.
- 가수들은 자신만의 독특한 음색을 가지려고 노력한다.
- 마이크로소프트사의 윈도우는 소프트웨어이므로 소리가 안 난다. 하지만, PC에 전원을 넣을 때마다 음향효과를 내기 때문에, 이 소리가 들리지 않으면 사람들은 PC가 고장이 났는지를 의심한다.
- 쿠쿠는 밥이 다 완성되면 삐삐거린다.
- 세탁기도 빨래가 다 되면 소리를 낸다.
- 용각산은 소리가 안 난다고 일부러 강조한다.

이렇게 기존 제품이나 서비스에 소리가 없으면 소리를 넣거나, 기존 것의 소리가 작으면 크게 하거나, 기존 것의 소리가 낮으면 높이거나, 기존 것의 박자가 없으면 박자를 넣거나, 박자를 달리해서 새로움을 고객들에게 줄 수 있다.

- 부향률이란 알코올에 대한 향수 원액의 함량비를 말한다. 향수는 동일한 재료의 함량비의 차이에 따라 제품이 달라진다.

위의 향수에서 보듯이 기존 제품이나 서비스에 향이 없으면 향을 넣거나, 기존 것의 향이 작으면 크게 하거나를 통해 새로움을 고객들에게 줄 수 있다.

4 형태-색상-콘텐츠를 언제 dressing하고 stripping할 것인가? 시간과 경쟁을 고려하기

(이 단락은 지극히 판매자나 경영자의 입장에서 작성되어 있다.)

지금까지 아주 다양한 dressing과 stripping 요소를 다루어왔다. 그렇다면 형태-색상-콘텐츠를 언제 dressing하고 stripping할 것인가? 이 질문의 답은 시간과 경쟁이라는 다이나믹스를 고려해야 한다. 형태-색상-콘텐츠를 동시에 제품이나 서비스에 도입하거나 제거할 필요는 없는 것이다. 고객에게 서비스도 없고, 포장도 없고, 다양성도 없이, 아주 기본적인 제품을 비싸게 파는 것이 판매자의 로망이다. 따라서 형태-색상-콘텐츠를 dressing하거나 stripping하는 것은 비용을 초래하므로 반드시 해야 할 필요는 없는 것이다. 다만, 시간이 지나면서 경쟁이 치열해지면 그 때 제품에 형태-색상-콘텐츠를 추가할지에 대한 의사결정이 필요한 것이다.

〈그림 6-34〉를 보자. 처음에 고객의 욕구와 필요를 충족시키는 핵심제품이 출시되었다. 그 결과, 시장에서 대박이 터졌다(time 1). 1960년대 라면이 처음 나왔을 때, 70년대 오뚜기가 카레를 출시했을 때, 스포츠운동화 나이키는 1980년대 초반에, 서태지가 1990년대 초반에, 아래아 한글이 처음 나왔을 때, PCS를 처음 사용하여 걸으면서 전화를 했을 때, 얼마나 신선하고 놀라왔던가? 이들은 이 제품 카테고리의 선구자이자 기준이 된다. 이를 원형(archetype)이라고 부른다.

그러면, 경쟁사가 이 시장에 진입하게 된다(time 2). 크게 두 가지 양태를 보인다. 하나는 처음에 이 제품카테고리를 개척하여 출시한 제품보다 더 많은 선택의 폭을 제공하는 경쟁사가 등장하는 경우이다. 맨 처음 흰 우유만 있었는데, 초코우유, 딸기우유가 경쟁사로부터 출시되는 경우이다. Ford가 T형 자동차를 내자 GM이 다양한 변종 차량을 만든 것이 여기에 해당한다. 롯데껌이 쥬시후레쉬, 스피아민트 등 하얀색, 녹색, 노란색 껌을 처음 만들어 내자, 식품업계에서 딸기 맛, 풍선 껌, 대용량 껌 등을 생산하여 판매하는 것이 여기에 해당한다. 오리온이 초코파이로 성공하자, 롯데를 비롯한 여러 업체에서 동그란 초코파이, 막대 초코파이, 마시멜론이 없는 초코파이 등을 만들어 내는

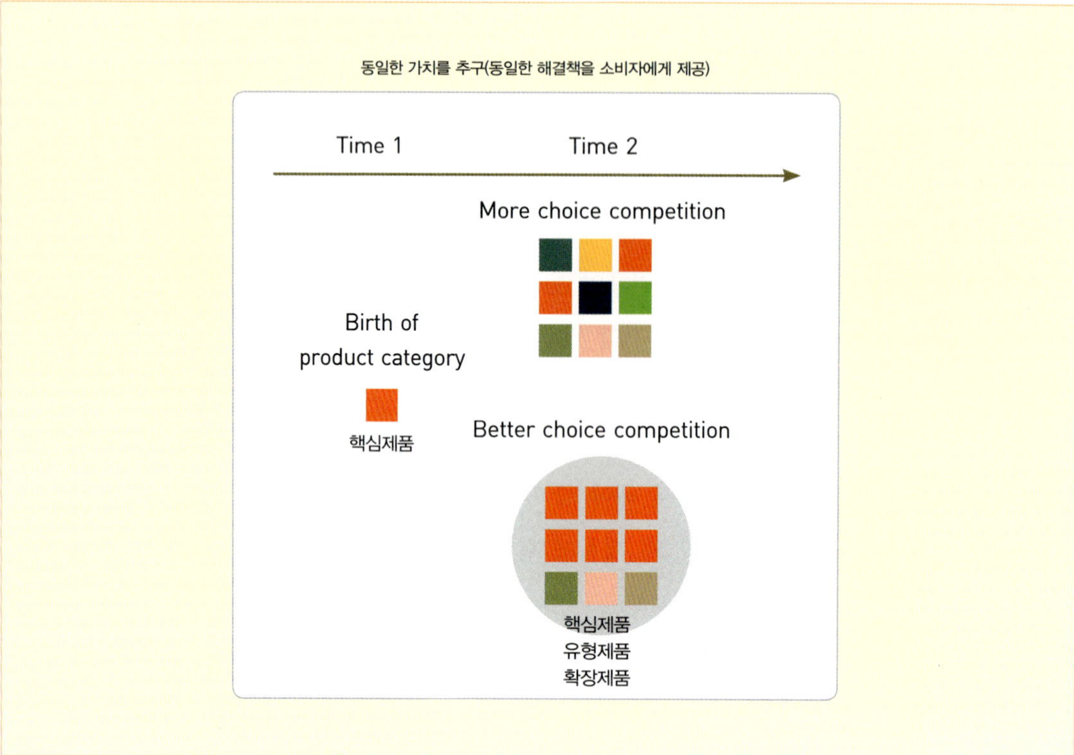

그림 6-34 시간이 지남에 따라 경쟁이 어떻게 진화하는가? part 1

것도 여기에 해당한다. 본질적인 핵심 가치는 변화하지 않고 오직 선택의 폭이 넓어지는 변화만 있는 것이다. Change but do not change. More choice competition(Moon, 2010).

고객의 입장에서는 선택의 폭이 확장되는 즐거움이 있다. 하지만 시장에 진입하는 제품의 수가 많아질수록, 한 제품이 가져가는 시장점유율은 적어지게 된다. 이 때 형태-색상-콘텐츠의 dressing 중에 주로 형태, 색상이 많이 사용되고, 콘텐츠는 상대적으로 약하게 제품에 반영되기도 한다.

두 번째 경쟁양태는 핵심제품 이외에 유형제품이나 확장제품으로 제품이 확대되는 것이다. Kotler(2006)의 예를 들면, 소니의 캠코더는 우리 삶의 중요한 순간을 저장할 해결책을 일반인에게 제공하는 핵심제품이다. 유형제품이란 핵심제품의 편익을 실체화한 것이다. 상표, 디자인, 색상, 포장이 여기에 해당한다. 여기에 확장제품이란 보조적이지만 소비자에게 혜택을 주는 편익이 제공되는 경우이다. 무상수리나 품질보증, 신용판매 등이 여기에 해당한다. 한마디로 핵심제품 이외에 판매자의 비용으로 더 나은 제품혜택의 덩어리를 만들어서 고객에게 제시하는 것이다. 핵심제품에서 경쟁자간 경쟁이 끝나면, 유형제품 간의 속성이 제품에 추가되고, 이 유형제품간 경쟁이 끝나면, 확장제품 내 경쟁이 이루어지는 과정을 거치게 된다. 즉, 자꾸 dressing되어 간다. 그리고, 서로를 모방한다. 그래서 아우성친다. 우리 제품이 더 좋아요. Better choice competition(Moon, 2010). 하지만, 이 전략은 경쟁사 간 차이를 무디게 하고, 비용을 상승시킨다. 그러다가 보면 문득 우리 제품과 경쟁제품이 너무나 닮아 있음에 놀라게 된다.

이 때, 진정한 혁신자를 자처하는 제품이 시장에 출시된다. 이 제품은 기존 time 1과 time 2에서 볼 수 없는 차별화된 제품으로 기존 제품이 주는 가치와는 완전히 다른 가치(value)를 가진 것이다. 만약 이 놀라운 제품이 기존 제품과 비슷한 가치를 주면서도 완전히 형태-색상-콘텐츠가 다르다면 그저 이상치(outlier)나 키치(kitsch), 비주류, 하위문화 소비제품으로 여겨져서 시장점유율을 획득하지 못하게 된다. 하지만 이것이 진정한 새로운 가치를 시장에 준다면 이 제품은 기존 제품의 카테고리 내에 있지만 완전히 놀라운 시장점유율을 시작하게 된다. 그리고 이 새로운 제품은 다시 more choice competition과 better choice competition으로 경쟁을 시작한다.

아주 성숙도가 높은 껌 시장에 '후라보노'가 나왔을 때를 생각해 보자. 다른 껌은 주로 입냄새를 없애주어서 상대방에게 불쾌감을 제거해 주는 me-ism(사람들이 나를 어떻게 생각할까에 민감한 성향)제품이었다. 그런데 자일리톨은 잠자기 전에 이를 튼튼하게 하기 위해 씹는 껌이어서 I-im(내가 중요해라고 생각하는 성향)계통의 제품이다. 그래서, 잠자리 전에 씹는 껌시장은 자일리톨이 석권하고 말았다.

그렇다면, 껌, 라면, 초코파이, 음료수, 생수 등의 초성숙시장(hyper-market)에서 신제품들은 time 3의 놀라운 제품을 만들어 내어 새롭게 출발하는 경우가 많은가, 그렇지 않으면 신제품이 단지 more choice competition 안에 머무는 경우가 많은가? 제품이 값이 싸고 저관여제품이면 거의 대부분이 선두자

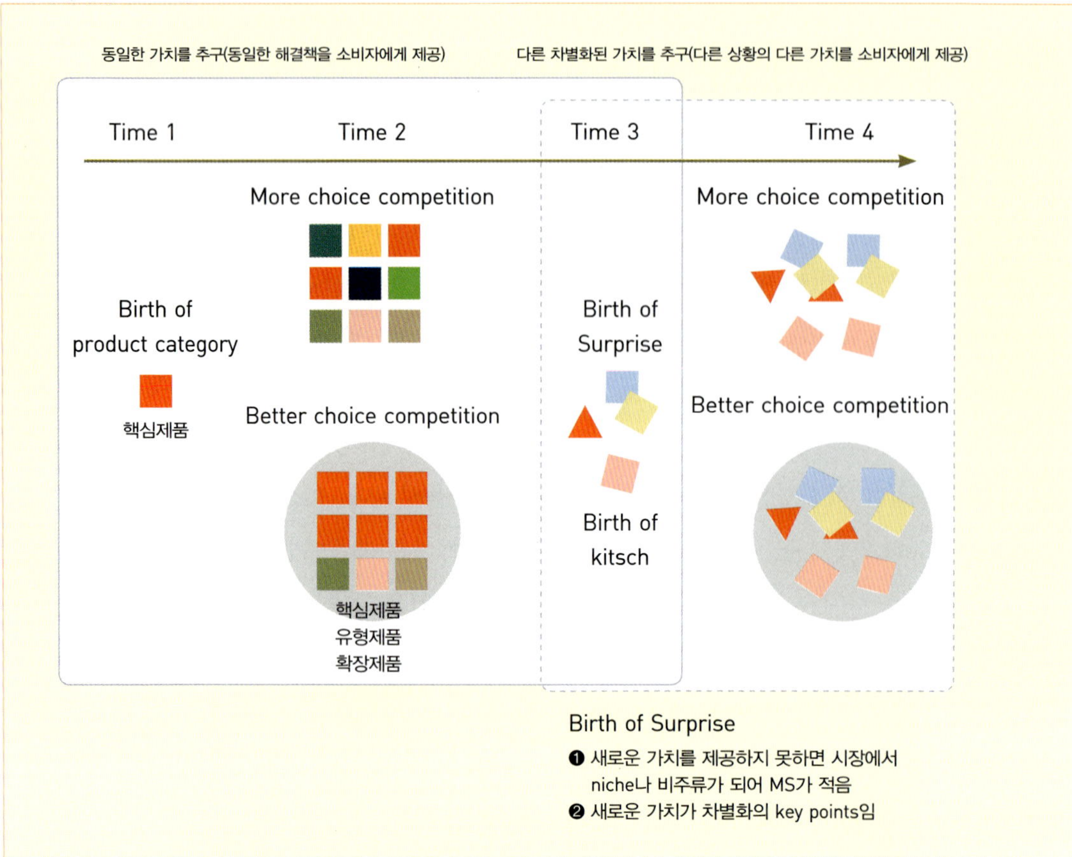

그림 6-35 시간이 지남에 따라 경쟁이 어떻게 진화하는가? part 2

(pioneer)의 제품의 핵심제품편익(must-have)은 모방하고, 차별화 요소를 강조하는 more choice competition의 제품변종확대에 치우치는 경향이 많게 된다. 한편, 제품이 고관여제품이면 better choice competition 경향을 갖게 된다.

그래서 시장 선구자(pioneer)는 시간이 지남에 따라 형태나 색상의 변종제품을 경쟁사의 제품 폭, 넓이 확대에 맞추어 경쟁하다가, 나중에는 better choice competition으로 전환하는 것이 좋다. 그래도 시장 선구자는 제품 카테고리의 표준을 잡고 있어서(사람들의 마음속에 처음 들어갔기 때문에), 비슷한 제품을 경쟁사가 출시해도 상표별 구매의사결정을 소비자가 주로하기 때문에 시장점유율을 높게 유지할 수 있게 된다. 반면에, 시장 추종자는 완벽히 다른 가치를 제공하는 신제품을 출시하지 않고서는 이 제품카테고리에서 성공할 가능

초성숙기시장(hyper-mature market): 제품 출시 초기에는 속성별평가에 의해 구매의사결정을 하고, 시장성숙 후에는 상표별 처리를 주로 함.

	time 1	time 2	time 3	time 4	time 5
경쟁 지향점	Meet wants and needs(고객의 핵심 가치 만족시키기)	More choice (선택 폭 넓히기 경쟁)	떼지어 다니기 (비슷해지기 경쟁)	Better choice (더 나은 제품 경쟁)	멀어지기 경쟁
경쟁 도구		Shape (size), color		Expected product Augments product (서비스, 포장 등)	Contents TPO(time, place, occasion)
Pioneer (혁신자)					
Follower (추종자)					
파괴자					
소비자에게 주는 가치	Meet wants and needs	The same value proposition (동일한 가치를 제공)	The same value proposition (동일한 가치를 제공)	The same value proposition (동일한 가치를 제공)	The different value proposition (다른 가치를 제공)
신제품 조사방법	Value analysis	Traditional Conjoint analysis	ACA (adaptive conjoint analysis)	Kano analysis	Qualitative approach for new value search

그림 6-36 시장 경쟁상황에서의 dressing과 stripping의 전개

성이 높지 않다. 그래서 고객의 사용 시간, 장소, 상황에 대한 질적인 조사를 실시하여 완벽히 새로운 기회를 찾아야 한다. 예를 들어, 오리온 초코파이가 워낙 세기 때문에(처음에 출시했고, 사람들 마음을 정으로 사로 잡았기 때문에), 그 이후에 다른 업체가 아무리 형태–색상–콘텐츠가 비슷하거나 다른 제품을 만들어도 오리온 초코파이의 아성은 흔들 수 없는 것이다.

결론적으로 경쟁 초기에는 형태–색상이 주로 dressing되고, 제품 카테고리가 파괴되는 시점에 contents가 주로 dressing된다. stripping은 경쟁초기에 일부 나타날 가능성이 있고, 경쟁 후기에 주로 나타나게 된다. 즉, 초성숙 시장이라고 판단되면 마케터는 과감하게 stripping을 생각해야 하는 것이다.

5 최적의 복잡도

dressing을 하면 복잡도가 높아지고, stripping을 하면 복잡도가 적어진다. 과연 최적의 복잡도는 존재할 것인가?

- 질서(통일성) 없이 아무렇게나 그린 채색화는 단순한 흑백 인물화보다도 쾌감을 주지 못한다(아리스토텔레스, 시학 6장)

이 아리스토텔레스의 말은 지나친 dressing은 오히려 구매자/소비자의 선택을 방해할 수 있다는 것을 추론하게 한다. 따라서 최적의 dressing수준이 존재할 것을 경영자는 마음에 두고 있어야 한다.

- 그림 잘 그리는 세 가지 노하우 중 세 번째는 새로움이나 복잡함 같은 요소를 그림 속에 만드는 것이다. 이 중 복잡도가 핵심이다. 예컨대 학생의 작품이 너무 단조로울 때는 색이나 형태에 변화를 주라고 권한다. 반대로 너무 다양한 형태나 색이 사용되었을 경우에는 색이나 형태 혹은 구도 등에 어떤 규칙성을 부여해 통일감을 높이라고 주문한다(지상현, 2007).

즉, 적으면 dressing을 통해 복잡도를 높이고, 복잡도가 높으면 stripping을 통해 복잡도는 낮춘다. 이것이 dressing과 stripping의 방향성이다. 가령, 스마트폰의 앱 개수에는 사용자가 생각하는 최적 상태가 있을 것이다. 하지만 시간이 흐르면, 어느 앱은 쓸모없다는 것을 발견하고, 지우려 할 것이고, 새로운 앱이 나오면 흥미를 갖고 추가하려 할 것이다. 따라서 전체 스마트폰 사용자가 생각하는 최적의 앱 수도 존재하며, 이 숫자는 변화하게 된다. 또한 세분시장이나 개인별로 사용자가 생각하는 최적 앱 수도 다를 것이고 이것도 변화한다. 이런 추론 속에서 최적의 앱 수는 dressing과 stripping을 통해 변화하여 나가게 된다.

대상의 복잡함이 증가할수록 대상에 대한 응시시간은 짧아진다. 대상이 복잡하면 전체 구조를 파악하기 위해 시선이 한 곳에 머물지 않고 옮겨다니기 때문이다. 따라서 너무 많은 dressing은 비용 대비 효용이 적을 가능성이 있다는 단점을 마케터는 명심해야 한다.

6 독자들의 연습장

지금까지 제3장에서 파악된 형태-색상-콘텐츠(내용)기준을 중심으로 dressing과 stripping에 많은 기준이 사용될 수 있음을 살펴보았다. 이제 독자 스스로 다음 표를 작성하여 독자들이 관심있는 제품이나 조직을 새롭게 창작해 보자.

〈그림 6-37〉를 보면 첫 번째 줄에 형태-색상-콘텐츠의 세부기준이 나열되어 있다. 독자는 두 번째 줄에 현재 상태를 적어야 한다. 세 번째 줄과 네 번째 줄에 dressing 또는 stripping을 시도한 내용을 적어보자. 그리고 이런 변화된 상품을 좋아하거나 구매할 집단을 다섯 번째 줄에 나열해 본다. 마지막으로 이 집단이 왜 우리의 변화된 제품을 구매할지를 적으면 된다.

1

	기준변수	현재상태 (Before)	Dressing (after)	stripping (after)	신제품 사용집단	사용이유
Shape	크기/무게 (size/weight)					
	도형 실루엣 (angularity)					
	비례감 (proportion)					
	대칭 (symmetry)					
	제품포장형태					
	제품포장단위					

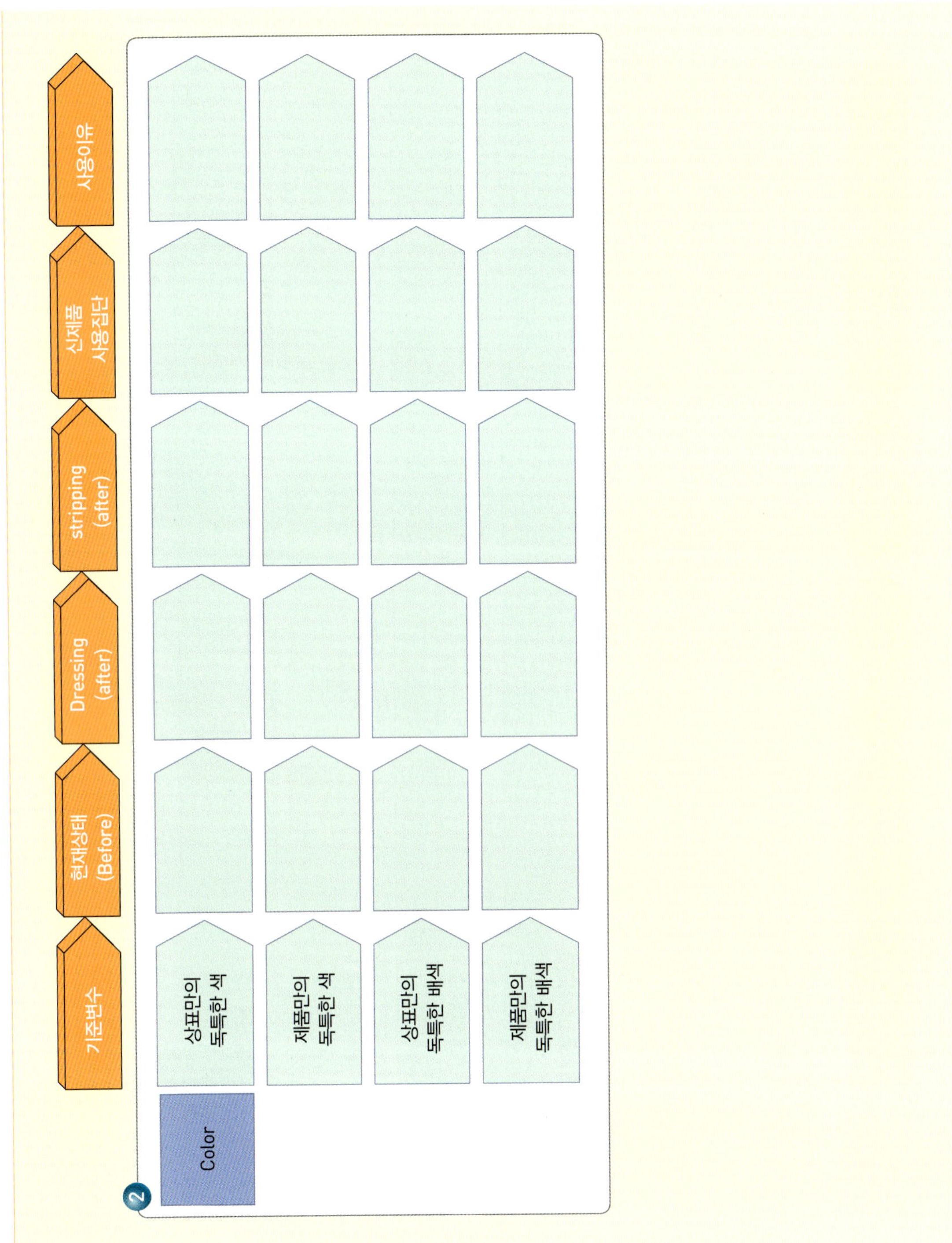

그림 6-37 형태–색상–내용 기준, 제품개발 checklist(계속)

3

	기준변수	현재상태 (Before)	Dressing (after)	stripping (after)	신제품 사용집단	사용이유
Contents (제품선택 기준)	제품선택기준 1 ( )					
	제품선택기준 2 ( )					
	제품선택기준 3 ( )					
Feature and function	제품선택기준 4 ( )					
	제품선택기준 5 ( )					
	제품선택기준 6 ( )					

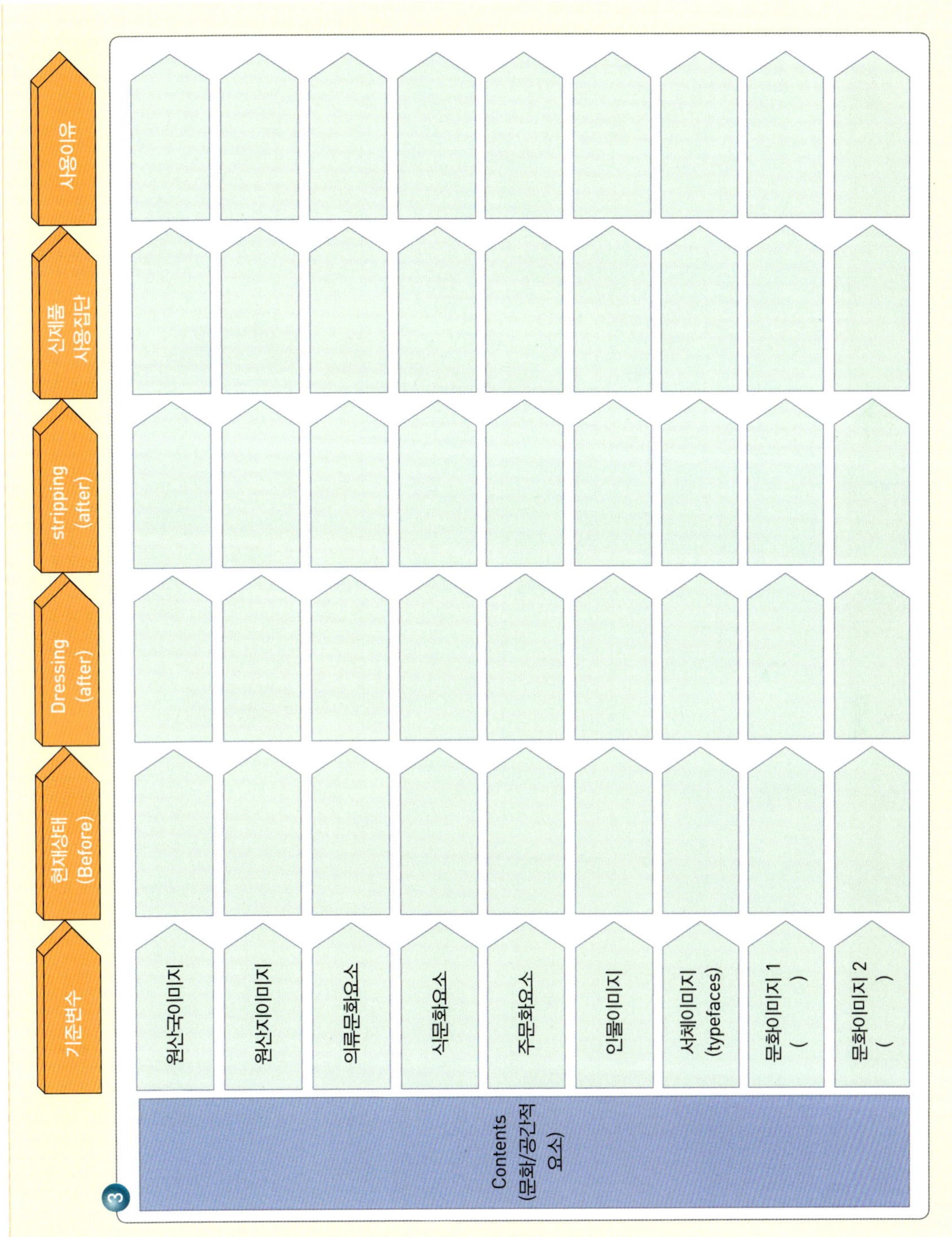

그림 6-37 형태 – 색상 – 내용 기준, 제품개발 checklist(계속)

3

	기준변수	현재상태 (Before)	Dressing (after)	stripping (after)	신제품 사용집단	사용이유
Contents (시간/물리적 요소)	시간					
	옛날 것					
	숫자					
	유통망					

그림 6-37 형태-색상-내용 기준, 제품개발 checklist

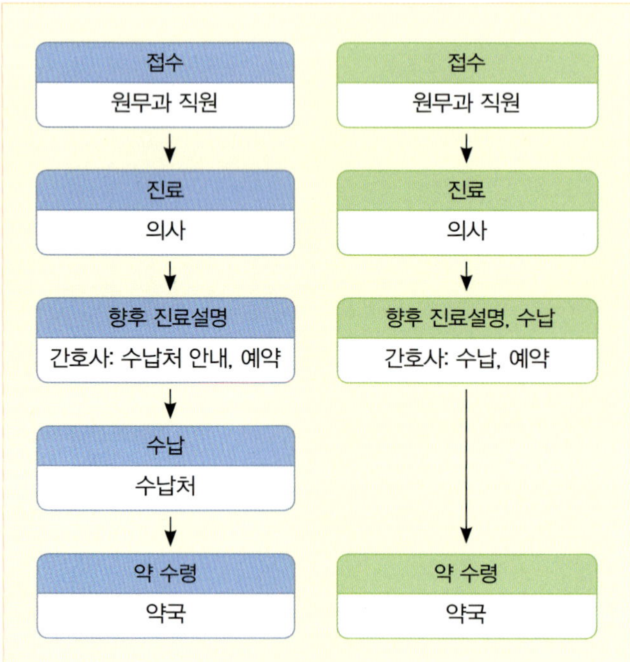

그림 6-38 간호사가 수납을 담당하게 하여 수납처 업무 프로세스를 stripping한 사례

여러분은 지금까지 제품혁신(product innovation)에 초점을 맞춘 연습을 해 왔다. 이제 프로세스 혁신(process innovation)에 해당하는 연습을 해 보자. 〈그림 6-38〉은 병원에서 진료받는 고객의 동선에서 수납업무를 간호사가 맡아함으로써 수납처 업무를 stripping한 사례를 보여준다.

〈그림 6-38〉과 같이 새로운 프로세스를 구축하기 위해 기존 고객동선과 고객접점별 서비스가 확인되어야 한다. 〈그림 6-39〉처럼 자신이 관심 있어 하는 서비스가 제

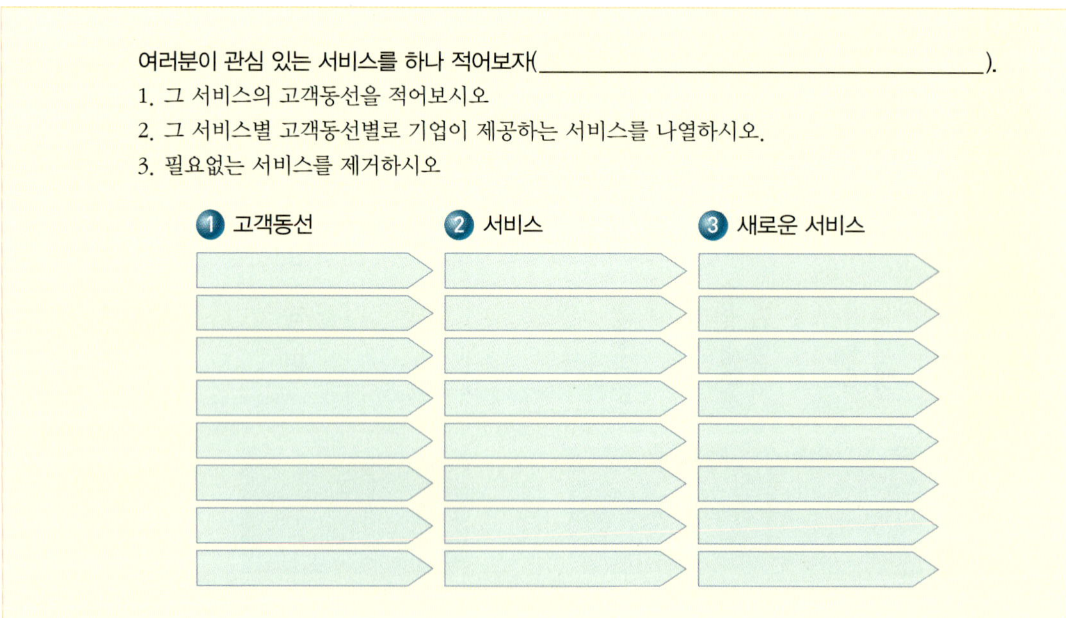

그림 6-39 서비스 프로세스의 stripping연습

공되는 순서에 따라 고객동선을 첫 번째 줄에 나열하라. 그리고 나서 두 번째 줄에 첫 번째 줄의 각 고객동선별로 이루어지는 서비스를 적어보자. 두 번째 줄에 적을 것이 별로 없으면 필요없는 서비스일 가능성이 있다. 세 번째 줄에는 필요 없는 기존 고객동선상의 서비스를 제거한 새로운 서비스만을 남겨 놓아 보면 된다.

이제 위의 드레싱과 스트리핑을 통해 만들어진 상품을 아벨의 업 개념도에 넣어보자. 목표시장의 변화, 그 목표시장의 욕구변화, 그 욕구를 만족시키기 위한 기술이나 서비스 등의 변화를 그림으로 표시해 보자.

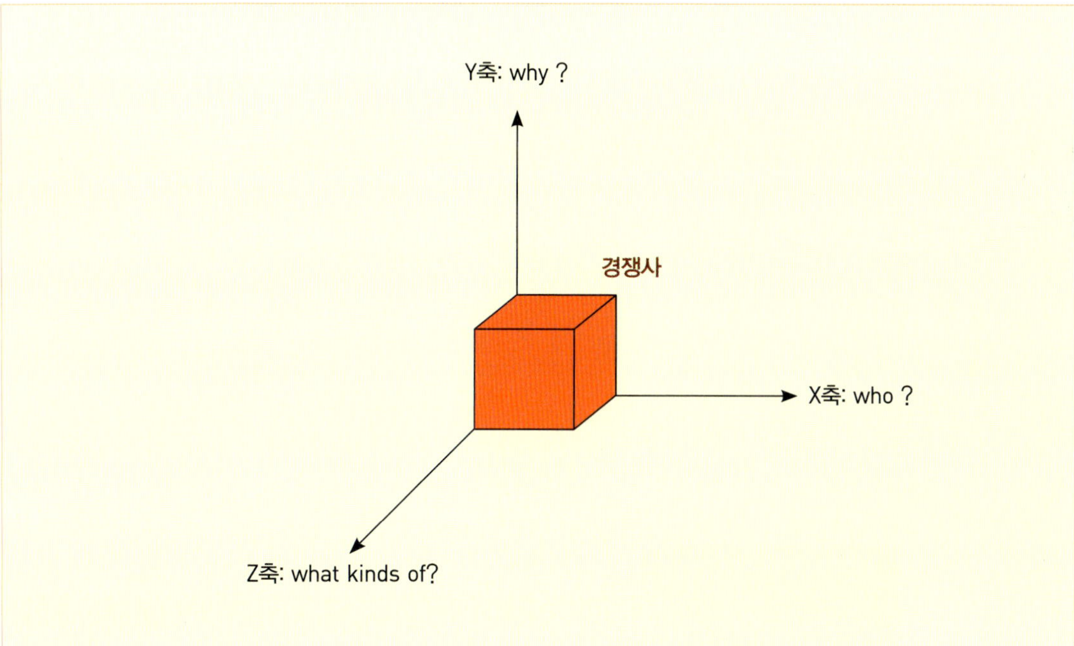

그림 6-40 업의 개념도 연습장

잠깐 쉬어가는 페이지

베토벤의 '운명교향곡'의 첫 번째 시작부분과 차이코프스키의 피아노협주곡의 첫 번째 시작부분에서 피아노 담당부분을 비교해 보자. 베토벤이 차이코프스키보다 먼저 살다 먼저 죽었으므로 베토벤의 운명교향곡 첫부분을 기초로 차이코프스키의 피아노협주곡을 비교해 보자. 베토벤의 운명교향곡 맨 처음의 '쾅쾅쾅…쾅…'이 어떻게 변했을까?

맨 처음 베토벤의 '쾅쾅쾅'은 차이코프스키의 작품에서 베토벤의 리듬은 유지하면서 음의 높낮이가 낮아졌음(stripping)을 발견할 수 있다. 마지막 베토벤의 '쾅'은 음의 길이가 약간 짧아지고(stripping), 동시에 음이 낮아졌다(stripping). 이런 변화만으로도 차이코프스키의 피아노협주곡은 전혀 다른 시작의 느낌을 갖게 되었다. 아무도 표절이라고 하지 않는다.

참고문헌

김홍기 (2007), 그림이 된 건축 건축이 된 그림, 서울: 아트박스.

남무성 (2006), Jazz it up, 서울: 고려원북스.

데얀 수직 (2012), 사물의 언어, 서울: 홍시.

박종호 (2005), 유럽음악축제순례기, 파주: 한길아트.

사사키 겐이치 (1995), 미학사전, 서울: 동문선.

시오노 나나미 (1996), 바다의 도시이야기, 파주: 한길사.

송인갑 (2004), 향수, 서울: 한길사.

스레나가 타미오 (1998), 색채심리, 서울: 예경사.

IRI색체연구소 (2003), 어떤 색이 좋을까? color combination, 서울: 영진닷컴.

유승희 (2005), 화가들이 사랑한 파리, 파주: 아트북스.

이지은 (2007a), 귀족의 은밀한 사생활, 서울: 지안.

이지은 (2007b), 유럽장인들의 아틀리에, 서울: 한길아트.

이희엽, 홍석기, 김창현, 나희승 (2006), 이미지 스케일에 의한 철도차량 디자인 트렌드 분석, 한국철도학회 2006년도 추계학술대회논문집, 19~26.

지상현 (2002), 시각예술과 디자인의 심리학, 서울: 민음사.

창홍, 미학산책: 소트라테스에서 소쉬르까지, 서울: 시그마북스. 정유희 옮김.

최상운 (2008), 보랏빛 바다의 향연: 프로방스 라멘더 시장, 서울: 한국문화관광연구원. 너울 2008년 2월호.

Eco, U. (2004), On beauty: A history of a western idea, London: Secker & Warburg.

Fog, K., Budtz, C. and Yakaboylu, B. (2005), Storytelling: Branding in practice. Amsterdam: Spingler.

Kobayashi, S. (1992), Color image scale, Kodansha Globe.

Kotler, P. (2006), Marketing Management, NJ: Prentice Hall.

Miller, J. (2009), Shoes, London: Octopus Publishing Group.

Moon (2010), Different: Escaping the Competitive Herd, NJ: Crown Besiness.

Ries, A. and Ries, L. (2004), The origin of brand, NY: Harper Business.

Schmitt, B. and Simonson, A. (1997), Marketing Aesthetics, NY: Free Press.

부록

dressing과 stripping 통합 문화관광콘텐츠개발: 호수 위에 오페라 브레겐츠 페스티벌

오페라를 문화관광 사업아이템으로 선정하여 도시 전체가 먹고 사는 도시를 뽑으라면, 고민할 것도 없이 박종호(2005)의 〈유럽음악축제순례기〉에 등장하는 도시를 나열하면 된다. 이 책은 정신과 의사인 저자가 실제로 유럽을 여행하면서 목격한 오페라도시와 오페라에 대한 기록이다. 이 책의 머리말에는 그의 오페라에 대한 열정이 지인들 사이에서 신화라고 적고 있고, 이 책에서 다루고 있는 내용이나 깊이, 압구정동에 있는 그의 음악집 '풍월당'을 보면, 그가 선택한 오페라도시에 대한 이의를 제기하기 힘들게 한다.

그가 추천한 오페라도시 중에는 오스트리아의 브레겐츠(Bregenz)가 있다. 오스트리아 지도를 보면, 브레겐츠(Bregenz)는 오스트리아의 맨 왼쪽(서쪽)에 있다. 보덴호수는 독일/오스트리아/스위스가 모두 만나는 곳에 있다. 브레겐츠는 이 보덴호수를 끼고 있는 도시이다.

오페라무대는 호수 가운데 떠 있다. 가령 〈가면무도회〉 작품을 위해 만들어진 무대를 보면, 책은 열려져 있고, 책장이 무대이며, 해골이 책장을 열고 있다. 해골은 2년 동안 보덴호수에 몸을 담그고 책장을 열고 서 있다. 호수에 한 번 무대가 설치되면 무대철거가 어렵기 때문에 작품당 2년씩 공연이 이루어진 것이다(www.bregenzerfestspiele.com). 격년으로 아주 색다른 무대장치가 호수 위에 설치된다. 그리고, 마이크를 가진 가수들의 오페라를 듣게 된다.

브레겐츠는 오페라에 호수와 호수 위의 무대를 dressing하고, 오페라 가수의 맨 목소리 노래를 stripping했다.

이 사실에 주목하면 기존 오페라와 달리 호수라는 요소가 새롭다는 것을 발견할 수 있다. 오페라는 흔히 오페라하우스에서 공연한다. 우리가 '사운드 오브 뮤직(Sound of Music)'이라는 영화에서 보듯이 동굴을 파고 무대가 마련된 곳

도 있지만, 오페라는 거의 모두 오페라 가수의 목에서 나오는 소리를 가장 잘 들리게 하기 위해 별도로 지어진 오페라극장에서 상영된다. 프랑스 파리의 경우에는 Opera라는 지하철역이 있을 정도로 자랑스러워하는 오페라하우스가 시내 한 가운데 있고, 정명훈이 음악감독을 한 바스티유 오페라하우스가 신축되었을 정도로 오페라하우스는 유럽에서 일반적인 것이다. 물론 오스트리아의 빈에도 그들이 자랑스러워하는 오페라하우스가 있다.

브레겐츠는 취리히, 뮌헨, 인스부르크 등의 대도시와 멀리 있어서 관람객의 접근성이 떨어진다는, 지리적으로 동떨어져 있다는 단점을 극복하는 dressing 요소로 보덴호수를 선택했다. 진지한 클래식 팬이라면 당연히 기대할 가수의 생생한 목소리 대신에 마이크로 조정된 소리를 들어야 한다. 가수의 여과되지 않은 노랫소리를 stripping했다.

따라서 마케터의 입장에서는 브레겐츠는 1) 목표시장을 진지하지 않은 클래식 관객을 대상으로, 2) 소리가 아닌 시각적 체험을 더 중시하는 것을 만족시키기 위해, 3) 호수 위의 무대(floating stage)라는 서비스를 제공하고 있다. 이는 1) 목표시장을 아주 진지한 클래식 관객으로 하고, 2) 소리에 대한 최고급의 바그너 음악을 듣기를 원하는 사람을 대상으로, 3) 소수의 관객만을 선정하여 보여주는 독일의 바이로이트 음악축제와는 완벽히 대칭점에 있다.

이 브레겐츠 사례에서는 도시가 갖고 있는 호수라는 자원을 기존제품인 오

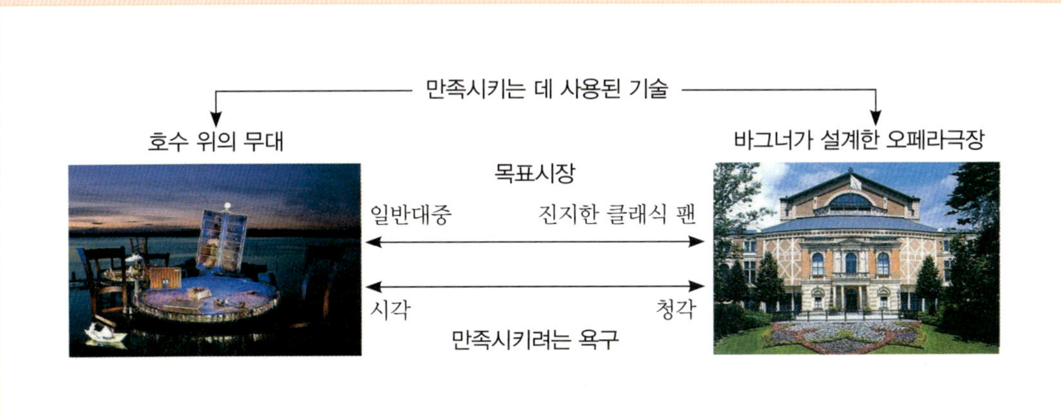

그림 1 브레겐츠 음악축제 VS. 바이로이트 음악축제

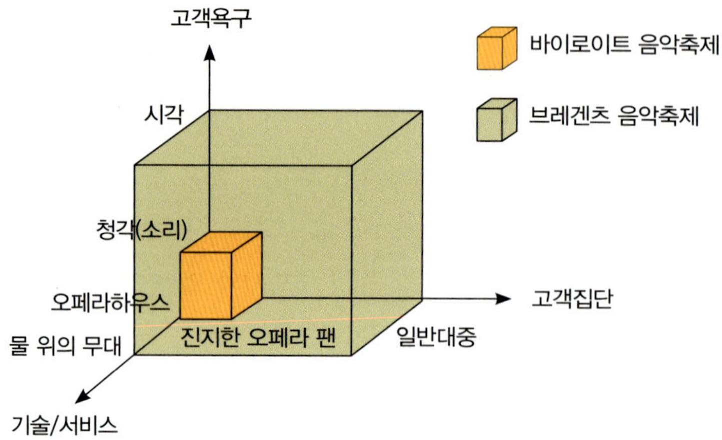

그림 2 브레겐츠 음악축제 VS. 바이로이트 음악축제를 업의 개념으로 표시

페라에 dressing한 사례이다. 이를 통해 기존 오페라고객과는 전혀 다르게 고객들의 시각적 욕구를 자극함으로써 성공적인 문화관광콘텐츠를 개발하여 제시한 사례가 되었다.

그렇다면, 우리나라의 어느 지방자치단체가 브레겐츠의 dressing요소인 물을 가졌던가? 진주 지역구 국회의원이 2006년 의정보고서에서 지적했듯이 3억 톤의 물을 가진 도시 진주와 그보다 더 많은 물을 가진 충주는 브레겐츠를 보고 무엇을 배울 것인가? 오페라를 하자는 것이 아니라, 다른 아이템이 없을까? 네바다 주의 라스베가스 옆의 후버 댐으로 인해 만들어진 호수(Lake Mead)에는 숙박이 가능한 요트를 띄어 놓고, 숙박업을 하는데….

Chapter 07

몬드리안과 수덕사 대웅전의 분할partition, 그리고 황금분할

황금비율에 대한 역사상 최초의 언급은 유클리드였다. 모든 구체적 형태의 바탕에서 기하학적 형태를 보는 것은 피타고라스 이래로 전해 내려오는 전통이다

곰브리치, 2003

한 덩어리를 보면 자꾸만 나누고 싶어진다 이일훈, 2005

독일의 뒤러는 26가지 비례를 만들어 냈다 진중권, 2008

동일한 시간이나 공간을 몇 개로 나누는가에 따라 그 나누어진 상태에 대해 관찰자가 느끼는 감성은 모두 달라지게 된다. 따라서 어떻게 몇 개로 나누는가는 경영자가 조직이나 제품, 서비스를 개발하는 한 방법이 된다.

1 몬드리안의 그림

몬드리안의 그림은 기하학적 모형과 단순한 색을 화폭에 구성하는 작품으로 유명하다. 형태－색상－콘텐츠 중 형태와 색상만을 사용하고 있다. 이 중 우리가 주목하는 것은 기하학적 분할이 얼마나 화면을 멋지게 구성하는가이다. 그는 각종 크기의 네모와 윤곽선을 사용하여, 단순한 면의 분할이 아주 여러 가지 디자인으로 관람객에게 보여 질 수 있다는 것을 보여주었다. 〈그림 7－1〉을 보면, 왼편 작품의 경우, 몬드리안은 상대적으로 많은 네모를 배치했고, 오른쪽 작품을 보면, 왼쪽보다 상대적으로 큰 네모를 동일한 화면 크기에 배치했다. 동일한 화면크기에서 상대적으로 큰 네모로 구성된 오른쪽 작품은 시원시원한 느낌을 관람객에게 주며, 왼쪽 작품은 상대적으로 작은 네모로 구성되어 있어, 아기자기한 느낌을 갖게 된다.

이 작품에서 독자들이 파악해야 할 것은 우리가 가지고 있는 제품이나 서비스를 어떻게 분할하느냐에 따라 고객들에게 전혀 다른 신제품이나 서비스로 보여진다는 점이다. 조직도 마찬가지이다. 기업이 조직의 성과를 높이기 위해 아주 다양한 조직이나 기능으로 기업을 분할하여 조직화할 수 있다. 구조가 성과를 좌우한다는 가설에 동의한다면, 조직의 구조를 어떻게 분할하느냐에 따라 기업이 고객들에게 내보내는 제품이나 서비스도 달라지고, 기업의 성과도 달라지게 될 것을 예상할 수 있다.

그림 7－1 몬드리안의 두 작품의 일부분

2 절집의 앞면과 옆면을 어떻게 분할하는가?

절집의 옆면이나 앞면을 보면, 건물의 옆과 앞을 몇 개로 나누는가에 대한 많은 고민을 했음을 알 수 있다. 가령, 수덕사 대웅전의 앞면은 네 개의 기둥 중 두 개의 기둥이 화면을 분할하는 데 사용되고 있다. 이 두 개의 기둥 사이에 세 짝의 문짝이 배치되고, 네 개의 기둥 사이에는 각각 세 개씩의 문짝이 일정한 분할의 균형미로 나타난다. 반면에 부석사 무량수전의 정면은 기둥이 총 6개이고, 기둥과 기둥 사이에 문짝 수는 3개 또는 2개이다. 정면 5칸 중에서 중앙의 세 칸은 문짝이 세 개로 동일하고, 양쪽 두 칸은 문짝도 두 개로 되어 있다. 무량수전의 정면 칸은 수덕사 대웅전보다 상대적으로 다른 분할의 불균형미를 갖추고 있다(최완수, 1994).

수덕사 대웅전의 옆면(〈그림 7-4〉)은 대칭적인 분할을 사용했다. 세로 기둥과 기둥 사이에 다시 가로 기둥이 세 개씩 사용되었다. 총 9면이 보인다. 이 이외에 대웅전 안을 출입하기 위한 별도의 문이 배치해서 옆면을 다시 분할하고 있다. 하지만, 부석사 무량수전의 옆면(〈그림 7-5〉)은 가로지르는 기둥을 하나만 사용했고, 드나드는 옆문도 없어서 아주 담백하다.

결론적으로 수덕사 대웅전 정면과 부석사 무량수전 정면을 비교하면, 수덕사 대웅전의 앞면이 더 단정하고 균형적으로 분할되었으며, 반대로 옆면은

그림 7-2 수덕사 대웅전 정면(기둥 4개, 기둥 사이에 문짝 3개씩)

그림 7-3 부석사 무량수전 정면(기둥 6개, 기둥 사이에 문짝 3개 또는 2개)

그림 7-4 수덕사 대웅전 옆면

그림 7-5 부석사 무량수전 옆면

무량수전 옆면이 수덕사 대웅전 옆면보다 단정하다. 수덕사 대웅전 정면은 상대적으로 단정, 옆면은 상대적으로 복잡. 부석사 무량수전 앞면은 약간 다채롭게 멋을 냈다가, 옆면에서는 아주 얌전하게 앉아 계신 것이다.

3 구두 디자인에서 등을 덮는 부분을 어떻게 분할하는지가 디자인 싸움

남자의 구두를 보면, 구두 등이 몇 가지로 분할되어 있느냐에 따라 디자인이 매우 다름을 알 수 있다. 〈그림 7-6〉의 구두는 징으로 두드려서 분할의 이미지만을 표현했을 뿐 전혀 구두 등을 분할하지 않고 있다.

그림 7-6 구두 등을 분할하지 않은 사례

반면에 〈그림 7-7〉은 구두의 등을 덮은 양옆의 가죽이 돋보인다. 양옆의 가죽으로 인해 구두끈을 조이게 됨과 동시에, 적어도 세 개의 면으로 분할된 효과를 보여준다. 〈그림 7-8〉은 구두 등을 가로로 분할하는 선과 등을 분할하는 세로과 가로 선이 있어서 〈그림 7-6〉과 〈그림 7-7〉과는 완전히 다른 디자인으로 느껴지게 된다. 이렇게 패션제품의 디자인은 평면을 몇 개로 나누는가에 대한 아이디어

그림 7-7 구두 등을 세 개로 분할한 양옆의 덮개가 보이는 디자인

그림 7-8 구두 등을 4개로 나누어 보이는 디자인

싸움이라고 해도 과언이 아니다.

상상해 보면, 구두 디자이너나 자동차 디자이너는 밥만 먹고 분할을 하고 있는 사람들이 아닐까? 일정하게 정해져 있는 발의 앞면을 덮기 위해 가죽을 어떻게 분할하여 덮을까를 고민하고 있거나, 자동차의 앞면을 어떻게 분할해야 생각하는 디자이너는 동일한 고민을 하고 있는 것이다.

'동일한 공간을 어떻게 분할할까?'

독자들이 자동차의 분할선을 관찰해보면, 절개선이 매우 다양함을 발견하게 된다.

4 제품개발의 지혜

기존제품을 분할할 것인지 여부, 분할한다면 어떻게 분할할 것인지에 따라 신제품이나 서비스의 목표시장과 TPO(time, place, occasion)가 모두 달라지게 된다. 멀티탭도 분할이 된다. 조지 모어낵이라는 사람이 디자인한 멀티탭은 하나하나 콘센트를 분리할 수 있도록 설계되어 있기 때문에, 2개가 필요하면 2개를 연결시키고, 4개가 필요하면 4개를 연결시키면 된다. 이를 통해 하나의 멀티탭에 여러 개의 콘센트가 있었던 것에 비해 설치 시에 차지하는 공간을 훨씬 줄였다 늘였다 할 수 있게 된다. 이 멀티탭이 나오기 전에는 하나의 몸체에 여러 개의 콘센트를 삽입할 수 있는 몸통 하나로 디자인되어 있었다.

5 책꽂이를 분할해 보자

책꽂이를 만들 때, 고려해야 하는 것이 바로 분할이다. 전체 책장 높이를 몇 개의 칸으로 나누고, 이 칸의 높이를 얼마로 하느냐가 의사결정과 디자인의 핵심이지 않는가? 공간을 어떻게 칸으로 나누어야 책을 가장 잘, 그리고 많이 꽂아 놓을 수 있을지가 결정된다. 이렇게 우리 제품의 공간을 나눌 때도 분할이 중요문제이다.

6 조직의 분할

우리 회사의 조직을 제품별로 분할할지, 지역별로 분할할지 등의 의사결정은 몬드리안의 화면분할과 동일한 의사결정이다. 즉, 경영자나 마케터는 조직을 어떤 방식으로 나누느냐에 따라 조직의 효율성은 매우 달라지게 된다. 조직의 분할을 어느 기준으로 나누고, 어느 정도로 나누는가에 따라 기능이나 활동공간이 달라지게 된다. 2000년대 우리나라 증권사 중 한 회사의 사장님은 6개월, 1년마다 조직구조를 개편한 적이 있다.

이렇게 분할의 구조가 성과에 영향을 미친다는 것은, 재무관리에서 자본 포트폴리오를 구성할 때도 적용된다. 어느 자본원천을 어떻게 분할하여 자금조달을 받을 것인가에 따라(채권, 주식발행 등의 구성비) 재무상태가 완전히 달라지게 되고, 이에 따라 재무위험이 달라지게 된다. 재무적 변화관리는 결국 자본조달계획의 분할계획을 기업목표에 맞게 장기적으로 분할하는 것을 말한다.

7 시장세분화

마케팅에서 분할이라는 생각의 기술이 가장 잘 구현되는 곳이 바로 시장세분화이다. 시장세분화란 고객을 일정한 기준에 맞추어 동질한 집단으로 나누는 것을 말한다. 〈그림 7-9〉는 온라인 C2C 사이트를 찾는 고객의 연령대별·제품별·유입경로별 시장세분화를 보여준다. 온라인 C2C 사이트의 마케터는 아래와 같이 나누어진 시장의 욕구에 맞추어 제품을 구성하고 가격을 매기고 광고판촉 활동을 하게 된다. 만약 시장세분화를 하지 않았다면, 각기 다른 욕구를 가진 사람들에게 동일한 제품을 보여주게 되어서 판매가 부진할 것이다. 분할이라는 시장세분화는 마케터의 기본 중의 기본과제이다.

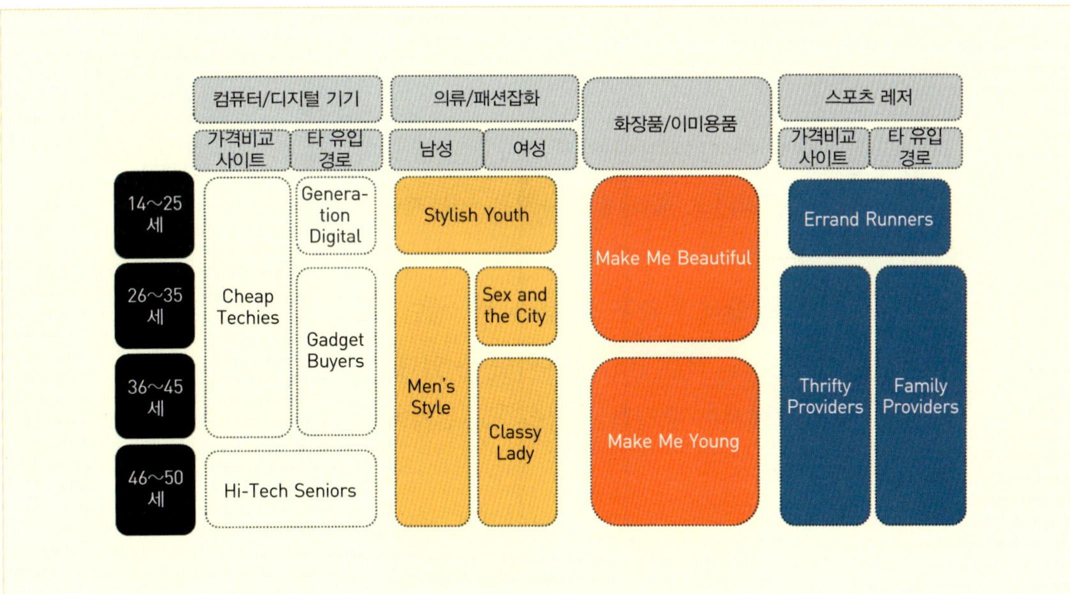

그림 7-9 온라인 C2C 사이트를 찾는 고객의 연령대별·제품별 시장세분화

8 그렇다면 무엇을 기준으로 분할할 것인가?

시장세분화의 기준은 많은 책에서 흔히 다루어지는 주제이므로 이 책에서는 자세히 다루지는 않는다. 다만, 기존 책에서 자주 다루어지지 않은 시간과 공간에 의한 분할로 새로운 사업기회를 만들어 보자.

인구통계학적 변수에 의한 분할을 활용한 사업기회는 남윤정(2016)을 참고하기 바란다.

시간에 의한 분리

첫째로 '시간단위'를 기준으로 분할할 수 있다. 제품의 수명이나 서비스의 단위를 기존 것과 다른 시간단위로 나누어 줌으로써 새로운 것을 창출할 수 있다.

- 북경 왕징(望京)에서 발마사지는 통상적으로 1시간이지만, 북경시내에 있는 궈마오(國貿)발마사지는 30분짜리가 있다.
- 야구선수들의 근무계약단위는 1년 또는 다년계약으로 연간단위이다. 하지만, 영국의 축구선수들은 주, 월단위로 계약을 할 수도 있고, 미국의 교수들도 월을 단위로 계약할 수 있다.
- 식당에서는 동일한 음식이라도 런치메뉴 때와 저녁메뉴 때의 가격이 다르다.
- 중국의 어느 대기업은 경영진과 계약을 할 때, 외국인과의 계약기간은 다년간으로 하고, 내국인과 계약할 때는 1년씩을 계약한다. 국적에 따라 계약기간이 다른 경우이다.

둘째로 '시간에 의한 분리'를 실시할 수 있다. 〈그림 7−10〉처럼 비행기의 바퀴를 보자. 초창기의 비행기에는 바퀴가 비행기 몸체에 붙어 있어서, 비행기가 날아가는 동안에 저항을 받게 된다. 사실 바퀴는 지상과 이착륙에서만 필요했으므로 사용시간이 아닌 비행 중에는 바퀴를 없애는 것이 좋은 상태인 것이

옛날 초창기 비행기는 바퀴가 몸체와 일체형이다

최근 비행기는 바퀴가 몸체와 분리형이다.
비행 중에는 접어진다.

그림 7-10 시간에 의한 분리: 이착륙에는 바퀴가 있고, 날아갈 때는 바퀴가 없다

다. 그래서, 이륙 후에는 바퀴가 접어져서 몸체에 들어가는 창작이 발생한 것이다. 이것이 사용시간에 의한 분리이다. 사용시간에만 있고, 사용시간에는 없애는 것이다.

공간에 의한 분리

사용장소에 따른 분할이 가능하다. 〈그림 7-11〉을 보면 사용장소가 각기 다른 장소에서 팔리는 동일한 용량의 콜라가 얼마나 가격차이가 나는지를 보여준다. 그림에서 보듯 마케터는 사용장소를 분할하면 분할할수록 이익을 더 챙길 가능성을 갖게 됨을 알 수 있다.

이탈리아 포르노극장의 경우에는 영화가 상영되는 한 공간에서도 앞쪽에 앉는 경우, 뒤편에 앉는 경우, 커플석에 앉는 경우, 모두 가격이 다르다. 한 공간에서도 어떤 자리에 앉느냐에 따라 가격이 다른 것이다.

프랑스 파리에 있는 카페에 들어가 커피를 마셔보면, 매장 밖 테라스에서 마시는 경우, 매장 안 테이블에 앉는 경우, 바 테이블에 서서 마시는 경우에 모

두 커피값이 다르다. 동일한 커피를 소비공간의 위치분할로 가격차별화를 시도한 사례이다(〈그림 7-12〉).

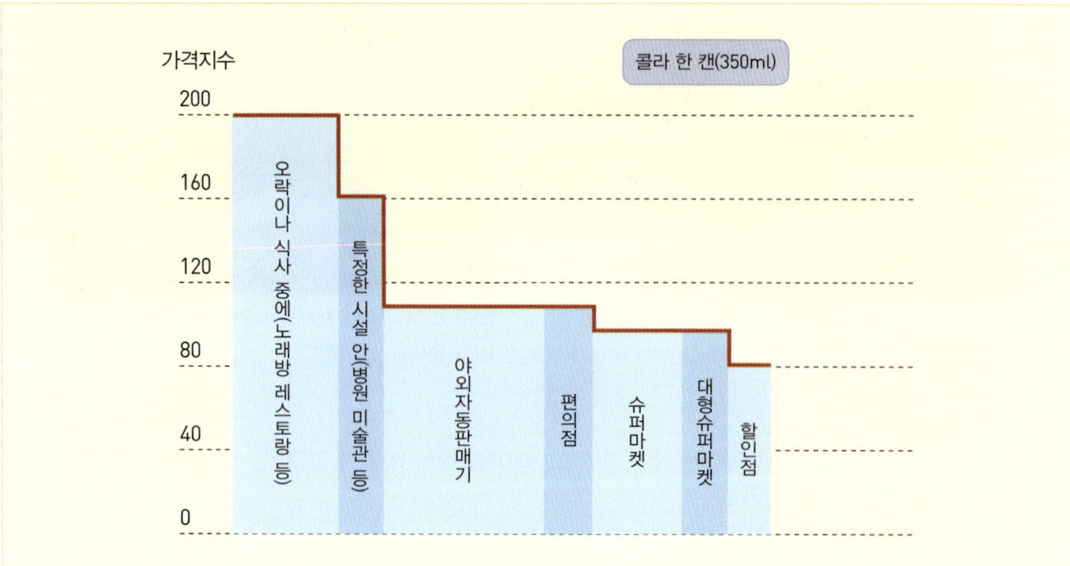

그림 7-11 콜라가 팔리는 장소에 따라 달라지는 가격사례

그림 7-12 카페에서 같은 카푸치노도 어디에 앉아서 먹느냐에 따라 가격이 다르다

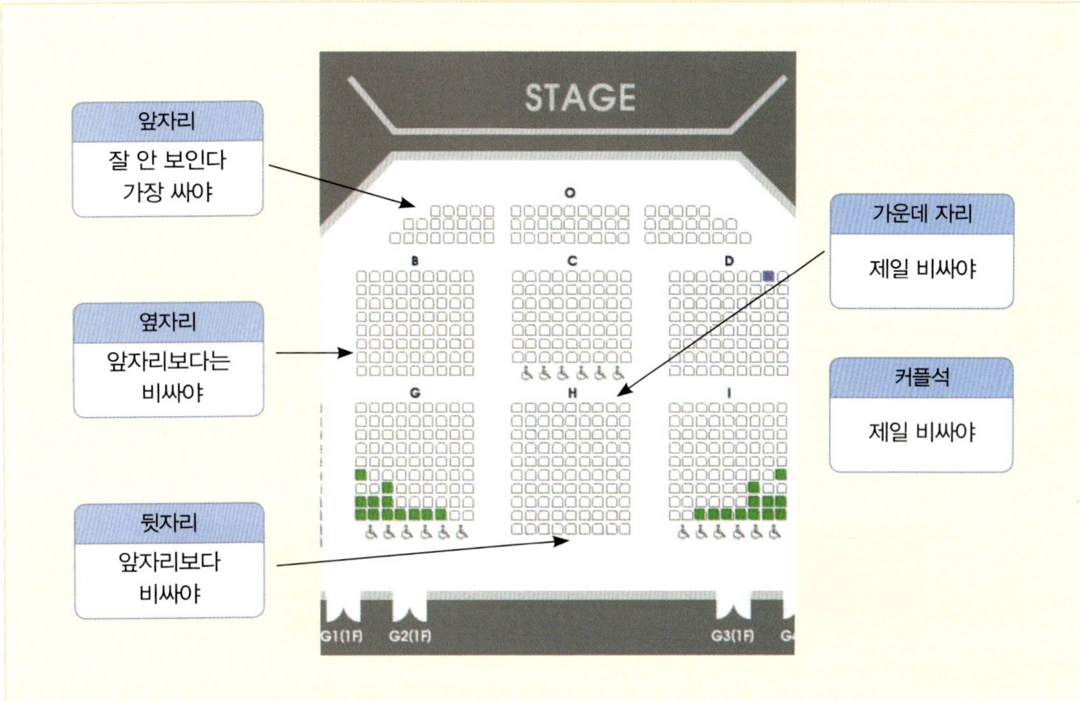

그림 7-13 극장의 공간분할

9 독자들의 분할연습

공간을 이용하여 독자 스스로의 관심 상품에 대해 분할을 시도해 보자(〈그림 7-14〉).

여러분이 관심 있는 제품/서비스를 하나 적어보자(____________________________).

1. 그 제품/서비스의 현재상태를 글로 적으시오.
2. 그 제품/서비스를 분할할 기준을 제시하시오.
3. 그 새로운 제품/서비스를 구매할 고객을 적으시오.
4. 그 고객들이 왜 이 제품/서비스를 구매하는지 이유를 적으시오.

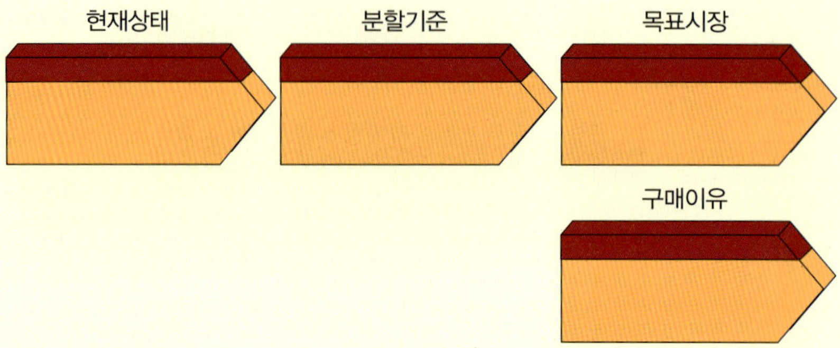

그림 7-14 독자의 분할연습공간

참고문헌

곰브리치, 에른스트 (2003), 서양미술사, 서울: 예경.

남윤정(2016), 창업아이템개발, 서울: 마인드탭.

승효상 외 (2005), 건축이란 무엇인가? 서울: 열화당.

진중권 (2008), 진중권의 서양미술사, 서울: 휴머니스트.

최완수 (1994), 명찰순례1, 서울: 대원사.

Arnheim, R. (1974), Art and visual perception: A psychology of the creative eye. CA: UCLA.

Eco, U. (2004), On beauty: A history of a western idea, London: Secker & Warburg.

Gombrich, E. (1977), Art and illusion: A study in the psychology of pictorial representation. London: Phaidon.

Raju, J. and Zhang, Z. (2010), Smart Pricing: How Google, Priceline, and Leading Businesses Use Pricing Innovation for Profitability, NJ: Wharton School Publishing.

부록 1

커피숍 가격분할 사례

구분	현재 상태	분할기준	미래 분할 대상	Action plan
Who	20~30대 여성이 목표시장	분할기준: 연령	미래 분할 대상 1: 10대 미성년자	Action plan 1: 미성년자 커피 가격할인
			미래 분할 대상 2: 60대 노인	Action plan 2: Silver menu & price 개발
When	하루 중 시간대별 수요는 점심시간에 집중	분할기준: 시간	미래 분할 대상 1: 저녁 9시 이후 고객	Action plan 1: 심야할인 가격개발
	일주일 중 월요일 매출 최저	분할기준: 시간	미래 분할 대상 2: 월요일 입점 고객	Action plan 2: 요일 할인 실시
	11월 매출 최저: 한기를 느끼면 아이스크림 수요급감	분할기준: 시간	미래 분할 대상 3: 11월 입점 고객	Action plan 3: 11월 가격 할인 실시
Where	커피숍 안 소비 & take out으로 양분	분할기준: 소비 위치	미래 분할 대상 1: Hall / Take out / 테라스로 구분	Action plan 1: 커피 소비 위치에 따른 가격차별화
How much	용량에 의한 가격차별화	분할기준: 1회 구매량	미래 분할 대상 1: 1회 주문량이 평균 2개이면	Action plan 1: 1회 주문량이 3개 이상이면 30% 가격할인
	10회에 1번 공짜 커피	분할기준: 한 달 내 소비량	미래 분할 대상 2: 한 달에 10회 이상 주문 고객에게 해당월 추가 주문량을	Action plan 2: 50% 할인

부록 2

인구통계학적 변수로 분할하여 사업기회찾기[1)]

1 나이를 이용한 창업아이디어와 창업아이템

아래 사례는 〈그림 7–9〉에서 제시한 그림 중 화장품이나 이미용품을 이용하는 고객을 나이에 따라 분류한 것이다. 35세 미만의 여성은 '예뻐지기 위해' 화장품을 구매하지만, 35세 이상의 여성은 '자기 자신이 어리게 보이도록' 화장품을 구매한다는 것을 보여주고 있다. 이 그림을 바탕으로 나이를 이용하여 새로운 창업아이디어와 창업아이템, 사업기회를 만들어 보자.

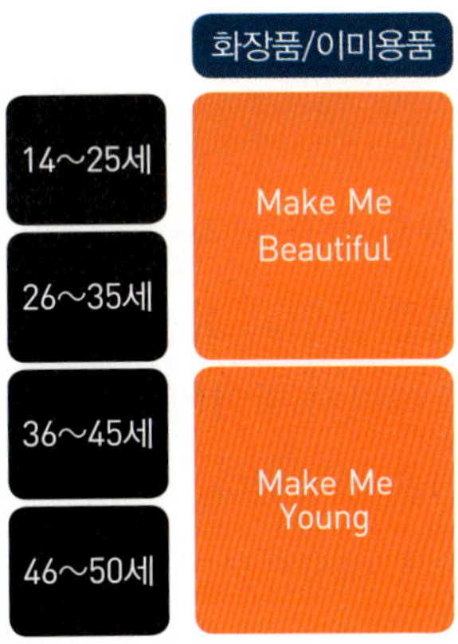

나이는 아주 좋은 시장세분화 기준이다.

옆의 그림을 보면
나이에 따라 화장품 및 이미용품을 사용하는 사람들의
욕구가 모두 달라짐을 보여줍니다.

즉, 시장을 세분화하면
목표시장이 달라지고
사업적으로 해야 할 일이 달라짐을 알 수 있습니다.

아래는 몇 가지 사례를 보여줍니다.

1. 화장품분류(어른은 미샤를 쓰지 않는다)
2. 팬시(어린이만 쓴다)
3. 어른용 옷, 어린이 옷
4. 아이돌 가수, 성인 가수

창업자 스스로 나이에 따라 시장을 나누어 보십시오.

1. ____________________
2. ____________________
3. ____________________
4. ____________________

그림 1 화장품 시장을 나이로 구분한 경우

---

1) 이 부록은 남윤정(2016)에서 주로 뽑았음

그림 2 창업아이템의 목표시장을 적고, 그 구매가능성을 점검하는 표(남윤정 2016)

일본에서는 초등학교 학생들이 화장을 한 것을 가끔 목격할 수 있다. 그들이 화장품을 구매하는 이유 중의 하나는 '어른처럼 보이고 싶어서'일 수 있다. 이 시장을 목표시장으로 창업할 수 있지 않을까? 따라서 창업의 기회는 위 표의 14세 미만에서도 발견할 수 있다고 남윤정(2016)은 주장했다.

반대로, 위의 그림에서 50세 이상의 어르신을 대상으로 한 화장품 시장기회는 존재하는가? 그 시장이 원하는 것은 무엇일까? 그 시장은 충분한 크기의 고객 수를 갖고 있을까?

즉, 기존 제품카테고리를 구매하는 고객의 연령보다 아주 낮거나, 아주 높은 곳에 새로운 시장이 있을 가능성이 있다.

2 성별을 이용한 창업아이템

다시 〈그림 7-9〉의 사례에서 패션제품을 대상으로 성별에 따라 시장을 구분하고, 그 세분시장별로 제품을 개발해 보자(남윤정 2016).

- 기존 제품카테고리를 구매하는 고객이 남자이면, 여자에게서 창업아이템과 기회가 있고, 그 반대의 경우에는 남자에게서 창업기회가 있다.
- 기존 제품카테고리가 양성 모두에서 사용되는 것이면, 특정 성별만을 대상으로 창업아이템을 개발할 수 있다.

예를 들어,

- 남성용 tablet PC, 여성용 tablet PC
- 여성용 보정속옷의 반대인 남성용 보정속옷
- 남자용 안경, 여자용 안경

나이/성별은 아주 좋은 시장세분화 기준이다.

나이와 성별을 이용하여
성공적으로 시장에서 돈을 번 사례를 나열해 보자.

1. 남성용 옷, 여성용 옷
2. 남성용 화장품/여성용 화장품
3. 유니섹스모드
4. 동성애자를 위한 패션제품
5. ______________________
6. ______________________
7. ______________________

그림 3 패션시장을 성별로 구분하여 제품개발을 시도한 경우와 미래 사업기회

3 결혼 여부를 이용한 창업아이디어와 아이템

저자의 첫 번째 직장생활은 구두회사였다. 이 회사에서 미래사업기회로 여성속옷 시장을 조사한 적이 있다. 아래 사례는 속옷제품을 대상으로 결혼 여부에 따라 시장을 구분하고, 그 세분시장별로 제품을 개발하여 공급할 수 있음을 보여주고 있다. 즉, 동일한 나이인데도 기혼여성은 상대적으로 남자스타일의 속옷을 선택하고, 미혼여성은 섹시한 이미지의 속옷을 젊었을 때는 선호하다가, 나이가 들면 클래식한 스타일을 선호하게 됨을 보여준다.

- 동일한 나이에 미혼과 기혼자가 구매하는 제품스펙이 달라진다.
- 미혼이 많아지는 현재 추세를 반영할 때, 미혼을 위한 창업기회가 미래에 발생할 것이다.
- 기혼자의 연령이 증가하는 현재 추세를 반영할 때, 기혼자를 위한 창업기회가 미래에 발생할 것이다.

결혼 여부는 아주 좋은 시장세분화 기준이다.

결혼 여부를 통해
성공적으로 시장에서 돈을 번 사례를 나열해 보자.

1. 동일한 나이인데, 유부녀는 미혼보다 디테일이 적은 속옷을 입는다
2. ______
3. ______
4. ______
5. ______
6. ______

그림 4 속옷시장을 결혼 여부로 구분한 경우(남윤정 2016)

참고문헌

곽영식(2015), 창업자를 위한 비즈니스모델 개발 템플릿, 서울: 피앤씨미디어.

남윤정(2016), 창업아이템개발, 서울: 마인드탭.

Chapter 08

물감이 청바지로 대체substitution, 재료의 미학

중세 유럽 신학자들은 빛 자체를 신으로 여길 정도로 빛을 숭배했다. 처음에 예술가들은 빛을 자신의 작품에 구현하기 위해 빛을 내는 황금 등을 예술품의 재료로 사용하다가, 빛이 없이도 색상을 드러내는 재료를 찾게 되었다(진중권, 2008). 이렇게 기존의 것 중 무엇인가를 없애버리고, 그 대신에 다른 것을 가져다가, 기존의 것이 하던 기능이나 역할을 대신하게 하는 것이 대체(substitution)이다.

모방이란 새로운 것이 원래의 것을 흉내내어 원래의 것이 되려 하지만, 새롭게 생산된 것은 원래의 것이 아닌 것이다. 하지만 이런 모방은 원래의 것이 가지고 있지 않은 무엇인가를 관찰자에게 선보임으로써 새로운 아름다움을 줄 수 있다.

1 회화에서 물감이 하던 일을 청바지가 하다

최소영이라는 작가의 24세 때 작품이 외국의 경매시장에서 비싼 가격으로 팔리고 난 후에, 그의 작품에 대한 많은 관심이 있어왔다. 아주 일부 작품에서 물감을 사용하기도 하지만, 그의 작품은 물감 대신에 '청바지'를 사용한다. 그는 물감이 당연히 차지해야 할 공간을 청바지로 채우는 독특한 방식으로 세계의 주목을 받는 촉망받는 작가이다.

〈그림 8-1〉처럼 그의 작품에 나타난 동백섬도 청바지이고, 광안리 바다도 청바지이고, 광안대교도 청바지이다. 청바지가 주는 독특한 질감이 이 그림에서 작가가 표현하고자 했던 사물들과 아주 잘 어울리며, 마치 피카소의 청색시대 작품을 보듯, 이 작가의 작품을 보는 즐거움이 너무나 좋다.

이 화가의 작품이 비싼 가격에 팔리는 이유 중의 하나는, 물감을 청바지로 대체했다는 점이다. 이 과정은 재료와 질감(materials and texture)의 승리인 것이다. 청바지라는 소재(materials)가 물감을 대체하며 관람객에게 주는 시각적 효과와 함께, 청바지가 가지는 촉각적인 느낌(texture)이 회화에 더해져 질감을 느끼게 함으로써 회화가 공간감을 가지게 되었다. 회화가 가지는 2차원적 평면에서 벗어났으며, 동시에 기존 조각이 가지는 3차원 공간감하고는 전혀 비교되지 않는 독특한 공간감을 최소영의 작품은 제공한다. 물감을 청바지로 대체한 이 작가의 상상력에 박수를 보낸다.

그림 8-1 최소영의 작품 중의 일부

2 음악에서 오리지널 음이 바뀌어서 변주되다

MBC에서 김영희 PD는 '나는 가수다'라는 프로그램을 연출했다. 이 프로그램에서는 7명의 가수가 노래를 부르는데, 첫 번째 경연은 1980년대 히트곡을 7명의 가수가 부르는 것이었다. 두 번째 경연은 7명의 가수의 곡을 서로 바꾸어 부르는 것이다.

이 과정에서 두 가지 현상이 목격되었다. 첫째, 작게는 원곡이 가지고 있는 음을 일부러 변조해서 부르는 현상이고, 둘째, 크게는 아예 편곡을 아주 새롭게 해서 부르는 것이다. 원래의 음과 멜로디는 사라지고, 변조되고 변주되었다. 이 과정의 산출물은 원래 원곡과는 아주 다른 느낌의 노래가 되는 것이다.

MBC '우리들의 일밤－나는 가수다'에서는 7인 가수들이 서로의 곡을 바꿔 부르는 미션이 진행되었는데, 이날 미션에서 김범수는 2000년에 발표돼 인기를 얻은 바 있는 이소라 4집 수록곡 '제발'을 편곡해 자신의 색깔을 드러내며 소화해 청중들의 큰 호응을 얻었다. 부드러운 현악기가 많이 사용된 이소라 씨의 원곡에 비해, 김범수 씨의 곡에서는 전자기타가 끈끈하고 강렬하게 대체 사용하였는데, 오히려 애절함의 고조를 더욱 강렬하게 만들었다. 편곡을 통해, 곡의 구성요소가 대체됨으로써 곡이 전달하고자 하는 헤어짐의 슬픔이 더욱더 '아프게' 바뀌었다.

3 상품의 소재가 대체되면 신제품이 된다

이제부터는 상품에 사용된 소재가 다른 것으로 대체되는 것을 통해 신제품으로 거듭나는 것을 구경해 보자.

- 추울 때 입는 패딩 안의 소재는 오리털일 수도 있고, 대체품으로 거위털일 경우도 있다.
- 추울 때 입는 외투의 소재가 두터운 면일 수도 있고, 가죽일 수도 있고,

그림 8-2 구두의 소재가 가죽인 경우

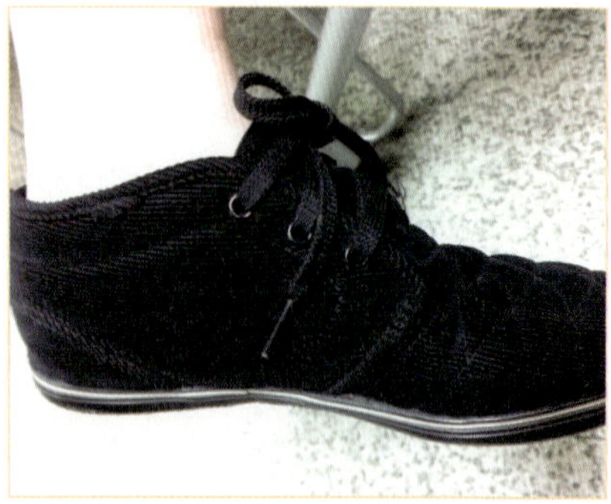

그림 8-3 구두의 소재가 식물성 소재인 천인 경우

모피일 수도 있다.

- 신발의 소재는 식물성 소재와 동물성 소재가 경쟁적으로 대체되는 현상을 보인다. 조선시대 신은 식물성 소재인 짚이나 동물성 소재인 가죽으로 되어 있었다. 일제강점기에 처음으로 고무신이 등장하여, 기존 소재를 인공적인 것으로 대체했다. 다시, 서양식 구두가 등장하면서 새로운 가공형태의 가죽 등으로 신의 주소재가 변경되었다.
- 벽면에 부착하는 벽지를 대체할 수 있는 것이 무엇일까? 페인트로도 대치되고 실크벽지로도 대체된다.
- 서울우유가 우리나라에서 우유를 개별소비자를 위해 시중에 판매하기 시작했을 때, 유리병에 우유를 담아 제공했다. 이 유리 포장이 비닐 사각형포장으로 변화했다가, 1980년대 종이팩으로 거의 모두 대체되었다.
- 종이가 대체품으로 사용된 경우는 의외의 곳에서도 발견된다. 우리나라에서 항공기를 제조판매하는 KAI에서 생산하는 T-50 다용도 훈련기는 날개가 금속 합금이 아니라 종이다.
- 거꾸로 우리나라 전통한옥의 문을 거의 모두 석권하던 한지는 이제 문풍지로 사용되는 경우가 적다. 나무나 철로 대부분의 가옥 문이 대체되었기 때문이다.
- 콩은 두부 등과 같이 고기의 대체물로 각광받아왔다.
- 간장약의 역사는 대체재의 역사이다. 피로회복에 좋다는 동물성 소재와

식물성 소재가 서로 대체되면서 새로운 제품을 만들어 내게 된다. 밀크씨슬, 헛개나무, 표고버섯, 민들레 등은 요즘 각광받는 간기능개선제의 식물성원료이다.

대체물들끼리 서로 수요경쟁을 하는 경우도 있다. 예를 들어 양모의 사용은 인조섬유의 이용에 따라 감소하는 추세를 보이고, 인조섬유는 석유에서 만드는 것이므로 유가가 오르면 양모의 수요가 늘어날 수도 있다(야콥, 2005).

대체품의 사용이 완전히 새로운 신제품 라이프스타일이 된 경우도 있다. 예를 들어 TV는 브라운관에서 PDP, LCD, LED 등으로 발광소재의 대체를 통해 신제품을 계속 시장에 선보이고 있다.

소의 젖과 비교했을 때, 몇 가지 면에서 인간의 젖에 훨씬 가까운 염소의 젖은 인간의 젖을 대체할 수 있다(야콥, 2005). 소의 젖인 우유나 분유는 시유(market milk)로 시중에 판매되고 있으니, 염소의 젖을 이용해서 아이나 어른을 위한 제품을 만들 기회가 아직 남아 있다.

TV케이스의 역사는 대체의 역사이다. 베니어판에 광택제를 바른 것을 최초로 사용하다가 플라스틱, 칩보드(재활용한 목재나 종이를 압축하여 만든 판지)로 대체되었다가, 최근에는 화학적 제품으로 대체되었다.

감기약의 종류를 잘 생각해 보면, 입에 털어 넣는 경구형 약, 사탕처럼 빨아 먹는 약, 아이들을 위해 항문에 삽입하는 약 등 형태의 대체가 다양하게 나타난다.

정주영 회장은 잔디 대신 보리를 심어서 부산의 묘지를 꾸민 적이 있다. 그는 서산 간척사업 때 뚝을 대신하여 배를 가라앉힌 적이 있다.

4 기업경영에서 대체가 발견된다

이 책에서는 기업경영 중 '기능'을 대체하는 경우와 '생산범위'를 대체하는 경우를 예를 들어 설명한 후, 기업의 경영자가 스스로 어디까지 대체할 것인지에 대한 간단한 checklist를 제공한다.

기능을 대체하는 경우

1. outsourcing

기업이 outsourcing을 하는 경우를 점검해 보자. 아웃소싱(outsourcing)이란 기업 안에서 이루어지던 기능을 외부사람으로 대체하는 경우를 말한다(김영규, 2009). 이런 대체를 통해 비용절감은 물론, 기업이 집중하고자 하는 부분에 기업의 자원을 몰입할 수 있는 기회를 갖게 된다. 많은 기업들이 회사에 자원을 집중하고 싶어서, 그다지 회사의 중심기능이 아닌 부분을 외부에게 맡기는 경향을 보이고 있는데, 이런 현상이 반영된 것이다.

2. channel 대체

증권사를 통해 주식거래를 하는 채널이 인적상담, 전화, ARS 등에서 on-line 인터넷으로 대체되는 경우도 여기에 해당한다. 고객들이 움직이는 길

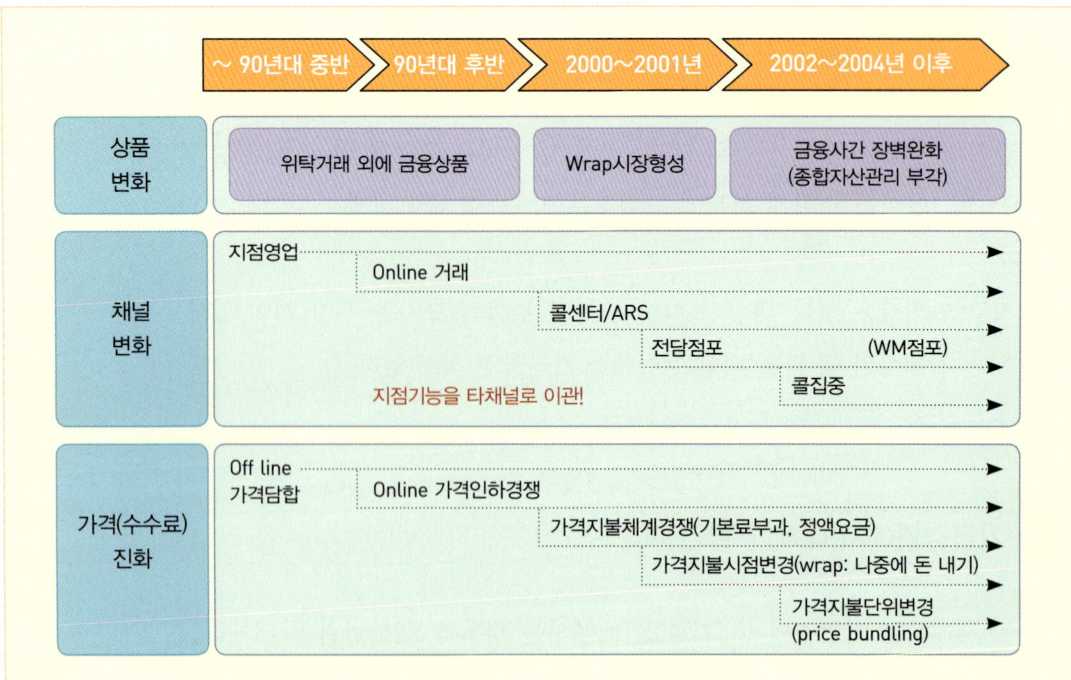

그림 8-4 증권업의 채널이 대체되는 간단한 역사

(channel)은 수시로 변경된다. 길마다 고객이 느끼는 가치(value)가 변화한다. 새로운 길이 새로운 가치를 부여하면 고객은 당연히 새로운 길로 다닌다.

이런 채널의 대체는 전략적 의사결정이 필요하다. 예를 들어, 우리 회사가 온라인 전문회사로 위치정립하거나 오프라인 위주 회사로 위치정립하는 순간, 회사의 고객성격이 급변하고, 재무상태가 급변하며, 조직이 변하게 된다. 경영자가 시도하는 대체가 큰 인적·물리적·재무적 변화를 야기시키므로, 조직은 대체를 신중하게 결정해야 한다.

3. 업무를 대체하는 경우

병원에서 환자를 만나서 치료를 하는 의사가 진료차트를 작성하는 것을 많은 환자들이 보았을 것이다. 최근 우리나라에서는 PC에 의사가 직접 진료내용을 기록하는 것을 볼 수 있지만, 국내외 많은 의사들이 아직도 종이에 진료기록을 남기고 있다. 아래와 같은 의문을 던지고, 이를 해결해 보자.

- 의사의 진료상황을 의사가 직접 적어야 하는가?
- 진료사항을 적을 시간에 의사가 환자와 더 많은 대화를 하고, 치료를 해야 하지 않을까?
- 진료차트 작성이 치료보다는 비핵심적이므로, 진료차트를 의사업무에서 배제시켜 줄 수 있는 방법이 없을까?

미국이나 유럽의 영어권에 있는 어느 병원은 의사가 환자를 만나서 하는 말이나 진료내용이 모두 녹음되거나 그냥 손으로 써서 진료카드에 남게 한다. 그러면 의사가 타이핑(typing)을 하는 시간에 더 많은 치료행위를 할 수 있기 때문이다. 그렇다면, 진료차트는 어떻게 typing할까? 밤에 의사가 퇴근하고 나면, 곧바로 음성기록이나 수기기록은 디지털화되어 인도(india)로 전송된다. 의사가 잠들고 있는 사이에 진료카드는 영어를 알아듣는 인도사람들에 의해 typing되고 정리된다.

이런 것에 착안하여, 많은 회사들이 call center를 가지고 있지 않다. 어느 A회사의 call center는 주중에 바쁘고, 주말에는 손님이 한가하다. 반면에 어느

B회사의 call center는 주중에는 손님이 별로 없고, 주말에는 손님이 많다. 이런 경우에 A회사가 콜센터는 유지할 경우에 인력이 주중에는 모자란 반면에, B회사는 주말에 인력이 모자라서 서비스품질이 저하된다.

이와 같은 두 회사의 부족한 업무를 대체할 인력을 공급해 주는 회사도 있고, 아예 두 회사의 call center를 모두 한꺼번에 운영하는 회사도 있다. 그래서 어느 call center의 직원은 낮에는 은행업무를 보고, 밤에는 카드업무를 보기도 한다. 이 call center는 은행에 속한 것도 아니고, 카드사에 속하지도 않은 직원으로 구성된 것이다. 이렇게 특정업무의 부하량이 시간차가 발생하면, 바쁠 때는 손이 모자라고, 한가할 때는 직원이 회사에서 노는 것을 방지하기 위해, 외부에 업무를 대체하는 경우를 경영자가 고려할 수 있다.

생산범위를 대체하는 경우

OEM생산방식이란, 나 자신은 생산시설을 가지지 않은 상태에서 타인의 시설에서 우리 제품을 생산하여 우리 상표를 붙여서 판매하는 방법을 뜻한다(김영규, 2009). 이렇게 모든 생산을 남에게 맡기는 경우도 있지만, 어느 회사는 모든 제품의 생산을 스스로 해결하는 회사도 있다.

경기가 좋으면 모든 생산을 내가 해서 모든 이익을 내가 갖는 것이 좋다. 반대로, 경기가 좋지 않으면 내가 생산을 모두 하지 않고, 내가 판매에 필요한 수량만큼을 타인으로부터 조달하여 판매하는 것이 좋다. 그런데 경기는 좋다가 나쁘다가 하므로, 경영자는 어느 선까지 제품생산을 타인에게 맡길 것인지에 대한 의사결정이 필요하다. 이것이 수직계열화 의사결정이다.

수직적 계열화란, 계열사를 두는 기업이 생산하는 제품의 생산 및 판매 과정 전체에 관련된 기업들로 계열사를 이루는 것을 뜻한다(유필화 외, 2009). 즉, 제품을 생산하는 데 있어서 원료 산출에서 제품 판매에 이르기까지 생산과정 전체에 관련된 기업을 계열사로 두는 것을 말한다. 예를 들어, 일본의 주요 재벌인 미쓰비시는 주요 사업인 자동차사업을 위해 산하에 미쓰비시 고무, 미쓰비시 기계, 미쓰비시 엔진 등의 계열사를 둔 것이나, 과거에 현대건설이 아파트에 들어가는 가구를 만드는 회사, 유리를 만드는 회사, 엘리베이터를 만드는 회사 등을 계열사로 둔 것이 대표적인 사례이다.

대체를 위해 경영자가 점검해야 할 사항

outsourcing이나 channel의 대체는 생산범위의 결정이 기업이익에 도움이 된다는 것을 명확하게 보여준다. 그렇다면, 위와 같은 효과를 얻으려면, 경영자는 아래와 같은 질문에 답을 해야 한다.

- 현재 우리가 하고 있는 것과 하고 있지 않는 것은 무엇인가?
- 현재 우리가 하고 있는 것 중에서 우리가 하지 않고 남이 했을 때 더 잘 할 수 있는 기능이 있을까? 효과가 있는가 말이다?
- 대체를 시도했을 때 효과가 있다면, 비용절감이 있는가?
- 효과도 있고, 비용도 절감되는데, 왜 아직까지 대체를 하지 않았을까?
- 조직 내 반발을 어떻게 해결할 것인가?
- 이 의사결정은 단기적인 것인가? 장기적인 것인가?

맨 마지막 두 질문이 필요한 이유는 아래와 같은 사례 때문이다. 우리나라 굴지의 대기업그룹사는 지난 IMF 시기에 자신들이 소유하고 있는 금형회사들을 모두 없애버렸다. 이런 금형을 하는 기능은 중소기업이 해도 되므로, 대기업이 하고 있을 만한 것이 아니라는 판단에서였다. 하지만 2010년경에 다시 이 회사들은 금형회사를 만들어 자신의 계열사로 만들었고, 그때까지 금형을 만들어 대기업에 납품했던 중소기업은 망할 지경에 되어 갔다(기호일보, 2011). 이런 사태를 방지하기 위해서는 철저하고 장기적인 대체의 의사결정이 필요하다.

다른 사례로는 heat pump가 있다. 1년 내내 냉난방을 하는 대규모 사업장(병원, 식품 공장, 반도체 공장 등)이나 대규모 중앙공급식 지역난방을 실시하는 곳이 이 heat pump를 장착하면 평상시 지불하는 연료비의 70%를 줄일 수 있으며, 여기에 해당하는 탄소배출량을 줄일 수 있다. 일본은 이 heat pump를 채택한 공장이 거의 대부분인 데 비해 한국은 이 heat pump를 장착한 공장을 거의 발견하기 힘들다.

그 이유는 해당 사업장이나 지역난방 공급자들이 이 heat pump를 채용했을 때 1) 정말 약속된 70%의 연료절감이 있는지를 의심하거나, 2) 굳이 이것을 장착하지 않아도 기존 방식으로 냉난방을 했을 때 나의 회사에서의 지위에 변화가 없기 때문이다. 회사 지배자가 과감하게 이런 대체를 실시해야 한다. 실무 종사자가 이런 pump가 있다는 것을 알더라도 이것을 굳이 경영자에게 보고할 필요성을 느끼지 못하기 때문이다.

참고로 이 heat pump는 판매자가 자기 비용으로 공장에 장착해 준다. 따라서 물리적인 비용도 공장운영자는 전혀 부담할 필요가 없는 것이다.

5 거의 모든 상품의 역사는 대체의 역사이다

본격적으로 연습을 하기 전에 아래처럼 우리 주위에 있는 제품의 대체 역사를 몇 개 적어보자.

벽면에 흙 바르기－신문지 붙이기－도배지를 붙이기－페인트 바르기－실크 벽지 사용하기
유리로 안경렌즈 만들기－플라스틱으로 안경렌즈 만들기
철로 자동차 프레임 만들기－ 플라스틱으로 자동차 프레임 만들기
면을 사용하던 기저귀를 종이로 사용
보자기가 가방으로 대체

거의 모든 상품의 역사는 대체의 역사이다. 어떤 기능을 더 잘 할 수 있는 소재 등으로 대체가 계속적으로 이루어져 온 것이다. 그래서 과거의 대체 역사를 정리하면, 미래의 대체 역사를 만들 수 있다.

그래서 여러분이 관심있는 제품이 과거에 무엇으로 만들어졌고, 현재는 무엇으로 만들어졌는지를 적어보는 것이 필요하다.

과거에는 (　　)로 (　　) 만들었는데, 현대는 (　　)로 (　　) 만들기

6 독자들의 연습장

우리 회사에 있는 부서를 나열해 보고 나서, 우리 회사가 반드시 해야 하는 일이면 ○표를, 하지 않아도 되는 일이면 ×를 표시해 보자. 그 후, 꼭 해야 하는 일이라면 왜 그런지에 대한 이유를 나열해 본다. 그 후, 꼭 해야 하는 이유에 대해 각 구성원이 동의하는 정도를 표시해보자. 이 과정을 거쳐 나온 '동의하는 정도'가 가장 낮게 나온 것부터 '대체'를 할 것인지를 검토하게 된다.

이제 제품을 대체하는 연습을 해 보자. 아래 사례는 스타킹의 소재를 대체하는 경우를 연습 삼아 작성하는 표이다. 기존 제품의 소재의 장단점을 적는다. 둘째 행에서 새롭게 대체할 수 있는 소재를 첫째 열에 적은 후, 새로운 소재의 장단점을 적는다. 그리고, 이 새로운 대체품으로 인해 고객이 추가적으로 지불하고자 하는 가격이 얼마일까를 상상하여 적는다. 이런 대체작업을 위해 필요한 비용부분을 적는 것이 마지막 열이다. 새로운 대체품이 적용된 새로운 상품에 대해 고객이 지불하고자 하는 가격이 적고, 대체를 위해 필요한 비용이 많으면 당연히 경영자는 이런 대체를 실시하면 안 된다.

부서	우리 회사가 반드시 해야 하는 일이면 ○, 아니면 ×	꼭 해야 하는 이유	그 이유에 동의하는 정도
기획			
구매			
생산			
영업(판매)			
배송			
총무/인사			
A/S			
Call center			
홍보			

그림 8-5 업무를 대체하는 것의 checklist

스타킹	장점	단점	고객이 추가적으로 지불하고자 하는 가격	대체를 위해 필요한 비용
현재 사용하고 있는 재료(면)	흡수가 빠르다 건강에 좋다	쉽게 해진다		
대체재 1 (나일론)	질기다	흡수가 안 된다		
대체재 2 (비날론)				
대체재 3 (비닐)				
대체재 4 (콜라겐)				
대체재 5 ( )				

그림 8-6 스타킹의 대체물 찾기 연습

( )	장점	단점	고객이 추가적으로 지불하고자 하는 가격	대체를 위해 필요한 비용
현재 사용하고 있는 재료( )				
대체재 1 ( )				
대체재 2 ( )				
대체재 3 ( )				
대체재 4 ( )				
대체재 5 ( )				

그림 8-7 독자들이 스스로 대체물 찾기 연습

이런 새로운 대체품이 업의 개념의 X축을 어떻게 변화시키고, Y축의 어느 욕구를 새로이 개발하는 것인지를 논의해 보라. 물론 이런 대체가 기존 목표시장의 변화, 고객욕구의 변화, 욕구변화를 이룬 기술이나 서비스의 변화로 '업의 개념'에 의해 점검되어야 한다는 것을 독자들이 이제 알 수 있게 될 것이다.

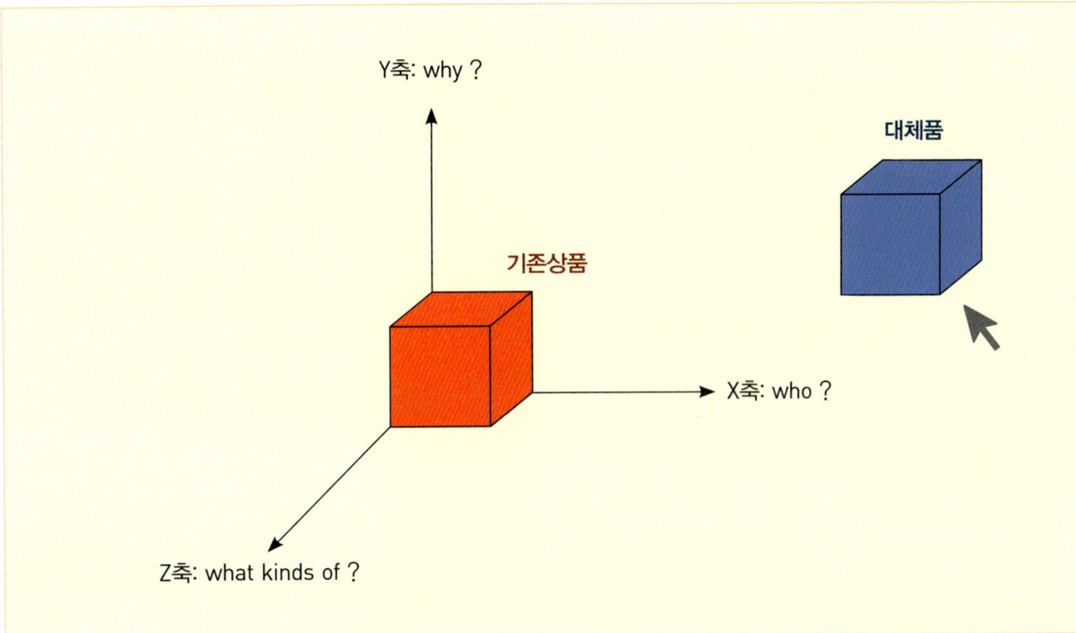

그림 8-8 대체품이 기존상품과 어떻게 목표시장, 욕구, 기술을 변화시키는가?

참고문헌

기호일보 (2011), 대기업 금형 전문인력 빼내기 도넘었다, 2011년 3월 6일.

김영규 (2009), 경영학원론, 서울: 박영사.

데얀 수직 (2008), 사물의 언어, 서울: 홍시.

야콥, 하인리히 (2005), 빵의 역사, 서울: 우물이 있는 집.

야콥, 하인리히 (2002), 커피의 역사, 서울: 우물이 있는 집.

유필화, 김용준, 한상만 (2009), 현대마케팅론, 서울: 박영사.

진중권 (2008), 진중권의 서양미술사, 서울: 휴머니스트.

Chapter 09

모차르트의 알레아토릭Aleatorik과 의도적 격자놀이

이 장에서는 우연이나 의도를 통해 전에는 관계가 없던 것을 관계있는 것으로 묶어주는 알레아토릭을 소개한다. 이 방법으로 탄생한 독창적이고 창의적인 음악·공예품·건축·문화콘텐츠를 보여주고, 알레아토릭이 기업활동뿐만 아니라 정치·경제·사회 등의 각종 의사결정을 위한 창의방법으로 사용될 수 있음을 보여준다.

1 알레아토릭(Aleatorik)이란?

알레아토릭(Aleatorik)이란 예술에서 창작의 전부 또는 일부를 우연에 맡기는 방법을 말한다. 알레아토릭에서 '알레아'는 라틴어로 '주사위'라는 뜻이다. 가령, 미리 많은 악보나 소재를 나열해 놓았다가 주사위를 던져서 주사위가 가리키는 순서의 악보나 소재 순으로 전체를 완성해 나가는 일종의 놀이나 암호를 일컬어서 알레아토릭이라 한다(진중권, 2005).

알레아토릭은 여러 형태이다

하지만 알레아토릭을 이용하여 창작이 이루어지는 과정과 결과물을 보면, 〈표 9-1〉과 같이 세 가지 성격으로 나눌 수 있다. 첫째는 사전적 의미의 알레아토릭으로 사전에 정해 놓은 것들에 무작위 순서를 부여함으로써 우연에 의해

표 9-1 저자의 알레아토릭 성격 구분

구분	내용
사전적/제한적 우연 (a priori)	• 사전에 만들어 놓은 산출물이 존재 • 사전에 만들어 놓은 산출물을 배열순서를 무작위로 결정 • 사전에 결정된 우연성의 범위 • 사례 1: 모차르트의 미뉴에트악보 • 사례 2: 장 아르프(1887~1966)는 글자가 적힌 종이를 찢어 바닥에 떨어뜨려 얻어지는 낱말의 우연한 조합으로 시를 지었다. • 사례 3: 전위예술가 존 케이지는 샘플을 무작위로 배열해 작곡을 했다.
사후적/임의적 우연 (post hoc)	• 창작의 도구를 의지를 갖고 임의로 전개 또는 실행 후 산출물을 작품으로 인정 • 이미 만들어져 있는 무엇인가를 창작물로 간주하거나 명명 • 사전적으로 우연성을 결정할 수 없음 • 사례 1: 다다이즘 미술가 마르셀 뒤샹(1887~1968)은 1m 길이의 실 세 개를 떨어뜨려 그대로 작품을 삼았다. • 사례 2: 변기를 설치해 놓고 변기라고 작품으로 명명한 경우나 변기에서 아름다움을 채취하는 경우
의도적 격자놀이	• 관계가 없던 도구 것들끼리 의도를 가지고 서로 임의로 묶어주는 행위 • 사례 1: 물감을 대신해서 청바지로 회화작품을 만드는 경우 • 사례 2: Jazz 연주가 존 맥러플린은 '마하비슈누 오케스트라'라는 음반에 인도 음악을 일부러 넣은 경우 • 사례 3: 칙 코리아라는 음악가가 라틴 음악과 클래식을 접목한 재즈를 하는 경우

창작을 하는 경우이고, 둘째는 창작과정에 우연성을 가미하여 사후적으로 나온 산출물을 창작물로 여기는 것이고, 셋째는 관계없는 것들끼리 격자놀이를 통해 관계있는 것으로 묶어주는 행위이다.

먼저, 사전적으로 준비된 상태에서 우연을 이용해서 작품을 만드는 경우인 순수한 사전적 의미의 알레아토릭을 살펴보자.

- 초현실주의 조각가이자 시인인 장 아르프(1887~1966)는 글자가 적힌 종이를 찢어 바닥에 떨어뜨려 얻어지는 낱말의 우연한 조합으로 시를 지었다.
- 전위예술가 존 케이지는 샘플을 무작위로 배열해 작곡을 했다.
- 모차르트는 사전에 만들어진 샘플표를 놓고, 주사위던지기를 통해 미뉴에트의 16마디 작품을 만들어 낸다.

이 방법에 대한 일반대중의 관심은 KBS 2TV의 〈스펀지〉라는 지식정보 프로그램에서 모짜르트가 주사위를 이용하여 미뉴에트를 작곡한 사례를 보여 준 것이 계기가 된 듯하다. 〈그림 9-1〉은 모짜르트가 미뉴에트를 작곡하기 위해 사용했다는 알레아토릭 악보로 인터넷에서 검색된 자료이다. 저자는 불행히도 이 표의 진위는 알 수 없다. 진중권(2005)이 제시한 악보와 차이가 있기 때문이다. 하지만 이 악보를 이용하여 작곡을 하는 방법은 아주 쉬어 보인다.

minuet

	1	2	3	4	5	6	7	8	9	10	11	12	13	14	15	16
2	96	22	141	41	105	122	11	30	70	121	26	9	112	49	109	14
3	32	6	128	63	146	46	134	81	117	39	126	56	174	18	116	83
4	69	95	158	13	153	55	110	24	66	139	15	132	73	58	145	79
5	40	17	113	85	161	2	159	100	90	176	7	34	67	160	52	170
6	148	74	163	45	80	97	36	107	25	143	64	125	76	136	1	93
7	104	157	27	167	154	68	118	91	138	71	150	29	101	162	23	151
8	152	60	171	53	99	133	21	127	16	155	57	175	43	168	89	172
9	119	84	114	50	140	86	169	94	120	88	48	166	51	115	72	111
10	98	142	42	156	75	129	62	123	65	77	19	82	137	38	149	8
11	3	87	165	61	135	47	147	33	102	4	31	164	144	59	173	78
12	54	130	10	103	28	37	106	5	35	20	108	92	12	124	44	131

그림 9-1 미뉴에트를 작곡하기 위해 사용된 알레아토릭 악보사례 출처: http://hompy.sayclub.com/anger555

이 표에서 수평축은 주사위를 던진 순서이다. 이 알레아토릭에서는 총 16번의 주사위를 던진다. 이제 예를 들어보자. 첫번째 주사위 던지기를 했다 하자. 이 때 두 개의 주사위를 던진다. 이 경우에 나온 숫자가 하나는 4 하나는 2라면,

4+2=6이다. 주사위 횟수인 가로줄 1과 두 개 주사위의 합을 표시하는 세로줄의 여섯 번째 행을 보면 148이 나온다. 이것이 미뉴에트의 처음을 장식하는 음이다. 이제 두 번째로 주사위 두 개를 던진다. 이때 나온 숫자는 하나는 6, 다른 하나는 6이다. 그러면 6+6=12이다. 그렇다면, 수평축의 2와 수직축의 12번째 행이 만나는 130이 그 다음 소절의 음이다. 이렇게 14번을 더 던지면, 16개의 음조합을 찾게 되고 이를 순서대로 나열하면 미뉴에트가 된다.

이런 창작물의 경우에는 사전적으로 결정해 놓은 샘플 밖으로의 창작은 이루어지기 힘들다는 단점이 발생한다. 즉, 창작 산출물의 결과가 사전적으로 제한된다. 그래서, 사전적으로 결정되지 않고, 작가가 사후적 결과를 보고 나서, 그 산출물의 결과 안에서 작품범위를 취사선택을 할 수 있는 경우로 발전한다. 이것이 사후적/임의적 우연을 이용한 알레아토릭이다.

- 다다이즘 미술가 마르셀 뒤샹(1887~1968)은 1m 길이의 실 세 개를 떨어뜨려 그대로 작품을 삼았다. 이 사람은 처음부터 이 실을 떨어뜨리면 실이 무작위로 낙하하면서 이상한 형태가 나올 것이고, 이 이상한 형태에서 아름다움을 느끼면서 작품이라고 주장할 강력한 의도를 갖고 있었던 것이다.
- 잭슨 폴락도 마찬가지다. 엄청난 크기의 화폭에 마구 물감을 뿌려놓고는 작품이라고 비싼 값에 판 것이다. 물론 이 작가도 물감을 뿌리는 행위를 하면서 희열을 느꼈을 것이다. 물감을 뿌리면서 뿌려지는 물감의 흩어짐이 어떤 의도하지 않은 멋진 분산을 보여줄 것을 의도했을 것이 분명하다.

위의 두 사례는 사전적으로 어떤 산출물이 산출될 것을 기대할 수 없었다는 특징이 있다. 그래서 사전적/제한적 알레아토릭보다 훨씬 풍부한 산출물을 얻게 된 것이다.

이제 마지막 단계의 알레아토릭은 위와 같이 우연에 의해 창작이 이루어지기도 하지만, 의도(intention)를 갖고 '관계가 없는 것들끼리' 관계를 맺어주는 것도 알레아토릭의 확장으로 이해할 수 있다. 저자는 이를 '의도적 격자놀이'라고 부른다.

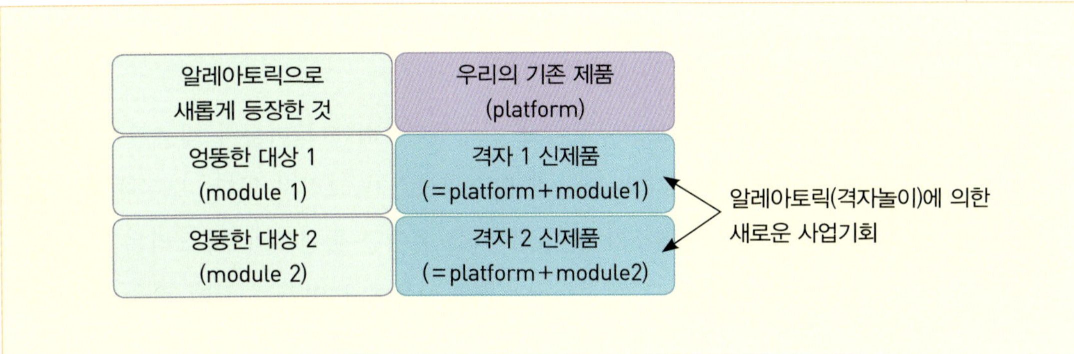

그림 9-2 '의도적 격자놀이'의 기본 형태

- 재즈음악가 존 맥러플린은 '마하비슈누 오케스트라' 음반에 인도 음악을 넣는다
- 재즈음악가 칙 코리아는 라틴 음악과 클래식을 접목한 재즈를 한다

이 책에서는 세 번째 '의도적 격자놀이'를 중심으로 예술품들의 창작과정이나 내용을 살펴보고, 이 방법에 의해 제품 서비스 개발뿐만 아니라 정치·경제·사회의 몇 가지 이슈를 창작해 본다. 〈그림 9-2〉는 의도적 격자놀이 형태의 알레아토릭을 보여주고 있다. 첫째 열에는 기존제품에 결합할 만한 무엇인가를 적는 곳이다. 두 번째 열의 맨 윗 행은 우리가 관심있어 하는 제품이나 서비스를 놓는다. 그러면 첫째 열의 세로에 놓여 있는 대상과 둘째 줄의 첫 행에 있는 플랫폼(platform)이 만나는 격자에 새로운 신제품이 구성(design)된다. 경영자는 이 새로운 격자의 시장성을 점검하면 된다.

신화와 역사 속에서의 알레아토릭

역사 속에 등장하는 많은 신화적 창조물이나 건축, 미술, 음식 등의 문화 속에는 알레아토릭의 산물이 무궁무진하게 등장한다. 먼저 이집트 피라미드 앞에 있어서 유명한 스핑크스를 머릿속에 떠 올려보자. 본래 스핑크스는 본래 이집트의 것이다. 이 더운 나라의 스핑크스는 여인의 머리와 사자의 몸이 결합한 형태이다(정재영, 2008). 즉, 여인과 사자의 의도적 격자놀이의 산물인 알레아토릭이다.

스핑크스(=여인의 머리+사자의 몸)

이집트의 스핑크스는 로마로 진출했다. 비엔나 미술사 박물관에 있는 도자기를 보면, 로마시대의 항아리에 스핑크스가 그려져 있다. 그런데 오스트리아에는 유난히 스핑크스가 많아 보인다. 유명한 클림트의 '키스'라는 작품이 있는 벨베데레(Belvedere) 상궁(upper palace)으로 걸어가는 길에 겨울 추위 속에 앉아 있는 저 스핑크스를 보라. 사자의 몸과 여인의 얼굴이 알레아토릭되어 있다. 이 스핑크스는 프랑스혁명이 시작된 파리시청(Ville de Paris)건물 외관에도 있다.

이렇게 이집트를 떠나 다른 나라에서까지 널리 전파된 스핑크스는 유럽에서만 발견되는 것이 아니다. 엉뚱하게도 중국 북경 구오마오(Guomao)전철역에서 멀지 않은 중항공업대하라는 빌딩 앞에도 앉아 있다.

반드시 여인의 머리와 사자의 몸이 만나 스핑크스를 만드는 것도 아니다. 남자의 머리와 소의 몸이 만난 이라크의 유명한 보물을 루브르에서 만나보라. 이 성문을 양쪽에서 지키던 이 황소도 기본적으로 인간과 동물의 알레아토릭이라는 결합방식을 취하고 있다.

이제 고대이집트에서 성행했던 미이라를 생각해 보자. 우리는 흔히 인간을 미이라로 만드는 것으로 이해하고 있다. 이 장례풍습이 악어에도 적용되었

그림 9-3 비엔나 미술사 박물관이 소장한 로마시대 도자기 위에 그려진 스핑크스

그림 9-4 비엔나 벨베데레 상궁 앞의 스핑크스

그림 9-5 루브르 박물관에서 만난 전사와 날개 달린 황소

그림 9-6 악어 미이라

다. 아래 사진은 빈의 미술사박물관에 있는 악어의 미이라이다. 이 또한 미이라보전처리방식+악어가 만난 알레아토릭이다.

음식에서의 알레아토릭

빈(Wien, Vienna)에서 유명한 것 중의 하나가 커피이다. 우리가 비엔나 커피라고 부르는 것에 가장 유사한 것이 '아인슈패너'인데, 따뜻한 커피에 아이스크림이나 휘핑을 올려주는 것이다. 차가움과 뜨거움의 만남인 알레아토릭이다.

그림 9-7 뜨거운 커피와 차가운 아이스크림이 알레아토릭된 비엔나커피

상상해 보자. 오스만투르크가 16세기에 빈을 쳐들어왔다가 물러가면서 남은 커피와 이탈리아의 아이스크림을 만나게 했더니, 한국사람들은 이것을 비엔나커피라고 부른다. 절대 투르크커피나 이탈리아 아이스크림이라고 부르지 않는다. 이렇게 알레아토릭은 새로운 정체성을 확립시키는 멋진 기회이다.

커피는 전 세계로 전파되면서 굉장히 많은

지역요소와 알레아토릭이 이루어졌다. 커피는 알레아토릭뿐만 아니라 dressing과 stripping 및 대체 등의 다양한 창작기법이 적용되므로, 이 책에서 별도의 장으로 다룬다.

건축에서의 알레아토릭

오토 바그너(Otto Wagner)가 설계한 아래 사진의 건물은 1900년대에 빈에는 없었던 이탈리아의 타일로 외관을 만들었다. 이탈리아타일을 기존 건물 축조에 결합한 것이다. 즉, 기존 건축물에 이탈리아타일이 알레아토릭된 상태이다.

그림 9-8 Otto Wagner의 작품 중의 하나 (이탈리아 타일을 채택했다)

특히, 빈은 실험적인 건축물이 많기로 유명하다. Hundertwasser라는 사람이 20세기 후반에 디자인해서 세운 시영주택은 진기하고 재미있는 건축물로 여행가이드책에 많이 등장하는 관광명소이다. 이 건물들은 빈에는 없는 100년 전의 바르셀로나의 가우디의 건축양식과 그리스의 벽면 등을 알레아토릭으로 결합시키고 있다.

그림 9-9 훈데르트바서의 시영주택의 기둥(가우디의 타일과 기둥형태를 닮았다)

그림 9-10 훈데르트바서의 시영주택 벽면(바로크의 발코니, 그리스 해안집 벽감을 채용)

그림 9-11 스트라스부르 성당(좌)과 주변 건물들(우)

괴테의 〈독일의 건축〉이란 책에서는 스트라스부르 성당의 아름다움에 대해 적고 있다. 스트라스부르 성당의 독일적인 것으로서의 고딕건축 미에 감동을 이야기하고 있는 것이다. 본래 고딕이라는 프랑스 양식에 독일 민족의 천재성이 녹아들었고, 여기에 스트라스부르의 적갈색 자연요소가 반영되어, 성당이 완성되었다. 고딕이라는 세계의 소리와 독일을 표현하고 싶은 민족성의 표현이 이 성당을 만든 것이라고 지적하고 있다.

바르셀로나가 낳은 세계적인 건축가 가우디의 가족성당 안을 들어가 보자. 가족성당은 그 겉모양도 이상하지만, 내부 모습도 이상하고 진기하다. 건물기둥이 예술이다. 그런데 이 기둥은 식물의 줄기형상을 본떠서 만들었음을 성당 지하1층의 박물관에서 발견할 수 있다. 기둥이 식물줄기를 만난 것이다. 참고로 한국 제일기획 본사 건물 1층에 가면 이 기둥을 모방한 기둥을 볼 수 있었던 적이 있었다.

그림 9-12 바르셀로나 가우디 성당의 기둥

미술에서의 알레아토릭

합스부르크 왕가의 루돌프 2세의 콜렉션에는 아주 진기한 것이 있다. 루브르 미술관이나 빈(Wien) 미술사 박물관에서 발견되는 이 그림은, 사람의 얼굴의 구성요소가 각기 다른 채소나 동물이나 꽃으로 되어 있다. 주세페 아르침볼도(1527~1593)가 그린 이 그림은 상상하기 어려운 여러 동식물이 합쳐져서 사람의 얼굴을 창조하고 있다. 알레아토릭이 미술에 적용된 사례이다. 또한 아래 작품을 잘 보면, 인물을 그렸으니 인물화이고, 각 구성요소는 채소나 야채 과일이므로 정물화도 된다.

그림 9-13 새와 나무 간의 알레아토릭에 의해 새로운 뜻을 가진 한자를 만든 경우

한문의 성립과정을 보면, 알레아토릭에 의해 형성된 것이 많다. 〈그림 9-13〉을 보면 '모을 집'자의 한자이다. 처음에 나무 위에 앉은 새의 모습을 형상화하였다. 이 둘을 합치는 과정의 결과가 한자로 정착되었다. 새와 나무와의 알레아토릭에 의해 새로운 뜻(모으다, 모이다)을 가진 한자를 만든 사례이다.

모딜리아니는 고대조각, 클림트는 장식미술, 리히텐슈타인은 만화에서 영감을 얻었다(이명옥, 2009). 이런 영감이 이들의 작품에 녹아 있는 것이다.

그림 9-14 이집트 벽화의 일부(사람의 옆모습과 앞모습을 알레아토릭해서 묘사)

이집트의 벽화에서는 사람의 앞과 옆을 aleatorik해서 사람을 그리기도 한다. 아래 그림의 서 있는 사람의 얼굴은 옆모습이고, 어깨는 앞모습이고, 발은 다시 옆모습이다. 이들은 신체의 특징을 가장 잘 보여주는 면을 골라서 결합하여 그림을 그렸다(곰브리치, 2003).

그림 9-15 사람의 앞 얼굴과 옆 얼굴을 동시에 그린 그림

이런 앞면과 옆면의 결합적 상상력은 최근에도 멋진 포스터의 일부로 등장했다.

이런 결합의 상상력은 비단 유명한 음악가나 미술가·건축가의 몫은 아니다. 〈그림 9-16〉은 어느 중학교 1학년 학생의 그림인데, 동물의 이름으로 상상한 동물의 형태를 보여주고 있다.

그림 9-16 어느 중학생이 상상한 동물이름 자체의 알레아토릭을 그림으로 나타낸 것

문학에서의 알레아토릭

'이상한 나라의 앨리스'에 나오는 이상한 대화를 보자

'내 머리에 설탕을 발라야 해.
그리고 오리가 눈꺼풀로 하듯이
갯가재는 손이 아닌 코로 단추를 채우고 벨트를 메고'

허걱! 이렇게 아무도 알 수 없는 말을 일부러 만드는 경우가 알레아토릭에 의해 문학작품을 만든 사례이다. 또는 이렇게 서로 상이한 단어로 한 문장을 일부러 만드는 것도 알레아토릭이다.

2 알레아토릭을 우리 실생활에 응용하여 창작하기

알레아토릭 기법을 우리 실생활에 적용시키는 가장 간단한 방법은 격자놀이를 통해 모차르트가 한 것처럼 수평축과 수직축에 넣어 놓고 이들이 격자에서 만나는 곳을 시장기회로 찾는 방법이다. 이 과정에서 우리는 세로와 가로 격자에 넣을 콘텐츠(contents)를 생각하게 하는 기회가 되고, 그 격자에서 만난 새로운 창작물의 실현가능성을 점검하는 기회를 갖는다.

> 예술에서의 알레아토릭은 기존에 관계없던 것을 우연이나 의도적으로 결합시키는 것
> 경영에서의 알레아토릭은 내 사업과 관련 없던 것을 우연이나 의도적으로 결합시키는 것

알레아토릭으로 제품 간단히 만들기

우리 스스로 창의적인 사람이 되려거든 '남자의 자격'이라는 TV프로그램의 장기과제처럼 장기적인 안목을 갖고 알레아토릭을 우리 실생활에 계속 적용해

	알레아토릭 소재	새로운 라면이름 (격자놀이의 산출물)
식물성 소재	• 우엉 • 도토리묵 • 녹차 • 오채	• 우엉라면 • 다이어트 웰빙라면 • 전기밥솥 녹차라면 • 오채라면
동물성 소재	• 닭 • 순대 • 돈까스	• 꼬꼬면 • 순대뚝배기라면 • 상하이 돈까스 볶음면
해산물소재	• 게장 • 해산물 • 장어	• 양념게장라면 • 해산물 볶음라면 • 장어라면

그림 9-17 라면과 알레아토릭으로 강제결합된 다양한 라면

보아야 한다. 그 사례로 '남자의 자격'이 2011년 초에 방송한 '라면' 만들기 프로그램의 출전자들이 선보인 라면을 보자. 모두 의도적 격자놀이를 통한 알레아토릭을 시도하고 있다.

간단한 이벤트도 간단한 격자놀이로 만들어낼 수 있다. 첫 번째 열에는 도시나 지역명이 적혀 있다. 첫 번째 행에는 우리가 알레아토릭을 원하는 대상을 가로로 나열하고 있다. 마라톤을 격자놀이를 통해 알레아토릭한다고 상상해 보자. 뉴욕과 마라톤을 알레아토릭하면 뉴욕마라톤이 된다. 보스톤과 마라톤이 만나는 격자는 보스톤마라톤이 된다. 프랑스 메독지역은 와인으로 유명하지 마라톤이 없었다. 그렇다면 마라톤과 프랑스 메독 지방이 만나면 메독마라톤을 하면 된다. 실제, 메독지방에서는 와인과 관련된 사람들이 와인과 관련된 복식을 하고 마라톤을 하는데, 단지 뛰는 것이 아니라 주요 와인너리를 순회하는 마라톤을 한다. 이 메독지방의 와인마라톤은 아주 유명한 행사가 되었다(다다시아기, 2010). 이제 경남 함안도 마라톤을 한다. 둑방을 뛰는 마라톤이다.

〈표 9-2〉의 와인을 보자. 프랑스 메독과 와인은 당연히 만나서 와인산지로 유명하다. 프랑스 칼바도스는 와인을 만났는데 조금 다른 와인이다. 포도가 생산되지 않으므로 사과로 브랜디를 만들었다. 칼바도스라고 불리운다. 그렇다면 경남 함안은 와인과 격자놀이를 해서 무엇을 만들 수 있을까? 수박으로 유명한 함안이니 수박와인을 만들면 되겠다. 그런데 수박으로 와인을 만들 수 있나? 수박으로 음료수를 만들까? 이런 상상을 하는 것이 알레아토릭의 묘미이다. 〈표 9-2〉에서 뉴욕은 와인이 비어 있고, 보스톤도 아직 와인을 만나지 못했으니 두 격자가 미개척시장으로 남아있는 셈이다.

표 9-2 마라톤, 와인이 지역과 도시를 만났을 때

지역 또는 도시	알레아토릭 대상(마라톤)	알레아토릭 대상(와인)
뉴욕	뉴욕마라톤	
보스톤	보스톤마라톤	
프랑스 메독	메독마라톤(새로운 이벤트)	메독 와인
프랑스 칼바도스		사과 브랜디, 칼바도스(Calvados)
경남 함안	제2회 에코싱싱 함안둑방 마라투어	사과 와인은 안 되겠니?

알레아토릭으로 심각하게 사업성을 추구하는 제품 만들기

이제 기업에서 사용할 수 있는 알레아토릭 격자놀이를 해 보자. 〈표 9-3〉은 위에서 작용하는 요구르트가 어떻게 알레아토릭으로 개발될 수 있는지를 상상한 것이다.

첫 번째 열에는 요구르트를 마시고 나서 요구르트가 지나가는 길을 하나하나 나열했다. 두 번째 열은 기존 요구르트 제품을 위치시켜 본 것이다. 기존 경쟁자들은 '장'에 특화된 요구르트를 판매하고 있는 것으로 파악되었다. 세 번째 열은 시장기회를 보여준다. '장'에서 작용하는 요구르트를 생산 판매할 경우에는 기존 경쟁사와의 경쟁이 심할 것으로 예측할 수 있다. 하지만, 아직 '입', '식도', '위'에 작용하는 요구르트는 없는 상황이었다. 그래서 'Will'이라는 상표는 '위'에서 작용하는 요구르트를 생산 판매하는 기회를 가지게 되었다. 아직도 우리나라 요구르트시장에는 입과 식도에 작용하는 요구르트는 없으므로 미개척시장으로 남아있는 셈이다. 이 두 곳은 격자놀이에 의해 미개척시장으로 남았는데, 미래에 진입할 만한 제품이 없을까?(혹시 '입 안에 음식물의 소화를 돕는 요구르트를 만들 수 있지 않을까? 아니면, 말고!)

향수를 상품화하는 과정은 온통 aleatorik의 과정이다(송인갑, 2004). 향수의 원료가 되는 향료는 크게 천연향료와 합성향료로 나눌 수 있다. 천연향료는 그대로 자연에서 채취되는 식물과 동물의 향료를 말하고, 합성향료는 인위적으로 만들어진 인공향료이다. 우리가 사용하는 향수의 대부분은 이 두 가지 향료를 모두 사용하여 만든 조합향료이다.

표 9-3 음식이 지나가는 길과 요구르트를 알레아토릭 격자놀이를 한 경우

음식이 지나가는 길	알레아토릭 대상(요구르트)	시장기회
입		미개척시장
식도		미개척시장
위		'WILL'의 새로운 positioning
장	기존 요구르트의 positioning 경쟁사가 존재하는 시장	시장은 있으나, 진입할 경우에 경쟁이 심함

지역 또는 도시	알레아토릭 대상(18세기 와인)
프랑스	와인이 있었다
캘리포니아	공백

← 시장기회
(와인이 없었다.
아! 와인을 만들자)

지역 또는 도시	알레아토릭 대상(20세기 초: 와인의 기계식 수확, 스테인레스 탱크 숙성 등)
프랑스	공백
캘리포니아	캘리포니아는 그런 방법을 쓴다.

← 시장기회
(그런 방법 안 썼다.
우리도 미국식을 한번 해 보자)

그림 9-18 프랑스와 캘리포니아는 서로의 공백을 채우는 알레아토릭을 실시했다

천연향료는 다시 식물성 향료(꽃 잎, 과피, 열매, 씨앗, 뿌리)와 동물성 향료(머스크 앰버그리스, 시벳, 캐스토리움)으로 구분된다. 약 100여 종의 천연향료가 있다. 합성향료는 인위적으로 채취할 수 없거나 소량 생산되는 천연향료의 성분을 화학적으로 분석하여 합성해낸 향료로, 향을 분리하여 다른 원료와 화학적으로 처리한 후 유사한 향을 만들어 내는 과정을 거친다. 수천 종 이상의 인공합성 원료가 존재한다. 이러한 천연향료와 인공적인 합성향료가 조합되어 향수 원액이 만들어지며, 이 때 향수 원액을 콩상트레(concentree)라고 부른다. 여기에 알코올과 합쳐져서 향수가 된다. 100여 종의 천연향료와 수천 종의 합성향료가 조합을 이루므로, 셀 수 없이 많은 조합이 가능하게 된다. 이 말도 안 되게 많은 향수조합을 만드는 것이 바로 조향사가 하는 알레아토릭 작업인 셈이다.

와인은 유럽에서 아메리카로 넘어갔다. 캘리포니아에는 18세기 말에 에스파냐인들에 의해 구세계의 품종들이 도입되었고, 이것이 캘리포니아 포도주의 기반을 이루고 있다. 18세기에 캘리포니아는 와인이 공백으로 남아 있었던 것이다.

반대로 기계식 수확과 스테인리스 탱크 속에서의 숙성 등, 포도주 제조의 새로운 방법들이 캘리포니아에 소개된 후, 이 방법은 유럽으로 역수출되어 현재 프랑스에서는 이런 전통적이지 않은 수확방법과 숙성방법이 사용되고 있다.

이렇게 지역적으로 공백으로 남은 제품이나 방법이 공백을 채우는 현상

은 곳곳에서 나타난다. 제임스 쿡 선장이 태평양 항해 때 빵나무를 보았고, 그의 묘사를 본 일부 영국인들이 빵나무가 서인도 제도에서 흑인들을 위한 좋은 식량원이 될 것이라고 생각했다. 빵나무를 타이티에서 서인도 제도까지 옮기는 사명을 맡은 인물은 별도로 정해지기도 했다(야콥, 2005).

수많은 와인 중에는 여러 품종의 와인을 블렌딩(섞어서)해서 와인을 만드는 경우가 있다. 가령, '신의 물방울'이라는 만화에 나오는 바치오 디비노(Bacio Divino)라는 와인은 미국 나파밸리에서 생산되는 이탈리아 투스카니 지방스타일의 와인으로 평가된다. 이 와인은 Cabernet Sauvignon 57%, Sangiovese 17%, Petit Syrah 17%, Merlot 9%로 의도적으로 조합(알레아토릭)되어 있다. 이렇게 조합비율을 알려주는 와인은 친절한 편이다. 많은 블렌딩와인이 조합을 알려주지도 않고 비법으로 와인을 만들지 않는가?

인간은 생물적으로도 알레아토릭을 통해 새로운 생물체를 만들어 내기도 한다. 수컷말과 암컷 당나귀를 결합시켜 버새(hinny)를 만든다. 반대로 암컷말과 숫컷 당나귀를 교배시켜 노새(mule)를 만든다. 기존 종 안에서만 교배한다는 통념에서 벗어나 다른 종과 알레아토릭을 시도한 것이다.

매트릭스조직 만들기

경영학에서 다루는 조직이론 중에 매트릭스(matrix)조직이 있다. 먼저 지식검색에서 나오는 사전적 정의를 보자.

> 프로젝트 조직과 기능식 조직을 절충한 조직 형태이다. 이것은 구성원 개인을 원래의 종적 계열과 함께 횡적 또는 프로젝트 팀의 일원으로서 임무를 수행하게 하는 조직 형태이다. 한 사람의 구성원이 동시에 두 개 부문에 속하게 된다. 매트릭스 조직은 ① 계층 원리와 명령 일원화 원리가 적용되지 않고, ② 라인과 스태프 구조가 일치하지 않으며, ③ 프로젝트가 끝나면 원래 조직 업무를 수행한다는 특징이 있다.

매트릭스 조직을 알레아토릭으로 그림을 그리면 〈그림 9-19〉이다. 사업적 차원에서 세 개의 사업부가 있고, 기능적 차원에서 세 개의 부서가 있는 경

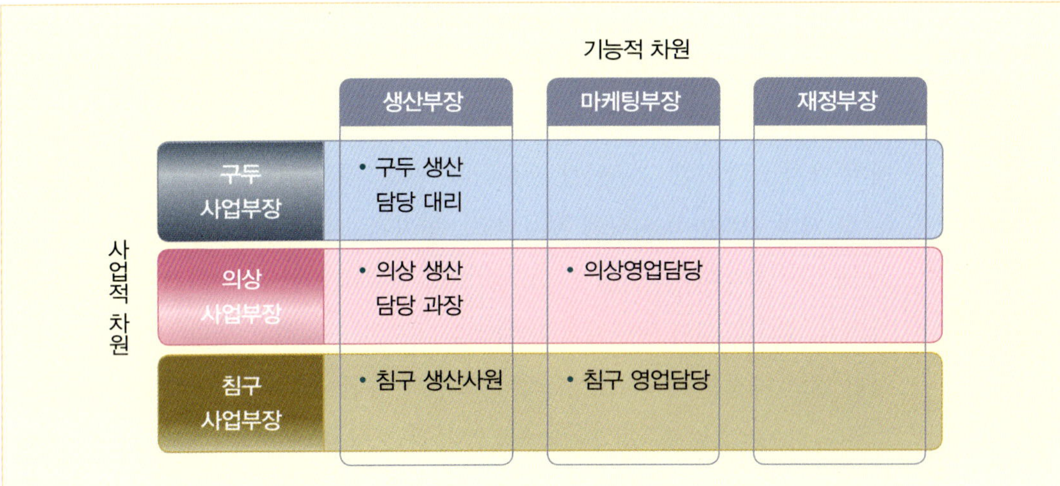

그림 9-19 매트릭스 조직의 사례

우에, 이를 가로 세로로 얼기설기 엮는 조직을 만든다. 구두 생산담당 대리는 구두사업부의 일을 하지만 생산부장의 지휘를 받는다. 생산부장은 세 개의 사업부의 생산을 담당하는 세 명의 직원을 지휘한다. 이렇게 알레아토릭적으로 매트릭스 조직을 구성해 놓으면, 각 사업부는 기능부서의 지원받으면서 사업을 진행할 수 있게 된다. 즉, 사업부는 전문성을 보완받으면서 사업의 주요기능을 진행할 수 있게 된다. 이런 효율성을 보장하기 위해 경영자는 빈 공간에 담당자를 배치할지 아닐지의 의사결정을 내리기만 하면 된다.

3 알레아토릭을 이용한 새로운 가격책정방법

비선형 가격체계

이제 알레아토릭을 통해 극장입장료를 새롭게 개발하는 사례를 들어보자. 이 과정을 통해 더 많은 판매량이나 이익을 올릴 수 있는 기회를 발견할 수 있음을 확인해 보자.

이를 위해 기존에 사용되는 극장요금체계와 다른 산업에서 쓰는 요금체계를 일단 나열한다. 먼저 극장요금은 기본적으로 1인당 요금제(균일가격)로 되어 있다. 극장주는 이 요금제에서 탈피하기 위한 새로운 가격체계를 고객들에게 제공하는 방법을 모색하고자 한다. 그 이유는 요금제가 전체시장을 대상으로 한 개의 가격을 제시한 경우이기 때문이다. 1物 1價의 원칙이 적용되는 시장에서는 한 개의 가격만이 시장에 제시되고, 이 가격보다 효용을 많이 느끼는 고객만이 제품을 구매한다. 〈그림 9-20〉을 보면 고객에게 한 개의 가격체계로써 균일가격이 제시될 때의 판매자의 판매액을 네모로 표시하고 있다. 반면에 시장에 여러 개의 가격을 제시하고, 고객이 그 중에 자신이 원하는 가격대의 제품을 골라가게 하면 〈그림 9-20〉의 오른쪽 부분과 같이 여러 개의 네모가 만들어진다. 이 때 왼쪽 그림의 균일가격을 매겼을 때의 한 개의 네모면적보다 오른쪽 그림의 여러 개의 가격을 매겼을 때의 여러 개의 네모면적이 크기 때문에 판매자의 판매액이 증가하게 된다. 따라서 고객을 세분화하고 고객이 원하는 가격대를 여러 개 제시하는 것이 항상 판매자의 이익을 높이게 된다는 것을 알 수 있다.

이렇게 세분시장이나 개인별로 가격을 달리 제시하여 이익을 높이는 가격 전술로는 다음과 같은 비선형 가격책정방법이 있다. 비선형 가격체계(nonlinear pricing)란 구매자가 구매하는 양에 따라 단위당 단가가 달라지는 가격체계를 말한다. 여기에서 비선형 가격책정방법의 종류를 정리해 보자.

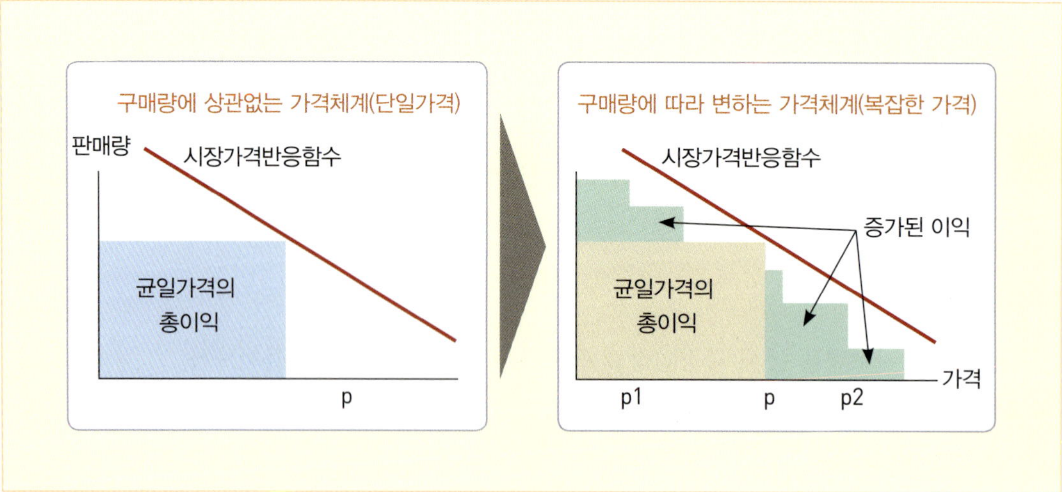

그림 9-20 균일가격보다 여러 개의 가격제시가 이익/판매량을 증가시킬 수 있다

- 이중요율: 일단 기본료를 받고난 다음에 구매하는 단위당 일정액의 가격을 매기는 방법을 말한다. 택시요금이 대표적이다. 증권사는 2000년 들어 이런 요금체계를 도입하기 시작했다. 이 방법은 기본료보다 적은 효용을 느끼는 구매자로 하여금 이 제품이나 서비스의 소비를 억제하는 de-marketing적 요소를 가미하고 있을 뿐만 아니라, 판매자에게는 일단 구매를 실시하는 고객을 대상으로 해서 제품이나 서비스 제공초기에 안정적인 현금흐름을 확보할 수 있다는 장점이 있다. 골프회원권도 이와 같은 가격구조를 갖고 있다.
- 2단계요율: 일정단위까지는 비싼 가격으로 단위당 가격을 매기다가 그 일정범위를 넘는 구매량에 한해서만 가격을 깎아 주는 체계를 말한다. 가령 1,500만원어치의 주식매매시 일부증권사들은 1,000만원까지는 0.14%의 거래금액수수료를 적용하고, 1,000만원을 넘은 500만원어치에 한하여 0.12%를 적용시키는 경우를 말한다.
- 3단계요율: 이단계요율에 한 단계를 더 가격체계에 적용한 경우이다. 2단계요율과 마찬가지로 3단계요율은 기본적으로 구매량이 적은 구매자에게 비싼 가격을 매김으로써 판매자의 de-marketing의 의미를 가지고 있을 뿐만 아니라, 다량 구매자에게는 많은 할인효과를 보여주는 유인책으로써 적당하다.
- 전량수량: 일정한 구매량을 넘기면 구매량 모두에서 가격을 깎아주는 요금체계이다. 이 비선형가격책정방법은 다량구매자가 더 많은 구매를 할 수 있도록 유도하고 있을 뿐만 아니라, 할인이 제시되는 변곡점(할인을 받을 수 있는 수량)보다 약간 작은 구매량을 생각했던 고객들을 더욱 자극하여 변곡점 이상으로 구매량을 늘리기를 유도하는 방법이다.

〈그림 9-21〉은 위에서 언급된 비선형 가격책정방법 간의 이익 및 판매량의 차이를 균일가격(정액제)과 비교하여 보여주고 있다. 다양한 비선형 가격책정방법(지불체계변경방식)이 균일가격책정방법(1인당 6,000원, 100명이 가도 1인당 6,000원)과 같은 선형 가격책정방법보다 얼마나 판매량과 이익이 늘어나는지를

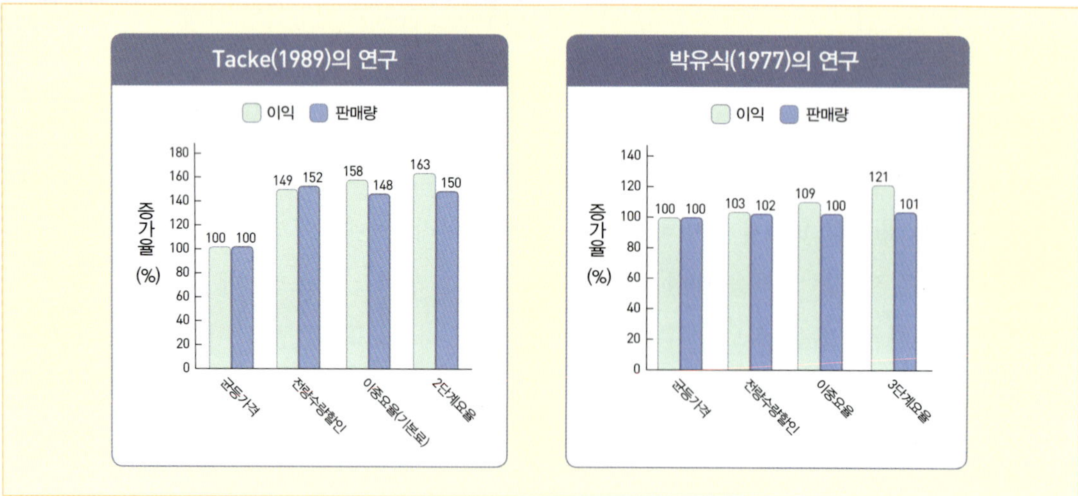

그림 9-21 비선형가격책정으로 인한 이익 및 판매량 증가

보여주었다. Tacke(1989)의 독일 초콜릿 시장의 경우나 박유식(1997)의 해운서비스 경우의 결과를 보면, 두 경우 모두에서 비선형가격책정의 이익창출능력이나 판매량증진능력이 균일가격책정보다 좋음을 알 수 있다. Tacke(1989)의 경우는 균등가격(선형가격)보다 비선형가격(전량수량할인, 이중요율, 2단계요율)이 판매량에서 최대 50%, 이익에서 최대 63%가 증대되었으며, 박유식(1997)의 경우에는 판매량은 그다지 증가하지 않았지만, 이익은 21% 증가하는 것으로 나타났다. 이는 가격지불체계의 변경만으로 이익이 증대될 수 있음을 보여주는 실증결과라 하겠다.

극장에 새로운 가격체계 도입하기

자! 이제 가격체계를 바꾸면 이익이 된다는 확신을 갖고 극장에서 새로운 가격체계를 알레아토릭을 토대로 모색해 보자.

수직축에는 선형가격체계(균일가격)와 비선형가격체계를 나열하였다. 수평축에는 이들 가격체계를 쓰는 대표적인 산업이나 서비스를 나열하고 있다. 격자에는 수평축의 가격체계와 수평축의 산업이 쓰는 가격체계가 사용되는 현황을 표시하고 있다. 우리가 주목하게 되는 것은 이 알레아토릭표를 완성한 후

표 9-4 극장의 비선형 가격체계도입을 위한 알레아토릭표

가격체계	극장	PC방	택시
단위당 요금(균일가격)	현재 가격정책 있음	현재 가격정책 있음	공백 시장기회
정액제	공백 시장기회	현재 가격정책 있음	나라시 택시 가격
기본료+단위당 요금(균일가격)	공백 시장기회	공백 시장기회	현재 가격정책
2단계요율	공백 시장기회	공백 시장기회	공백 시장기회
3단계요율	공백 시장기회	공백 시장기회	공백 시장기회

에 비어 있는 공간이다.

이제 모차르트가 했던 행동을 따라해야 한다. 첫째, 모차르트는 바로 수평축과 수직축이 만나는 곳인 격자마다 사전에 일정한 음을 만들어 넣어 놓았다. 우리는 극장사례에서 아직 공간을 채우고 있지 못하다. 이제 채우는 작업을 해보자.

가령, 극장의 경우에는 정액제가 실시하는 것이 가능할까? 정액제란 일정한 기간동안 무제한 사용하는 것을 대가로 사전에 일정한 돈을 미리 지불하는 것이다. 극장은 1년 동안 한국인이 평균적으로 관람하는 영화편수에 1인당 극장입장료를 곱하면, 1년간 한국인 평균이 극장에게 지불하는 돈이 된다. 극장에서는 이 총 금액의 몇 %를 할인한 금액을 미리 내면 1년간 무제한으로 극장영화를 보여준다고 유혹하면 될 것이다. 따라서 극장과 정액제가 만나는 곳은 격자를 채울 수 있다. 이렇게 각 격자마다 새로운 제도를 만들어 사전에 집어넣는 작업을 먼저 하게 된다. 독자들이 극장주들을 위해 이중요율과 2단계요율, 3단계요율, 전량수량을 위한 격자를 채워보자.

4 새로운 것에 대한 조직의 반발이나 잘못된 알레아토릭

여기에서 항상 독자들이 명심해야 할 것은 새로운 가격체계나 서비스체계, 신제품이나 새로운 문화관광콘텐츠는 낯설다는 점이다. 서당의 예를 들어보자. 서당에서는 아이들을 받아서 공부를 가르치고 나서, 1년 후에 아이의 부

모로부터 사례를 받았다. 이런 부모들이 등록부터 하고 수업을 받는 신식교육에 대해서는 낯설었음이 분명하지만, 지금의 부모는 하나도 이상하지 않다. 또한 세단형 자동차에 눈이 익숙했던 한국사람들이 기아의 프라이드가 나와서 뒤가 잘린 자동차를 보고서는 얼마나 이상하다고 생각했을 것인가? 하지만 시트로앵처럼 뒤가 처음부터 많이 짧은 자동차를 보아온 프랑스사람들은 뒤가 잘려서 각진 자동차는 이상하지 않다. 이렇게 처음에는 낯설지만 그 효용을 알고 나면 좋은 것이 신제품이다. 편견을 독자들이 버려야 한다. 우리는 집안에 들어갈 때 입구에서 신발을 벗지만 어느 나라는 잠자리의 침대에 들 때만 신발을 벗는다. 우리나라 화장실바닥에는 하수구가 있지만, 외국에는 화장실 바닥에 하수구 없이 맨바닥이거나 카펫이 있는 경우가 있다. 화장실 바닥에 하수구가 있을 것이라는 편견을 버려야 한다.

그렇다면 모든 알레아토릭이 성공적인 것인가? 반드시 그렇지 않다. 아래는 유명한 화가이자 엉뚱한 사람이었던 '달리'가 구상한 이상한 작품이다(김종근, 2004). 이런 작품을 성공했다고 할 수 있을까?

서랍이 달린 밀로의 비너스
미쉐린 타이어에 몸이 묶인 죽어가는 노예
손 달린 의자
매 웨스트 입술 소파
바닷가재 전화기

예술작품은 그렇다고 치고, 이런 의도적 격자놀이의 알레아토릭은 시장에서 성공적이지 않았다. 1945년에 Ted Hall이라는 사람은 '날아다니는 자동차'라는 알레아토릭(aleatorik)제품을 선보였다. 하지만 이 날아다니는 자동차는 1)자동차가 다니는 길을 다닐 때는 비행기 구조 때문에 너무 컸고, 2)비행기로 날아다니기에는 자동차 구조 때문에 너무 무거웠다. 이렇게 자동차와 비행기의 알레아토릭적인 결합은 계속적인 실패에도 불구하고 계속 시장에 나타나는 끈질김을 갖고 있다(〈그림 9-22, 9-23〉 참조).

그림 9-22 실패한 1950년대 상상했던 알레아토릭적인 제품들

그림 9-23 미련을 버리지 못하고 계속 시도되는 자동차비행기와 호텔비행기

심지어는 'autoboat'라고 해서, 물 위를 달릴 수 있는 자동차도 1961년에 시장에 나온 적이 있다. 이 자동차배는 1) 자동차가 다니는 길에서는 다른 자동차보다 못 달렸고, 2) 물 위에서는 다른 보트보다 느리고 비효율적이었다.

호텔과 비행기가 만나야 한다는 결합은 1930년대 엄청나게 큰 비행선의 추

그림 9-24 순대를 platform으로 카레 파프리카 등을 결합한 제품

그림 9-25 시장에는 선보이지 않은 어느 디자이너의 구두

억을 잊지 못하는 돈 많은 사람들에 의해 끊임없이 시도되는 결합이기도 하다.

왜 사람들은 실패한 결합(알레아토릭)을 계속 시도하는 것일까? 그것은 마치 이미 성공한 사례가 있으므로 우리도 성공할 수 있을 것이라는 착각을 하기 때문일 것이다. 아이슬란드가 금융허브로 엄청나게 성공하고, 이번 2008년 리만 브라더스 사태로 왕창 망했을지라도, 금융허브를 하면 돈이 되고 일자리를 창출할 것이라는 믿음 때문에 각국이 금융허브를 선포하는 일이 비일비재했다(터키는 2009년 9월에, 한국 송도는(?))(장하준, 2010). 정치적인 알레아토릭인 것이다.

위의 사례에서 보듯이 반드시 알레아토릭(aleatorik)이 성공을 보장하지도 않으며, 새로운 제품에 대한 조직의 반발이 단순 반발이나 넋두리에 불과한 것도 아니다.

5 독자들의 채워 넣기 연습

이제 귀하의 제품/서비스를 알레아토릭으로 바꾸어 새로운 마케팅프로그램을 설계해 보자. 〈그림 9－26〉은 아주 간단한 격자놀이이다.

여러분이 관심 있는 제품/서비스를 하나 적어보자(____________________).

1. 그것을 1에 적으시오.
2. 아무거나 2에 적으시오
3. 두 제품/서비스가 결합한 것을 3의 빈 칸에 적으시오
4. 어느 누가 그런 제품/서비스를 좋아할지를 적으시오

알레아토릭 대상 (우리 제품/서비스)	❶	누가 이런 제품을 좋아할까?
❷	❸	

그림 9－26 단순한 알레아토릭 연습장

표 9-5 알레아토릭 제작과정을 통한 신제품/서비스/콘텐츠개발 작성표

	우리 제품 이름 적기	경쟁사 이름 적기
현재 우리 서비스		
현재 경쟁사 서비스		
다른 산업의 서비스		
다른 경쟁사의 서비스		

이제 조금만 복잡한 격자놀이를 해보자. 먼저 우리가 개선하거나 고쳐보려는 서비스를 적어 보자.

( )

첫째, 〈표 9-5〉의 수평축에 우리 제품이나 서비스의 이름, 경쟁사의 이름, 다른 산업 이름 등을 적어 보자.

둘째, 수직축에 우리 회사, 경쟁사, 다른 산업에서 쓰는 서비스체계를 하나씩 적어라.

셋째, 수직축과 수평축이 만나는 곳에 현재 이루어지고 있는 서비스를 적어라.

넷째, 우리 회사의 수직축에 비어 있는 격자를 확인해 보자.

다섯째, 우리 회사의 수직축에 비어 있는 격자를 하나 하나 채워보자.

여섯째, 격자를 채우면서 필요한 재료, 제도, 인력 등을 적어보자.

일곱번째, 새롭게 채워진 격자 중에서 우리 회사에게 가장 많은 비용 대비 효익을 가져다주는 제도를 채택하라.

위의 과정에서 필요한 것은 우리 제품과 경쟁사 제품, 우리 산업과 다른 산업을 끊임없이 눈여겨보는 것이다. 다른 산업에서 쓰이는 것을 가져다가 쓰기 때문이다. 예를 들어 비행기에서 시작한 마일리지 제도는 이제 카드산업, 증권산업, 심지어는 구멍가게에서도 활용한다.

또한 가로축과 세로축은 독자 주위에 있는 일상적인 것을 찾아 넣으면 된다. 의외로 우리 주위에 Aleatorik으로 새로운 제품이나 서비스를 만들어 낼 것

이 무궁무진하다. 우리 주위에 보배가 널려 있는 것이 간과될 때가 많고, 쓸데없이 컨설팅을 받는다거나 남에게 의지하게 된다. 헨리 데이빗 소로는 그의 일기에서 "새롭고 아름다운 것을 찾으러 멀리 여행을 떠나는 것만큼 어리석은 일은 없다. 네 주위에 얼마나 많은 아름다움이 있는지 금방 발견할 것이다"라고 쓰고 있다. 심지어 사비에르 드 메스트르라는 사람은 1790년에 〈나의 침실여행〉이라는 책을 써서, 자신의 침실에 있는 모든 것을 관찰하고, 이를 통해 에피소드로 소설을 썼다.

참고문헌

곽영식, 홍재원, 이윤경 (2007), 마케팅가격전략, 서울: 베넷.

곰브리치, E. (2003), 서양미술사, 서울: 예경.

김종근 (2004), 달리: 나는 세상의 배꼽, 서울: 평단아트.

박유식 (1995). 서비스 가격전략에 관한 연구: 해운서비스의 비선형가격설정 방법을 중심으로, 성균관대학교 박사학위논문.

송인갑 (2004), 향수, 서울: 한길사.

이명옥 (2009), 그림읽는 CEO, 서울: 아트북스.

알랭 드 보통 (2002), 여행의 기술, 서울: 이레.

야콥, 하인리히(2005), 빵의 역사, 서울: 우물이 있는 집.

이명옥 (2008), 그림읽는 CEO, 서울: 21세기북스.

장하준 (2010), 그들이 말하지 않는 23가지, 서울: 부키.

정재영 (2008), 철학, 도시를 디자인하다, 서울: 풀빛.

진중권 (2005), 놀이와 예술 그리고 상상력, 서울: 휴머니스트.

타다시 아기 (2010), 신의 물방울, 서울: 학산문화사.

헨리 데이빗 소로 (2003), 소로우의 일기, 서울: 도솔. 윤규상 옮김.

Li, Leyi (1992), 한자연변오백례, 북경어언학원출판사.

Rand, H. (2007), Hundertwasser, Koeln: Taschen.

Tacke G. (1988), Nichtlineare Preisbilding: Theorie, Meassung and Anwendung, Gabler.

http://sunsite.univie.ac.at/Mozart/dice/collaborate.cgi?tables=yes

부록

커피하우스의 역사 속에서 커피가 dressing으로 아름다워지기

커피가 상업적으로 판매되는 커피하우스로 등장할 때부터 한국에 커피하우스가 생겨날 때까지의 역사를 살펴보면 끊임없는 dressing과 stripping의 역사이다. 이 과정이 미학적 창작기법으로 어떻게 해석되는지를 살펴본다.

야콥(1935)은 〈커피의 역사(*Coffee: The epic of a commodity*)〉라는 책에서 커피는 예멘에서 시작한다고 말했다. 하지만, 독자가 읽고 있는 이 책에서는 커피하우스라는 상업적인 시설에서 커피를 판매하기 시작한 것에서부터 이야기를 시작한다. 왜냐하면 '경영이나 마케팅 활동'이 시작하는 본격적으로 사업공간에서 커피가 어떻게 변화해 왔는지를 살피는 것이 고객의 욕구를 맞추어 커피가 변화한 역사를 보여줄 것이라고 믿기 때문이다.

1 이슬람권에서 비엔나로

콘스탄티노플(이스탄불)에 1554년 알레포 출신의 하킴과 다마스커스 출신의 쳄이라는 두 상인이 골든혼의 번화가에 최초의 커피하우스를 열었다(야콥, 1935). 여기에서 사업을 시작한 이의 출신지가 중요한 것은 그들이 지금의 시리아인 다마스커스 등에서 왔다는 것이다. 이들과 같이 커피는 이슬람권에서 기독교권의 유럽으로 서진하고 있는 것이다. 콘스탄티노플에서 커피는 '체스 두는 사람들과 사색가들의 우유'로 불리게 되었다고 알려져 있다. 커피의 단독 사용환경이 아닌 생활문화 속에 자리잡은 제품카테고리로 출발했음을 보여준다.

오스만 제국은 1683년 빈(Wien)을 공략한다. 그 전쟁에서 빈에 살던 신성로마제국 황제 레오포트 1세는 오스만의 빈 봉쇄를 뚫기 위해 응원군을 요청하고, 그 응원군이 빈 근처에 도착했음을 빈에 알리기 위해 오스만 군대의 포위망을 뚫은 사람이 '게로르크 콜쉬츠키'이다. 이 사람이 바로 오스만 투르크가 물러간 이후 빈의 가장 큰 성당 슈테판 성당 앞 돔가세(Dom Gasse)에 커피하우스를 연 사람이다.

콜쉬츠키의 커피는 투르크식 커피와 차이가 있었다. 많은 차이가 있었다.

- 투르크커피: 커피 침전물이 있다.
- 콜쉬츠키커피 1: 여과법에 의해 침전물을 없애서 맑은 커피물을 만들었다(stripping).
- 콜쉬츠키커피 2: 잘 숙성된 꿀을 넣고(dressing), 우유를 가미하여(dressing) 검은색을 희석시키고 맛을 부드럽게 했다.

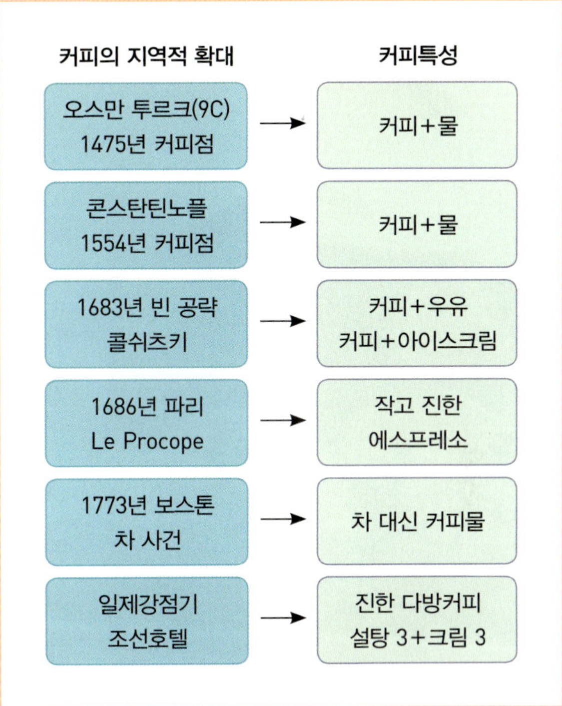

커피의 지역적 확대		커피특성
오스만 투르크(9C) 1475년 커피점	→	커피+물
콘스탄틴노플 1554년 커피점	→	커피+물
1683년 빈 공략 콜쉬츠키	→	커피+우유 커피+아이스크림
1686년 파리 Le Procope	→	작고 진한 에스프레소
1773년 보스톤 차 사건	→	차 대신 커피물
일제강점기 조선호텔	→	진한 다방커피 설탕 3+크림 3

그림 1 커피의 지역적 확대

이런 새로운 커피는 색상 측면에서 '검은 커피'를 '검지 않게' 만들어 버렸다. 시각적으로 큰 변화를 준 것이다. 여기에 꿀과 우유이라는 콘텐츠를 더 한 것이다. 이 두 아이템은 기존 투르크 커피에는 없는 것이다.

콜쉬츠키는 한 걸음 더 나아갔다. 제빵사인 페터 벤드러와 계약을 맺어 가벼운 초승달 형태의 롤빵을 커피와 곁들여 판매했다. 이 초승달 모양의 빵 크로와상은 비엔나를 공략했던 투르크 국기의 초승달이었다. 빈 사람들은 초승달을 씹어 먹으며 좋아했으리라. 여기에 시럽을 채운 동그란 도너츠 크라프를 커피와 함께 제공했다. 이렇게 우유를 탄 커피, 크로와상, 도너츠는 비엔

그림 2 기본형태의 아인슈페너(비엔나커피)

그림 3 커피와 크로와상, 초콜릿이 제공된 경우

나 커피의 기본형태가 되었다. 이 대목은 커피라는 제품카테고리와 빵이라는 제품카테고리의 aleatorik적인 접목인 것이다.

시간이 흘러서 또 다른 변화도 있었다. 우리가 흔히 비엔나커피라 부르는 아인슈페너는 커피 위에 생크림이나 아이스크림을 얹어 주는 것이다. 커피라는 투르크에서 들어온 커피와 이탈리아에서 유명한 아이스크림을 aleatorik한 것이다.

이런 aleatorik 패턴은 계속되어진다. 커피가 초콜릿을 만나기도 하고, 커피가 술 카테고리인 꼬냑과 만나기도 한다.

이렇게 1683년 빈에서 선보인 커피하우스가 세계적인 명성을 얻게 된 것은 19세기 말과 20세기 초 프로이트를 비롯한 정신분석학자, 미술가, 건축가, 소설가들이 빈의 황제 궁 근처의 커피하우스와 빈대학 근처, 빈공대 근처 커피하우스에서 죽치고 토론하고 시간을 보냈기 때문이다. 이 커피하우스들은 이제 관광객들의 주요 관광지로 아직도 손님으로 가득차 있다. 아직도 호프부르크 성곽 바로 앞 센트럴 카페는 전통적인 비엔나 커피를 밀랍인형 옆에서 마시려는 사람으로 문전성시를 이룬다.

그림 4 카페 센트럴의 아인슈페너

빈공대 앞의 뮤제움은 '장식은 범죄라고' 외치던 건축가 아돌프 로스가 설계하여, 건축학도들을 매혹시킨다. 이 역사적인 건물 안에서도 커피가 제공된다.

빈대학 앞 란트만는 베토벤이 살던 집 옆에 있어서 그런지, 엄숙하고 장엄하고, 범접할 수 없는 분위기를 자아낸다.

그림 5 카페 뮤제움 외부와 내부

센트럴, 뮤제움, 란트만은 커피하우스로 매우 유명하지만, 저자는 맛의 차이를 별로 모르겠다. 다만, 빈(비엔나)의 커피하우스에 유명한 철학자, 정신분석학자, 건축가들이 자주 드나들면서 일반대중에게 storytelling을 제공하여, 이 커피하우스를 방문하고 싶다는 유혹이 커졌다는 점이다. 빈의 커피하우스는 storytelling이 dressing되어 있다.

그림 6 카페 란트만의 외관

2 비엔나커피는 프랑스 파리를 점령하다

3년 만에 비엔나커피는 西進하여 독일로 이동한다. 1686년에 뉘른베르크에 커피하우스가 열렸다. 그렇다면 더 서진하여 프랑스에 커피하우스가 생긴 것은 언제부터일까?

상업적인 커피하우스가 아닌 상태로 커피가 파리에 소개된 것은 1669년 오스만투르크의 술탄이 보낸 사자가 파리에 도착하면서부터이다. 슐레이만이라는 이 대사가 파리에 주저앉아서 커피를 파리지엥에게 대접하기 시작했다. 슐레이만은 커피에 처음으로 설탕을 넣어 손님들에게 대접했다. 설탕이 dressing된 것이다.

그림 7 르 프로코프가 1686년에 개점되었다는 것을 표시한 간판과 자료

1672년에 생제르맹의 시장에 프랑스 최초의 커피하우스가 열렸는데, 커피하우스라기보다는 일종의 견본시장 같은 형태였다고 야곱(1935)은 지적하고 있다. 매장이름은 '메종 드 카오바'이고 투르크 풍이었다. 아무튼 1690년대에 캉디오라는 사람이 집집마다 커피를 팔러 돌아다녔는데, 최초의 커피 방문판매로 기록될 만하다.

야곱(1935)은 그의 책에서 1702년에 '카페 프로코프'가 설립되었다고 적었고, 이 매장이 18세기 모든 파리지엥 커피하우스의 원형이 되었다고 명시하고 있다. 하지만 2010년도에 아직도 영업 중인 '카페 프로코프'의 매장입구에는 1686년부터 영업을 했고, 자신이 최초의 파리에서의 커피하우스라고 주장하고 있다.

어느 주장이 맞던 간에 이 매장은 커피와 함께 초콜릿, 알코올음료, 얼음,

그림 8 샤르트르와 보부아르가 자주 찾았다던 카페 마고

그림 9 르 프로코프의 매장 전면

그림 10 카페 플로르

샤베트 등을 함께 제공한다. 현재는 커피하우스라기보다는 해산물을 비롯한 육류도 판매하는 레스토랑이 되어 있다. 야곱의 평가에 의하면 카페 프로코프는 기존과는 다른 최초의 유럽식 커피하우스였다. 이 커피하우스의 특징은 커피 안에 다른 제품카테고리가 aleatorik된 것이 아니고, 매장 내 제품카테고리의 확대라는 특징이 보인다.

현재 파리에는 샤르트르 부부가 자주 다니던 '마고' 및 '플로르' 카페를 비롯하여, 춘희가 살던 집 아래 카페, 각종 문인들의 애용처 카페들이 성업 중이다. 이곳은 관광객들의 명소가 되어 있는 지 오래이다. storytelling(이야깃거리)이 있는 카페이다.

3 영국와 미국에서 차와 대결한 커피

영국에서도 1680년대에서 1730년대까지 반세기 동안 런던은 전 세계 어느 도시보다 커피를 많이 소비했다. 차의 시대는 그 이후에 도래했다.

영국사람들은 가족들이 난롯가에 둘러앉아 장작이 탁탁 타들어가면서 점차 재로 변하는 모습을 좋아했다 영국사람들의 가족 고립주의를 대표하는 풍경이다. 찰스 디킨즈의 소설 〈크리스마스 캐롤〉에서 스크루지 영감이 창문너머로

그림 11 영국 코츠월드 지방의 애프터눈 티

그림 12 중국 북경에서 발견되는 미국식 커피의 큰 용량 용기

바라다 보던 어느 가정의 따뜻한 난롯가의 모습인 것이다.

하지만 커피는 가족의 음료가 아니고, 사람들을 비판적이고 분석적인 분위기를 만드는 음료였다. 일을 처리하는 데는 효율적으로 만들지만, 편안함을 이끌지는 못했다. 오후에 영국사람들은 차와 함께 스콘이나 쿠키를 먹으며 찬찬한 분위기를 만끽하는 것을 좋아했다(afternoon tea).

반면에 보스톤 차사건에서도 보듯이 유럽을 통해 비싼 세금이 매겨진 차를 마시기보다는 미국사람들은 커피를 마셨고, 그것도 희석화해서 마시기를 좋아하게 되었다. 미국인이 마시는 커피는 유럽 것에 비해 물을 많이 넣어 대용량되어 있고 희석화되어 있다. 이것을 Americano라 부른다. 현재도 탄산음료나 커피를 판매하는 크기가 가장 큰 나라 중의 하나가 미국이다. 이 큰 용량의 커피는 중국에서도 발견된다. 미국은 기존 유럽커피에 비해 물을 dressing했다는 특징이 발견된다.

4 한국의 커피하우스

조정래 '아리랑'이라는 소설을 읽어보면 일제강점기에 서울 '호테루'(hotel)로 커피를 마시러 가는 장면이 나온다. 다리 높은 탁자에 다리 높은 의자에 앉아 커피를 마신다. 탁자와 탁자 사이에는 공간을 분리하는 벽 등이 없으므로 개방감이 있는 커피하우스가 열린 것이다.

미군이 진주하면서 1950년대에는 커피하우스의 탁자와 의자의 높이가 모두 낮아졌다. 소파라는 서구식 가구가 채용되었기 때문이다. 커피는 물론 일체의 탄산음료와 전통음료도 판매되는 경우가 많았다.

1970~80년대 커피하우스는 폐쇄감을 그 특징으로 한다. 탁자와 탁자 사이에 높은 벽을 설치하고, 커튼 등이 설치되었으며, 조명이 낮은 상태를 유지한 매장이 등장했다. 맥심 등의 상표 등으로 표준화된 상품 등이 등장했다. 커피와 설탕·크림을 혼합한 가루상태에 끓인 물을 넣어 마시는 형태이다. 다방커피. 커피에 설탕과 크림이 dressing되어 있다.

1980년대 말 '자뎅'이라는 상표와 함께 전국적인 체인 형태의 통일된 identity 작업을 한 커피하우스가 등장하였다. 매장 밖에서 매장 안을 들여다 볼 수 있는 있도록 개방적 인테리어를 실시하였다. 매장 밖을 관찰하면서 커피를 즐길 수 있는 자리도 커피하우스 안에 등장했다. 젊은 세대들의 자신감의 표현이었다. 커피는 원두커피를 내려서 마시는 형태이다.

2000년대에는 스타벅스, 파스쿠치와 같이 대규모 자본이 개입되어 전국적으로 통일된 이미지의 에스프레소 커피를 기본으로 한 커피하우스가 등장했다. 이 매장은 커피전문점이라는 포지셔닝을 내세웠다. 기존 한국적 전통음료 등은 판매하지 않는다.

초창기 한국에 커피가 들어왔을 때에 비하여 제공되는 커피의 양이 점차 많아진다는 현상도 발견된다. 그리고 더욱 다양한 종류의 커피가 제공된다는 특징도 있다.

5 정 리

위의 사례에서 보듯이 커피가 지역적으로 확대됨에 따라 다른 콘텐츠가 드레싱되는 경우가 가장 많았다. 그리고 다른 먹을거리와 알레아토릭되는 경우도 많이 목격되었다. 제공되는 커피의 양(serving size)에서도 드레싱(dressing)과 스트립핑(stripping)이 반복되었다. 이렇게 커피의 역사는 미학적 창작기법이 자유롭게 적용되는 물품이다.

참고문헌

하인리히 야곱 (1935), 커피의 역사, 서울: 이레, 박은영 옮김.

재미있는 알레아토릭	순대 (platform)
소금+고추가루	서울이나 경기도 사람은 순대를 소금+고추가루 조합에 찍어 먹는다
쌈장	저자가 아는 한 경상남도 진주에서는 순대를 쌈장에 찍어 먹는다
초고추장	전라도에서는 순대를 초고추장에 찍어 먹는다고 어느 학생이 말했다.

Chapter 10

댄 브라운의 앰비그램ambigram을 이용한 신제품개발

렘브란트와 고야의 작품은 세상은 온통 어둠 속에 있는데, 빛이 어두운 세상의 이곳 저곳에 빛을 주는 것처럼 표현되어 있다. 반면에 마네와 모네의 인상주의 회화는 세상은 온통 빛이 있는데 어둠이 살짝살짝 드리워져 있는 것처럼 보인다.

Arnheim, 1974

창작, 미술, 공예 등에서 사용하는 앰비그램(ambigram)이라는 기법은 기존 것의 구성요소나 순서를 거꾸로 만들기만 해도 새로운 것을 만들 수 있음을 보여준다.

1 앰비그램이란?

‘글자를 뒤에서부터 거꾸로 읽는 게 아니라, 아예 위와 아래를 뒤집어놓고 읽을 수 있는 단어나 문장을 만드는 것’, ‘글자나 그림을 180도 돌려보아도 위아래가 같은 모습으로 읽혀지는 것’ 이것을 앰비그램(ambigram)이라 한다. 진중권(2005)은 이를 글자나 그림의 위 아래를 뒤집어 놓고 보는 일종의 물구나무 세우기라고 정의하고 있다. 몇 가지 사례를 들어보자

〈다빈치 코드〉의 저자 댄 브라운의 소설 중에 〈천사와 악마〉라는 것이 있다. 이 소설에서는 살해당하는 시신마다 정교한 ‘앰비그램’이 낙인 찍혀 있다. 작가인 댄 브라운이 만든 것은 아니고, 디자이너인 존 랭던이라는 사람이 댄 브라운의 부탁을 받고 소설 〈천사와 악마〉를 위해 만든 것이다. 댄 브라운이 이 디자이너의 이름을 따서 소설 속의 주인공인 로버트 랭던의 이름을 지었다는 설도 있다. 〈그림 10－1〉은 이 소설의 첫 희생자의 몸에 새겨져 있던 ‘일루미나티’라는 문구의 앰비그램이다. 참고로 air라는 단어의 앰비그램도 첨부하였다. 바로 읽거나 거꾸로 읽거나 동일한 글자가 된다. 또한 Scott Kim이라는 작가가 자신의 성을 앰비그램한 것을 보라. 아래 위를 뒤집어 놓아도 Kim이다.

그렇다면, 존 랭던이 디자인한 앰비그램을 한 번 보자. 〈그림 10－2〉는 빅뱅이라는 글자에 대한 앰비그램을 보여주고 있다. 지금 보이는 데로 읽거나 거꾸로 보아서 읽어도 모두 동일한 의미인 ‘빅뱅’이라고 읽혀진다. 오른쪽 사례의 waterfall은 사전적 의미의 앰비그램은 아니다. ‘소주만병만주소’처럼 오른쪽에서 왼쪽으로 읽어도 waterfall이고 왼쪽에서 오른쪽으로 읽어도 waterfall로 읽혀지는 경우이다.

그림 10－1 앰비그램의 디자인 사례(일루미나티, air, kim)

서양에서 사용하는 사전적 의미의 ‘아래 위로 뒤집어 놓고 읽거나 볼 수 있는 글자나 그림’이라는 개념의 앰비그램

을 '오른쪽에서 왼쪽으로, 왼쪽에서 오른쪽으로 읽어도 의미가 있는 것을 확대해 보자.

그림 10-2 존 랭던의 '빅뱅' 앰비그램과 'waterfall'

그러고 나면, 중국 한자 문화권에서도 앰비그램이 적극적으로 여가에 활용되었음을 알 수 있게 된다. MBC에서 방영된 〈궁〉이라는 드라마에서 황태자비로 등장하는 윤은혜는 극중 다과장면에서 황제, 황후, 왕세자가 한시를 한 수씩 짓자, 이규보가 〈美人怨〉이라는 시에서 노래했던 回文형식의 시를 지어 왕실가족을 놀라게 한다. 회문은 한시에서 사용하는 문자언어놀이이다(진중권, 2005). 가령 이규보의 〈美人怨〉에는 첫 소절이 '腸斷啼鶯春 꾀꼬리 우는 봄날 애간장 타는데'로 시작되는데, 이 시의 맨 마지막이 '春鶯啼斷腸 봄 꾀꼬리 우는 소리에 애간장 타누나'로 끝난다. 이 두 소절은 완벽하게 한문을 거꾸로 쓴 것이다. 윤은혜가 분한 황세자비의 경우에는 황실가족들 앞에서 '花香滿園亭[화향만원정] 꽃이 만원정에 향기로우니, 亭園滿香花[정원만향화] 정원이 꽃 향기로 가득하구나'라고 노래한다.

앰비그램은 이렇게 복잡한 시나 그림, 한시뿐만이 아니라 일상생활에서 언어유희로 사용되기도 한다. KBS 2TV 〈상상플러스〉에 출연한 영화배우 최민수는 어릴 적 학창시절에 포르노 비디오를 보았다는 표현을 '노루표'라고 말했다. 이것은 우리의 속어들 중에서 거꾸로 하기를 사용하고 있는 것이 많다는 것을 의미한다. 또한 저자는 어렸을 적에 우리말의 '곰'이라는 글자를 거꾸로 세우면 '문'이라는 말이 된다는 것을 알고 신기해 한 적이 있다.

그런데 이렇게 글자만을 앰비그램적으로 사용할 수 있는 것이 아니다. 우리는 대칭을 통해 묘한 감정을 느끼기 때문에 사진가들은 일부러 대칭적인 구도로 작품을 만드는 것을 흔히 발견할 수 있다. 〈그림 10-3〉을 보면 호수에 비친 풍경을 보여준다. 이것도 일종의 앰비그램효과를 노린 것이다. 〈그림 10-4〉의 미국 Crater Lake National Park의 산 정상에 있는 칼데라 호수는 물이 하도

그림10-3 오스트리아 Hallstatdt라는 마을이 호수에 비친 풍경

그림 10-4 Crater Lake National Park의 산 정상 모습

맑아서 수평선을 중심으로 산의 모습과 물에 비친 산의 모습이 완벽한 앰비그램적 모습을 보여준다.

미술작품에서도 앰비그램적인 효과가 적극 활용되기도 한다. 스페인화가 살바도르 달리의 그림 〈코끼리를 비추는 백조〉를 보면 이미지를 뒤집는 도구로 호수의 수면이 사용되고 있다. 이 호수에 뜬 세 마리 백조가 수면에 드리운 그림자는 코끼리 형상이다. 이 경우에는 물을 중심으로 다른 이미지가 생겨난 것을 표현하고 있다. 사전적 의미의 앰비그램에서 약간 성격이 달라졌다. 즉, 거꾸로 해서 완전히 다른 이미지를 관찰자에게 줄 수 있음을 보여주었다.

〈그림 10-5〉는 위는 Teach라는 동사이지만, 아래에 비친 모습은 Learn이라는 동사이다. 거꾸로 해서 완전히 다른 이미지를 전달한 사례이다.

그림 10-5 Teach의 거꾸로가 Learn

또한 공예작품을 만들 때, 대칭적인 구조로 작품이 구성되는 사례가 많다. 문화재청 감정위원이기도 한 김동귀의 작품을 보면, 반닫이의 가운데 중심선을 기준으로 백동장식이 가운데 선을 중심으로 대칭적으로 처리되고 있다. 전체적인 윤곽으로는 대칭이지만, 디테일에서 차이가 발생하여, 아기자기한 느낌을 준다. 우리나라 장롱 등의 장식에 많이 사용되

는 대칭적인 문양이 모두 앰비그램으로 확대 해석될 수 있다.

미술에서는 창작하는 순서에 있어서도 앰비그램이 적용되는 경우가 많다. 통상적인 회화작품의 경우에는 빈종이나 캔버스에 색상 등을 입히는 순서로 작품이 완성된다. 반면에, sand art의 경우에는 다 채워진 종이나 유리 위의 모래를 지우는 방식으로 창작이 이루어 진다. sand art는 통상적인 회화작품의 작품제작 순서가 거꾸로인 셈이다.

그림 10-6 김동귀의 반닫이 작품

전통적인 도장의 새김방법은 인주가 묻어서 종이에 새겨지는 부분을 양각으로 하기 위해, 글자 부분 이외의 부분은 모두 파내는 작업을 실시한다. 〈그림 10-7〉의 작품을 보면 '콜린 데이비스'라는 사람의 이름이 물가의 갈대를 포함한 각종 수풀 속에서 원앙을 비롯한 몇 마리의 새와 함께 양각으로 새겨져 있다. 양각된 부분은 아주 가는 선으로 되어 있어서 작가의 칼 솜씨가 얼마나 정교한지도 느낄 수 있게 된다.

반면에 〈그림 10-7〉의 오른쪽 부분은 글자 부분이 음각으로 새겨져 있어서, 종이에 작품을 새겼을 경우에 작가의 칼이 닿은 부분의 돌느낌이 두텁게 살아나고 있다. 이렇게 전각에 있어 창작방법 중 양각 새김과 음각 새김은 앰비그램으로 전각작품을 보는 사람에게 다른 느낌을 주게 된다.

이렇게 전각은 돌이라는 소재에 음각과 양각의 창작작업기법의 앰비그램을 통해 새로운 창작물을 만들었지만, 목판화와 동판화는 그 소재의 성격으로 인해, 동양에서 많이 사용된 목판화는 양각이 주로 많고, 동판화를 발명한 서양에서는 음각이 많이 활용되는 것을 볼 수 있다.

그림 10-7 균당 이두희의 작품: 전각의 양각과 음각 차이가 앰비그램

조경하는 방법에서도 앰비그램이 사용된

다. 켄트는 '자연은 직선을 싫어한다'라고 말을 했다. 그래서 이런 철학적 사고의 차이에 의해 프랑스의 루이 14세의 베르사이유 궁전의 정원은 직선의 인공미를 가진 정원이었지만, 켄트의 영국식 정원은 불규칙한 나무나 연못, 구불구불한 냇물이나 산책로 등을 정원에 도입하였다. 어떤 때는 일부러 죽은 나무를 심기까지 하였다(베니야마, 2006). 즉, 인공 대 자연, 직선 대 곡선의 앰비그램을 사용한 것이다.

2 앰비그램의 확장 및 분류

앰비그램의 사전적 의미는 위아래가 정확히 바뀌어도 동일한 것으로 인식되는 경우를 말한다. 독자들은 지금까지 예로 제시된 여러 사례가 사전적 의미로 앰비그램과 일치하지 않는다는 깨달았을 것이다. 지금까지 논의된 앰비그램 사례를 몇 가지로 정리해 보자.

앰비그램을 마케팅에 응용하면 기존에 있던 것의 상하를 바꾸던지 좌우 또

구분	성격	사례
위 아래를 거꾸로 했을 때 동일한 산출물의 경우	사전적 의미의 앰비그램	빅뱅과 Kim 앰비그램, Crator Lake National Park 사진
위 아래를 거꾸로 했을 때 다른 산출물의 경우		달리의 호수그림, 김동귀의 반닫이, 곰문
좌우를 바뀌어도 동일한 산출물의 경우		사람얼굴 포스터
좌우가 바뀌어서 다른 산출물의 경우	회문	'花香滿園亭'

↓

상하 좌우 순서를 바꾸어서 새로운 것을 만든다.

그림 10-8 앰비그램의 분류 및 조작적 정의

그림 10-9 앰비그램의 경영학적 응용

는 순서를 바꾸어 볼 수 있는 여지와 방향성을 제공하였다. 부연하면, 제품의 구성요소나 제품의 사용순서를 바꾸면 새로운 제품이 될 수 있음을 강력히 시사하고 있다. 따라서 고객에게 제시되는 순서나 구성요소를 정확히 반대로 바꾸어서 새로운 의미를 고객에게 줄 수 있게 된다.

3 앰비그램의 응용

언어적 앰비그램

일부러 언어(semantic)를 거꾸로 함으로써 새로운 의미를 찾거나, 현상을 꼬집을 수 있다.

- 관심의 미학, 무관심의 미학(칸트)
- 얼룩말은 하얀 바탕에 검은 줄이 간 것일까? 검은 바탕에 흰 줄이 있는 것일까?
- 잡초는 '원하지 않는 식물' 재배종은 '원하는 식물', 잡초는 '그 가치가 아직 발견되지 않은 식물'

- 1990년대 아이슬란드 레이캬비크 공항에서 공식 관광안내서를 받아보면 다른 여느 나라와 마찬가지로 유용한 아이슬란드어 표현을 실은 난이 있었지만, 아이슬란드에서 쓸모없는 표현이라는 난도 있었다. '기차역이 어디에 있습니까?', '오늘 날씨가 참 좋습니다.' '더 싼 것은 없습니까?' (보통, 2004).

레이코프(2006)은 〈코끼리는 생각하지 마〉라는 책에서 상대방이 사용하는 단어를 절대 사용하지 말라고 미국 민주당 사람들을 가르치고 있다. 이것을 마케팅 측면에서 생각해보면, 경쟁사가 잘 하고 있는 것을 자꾸 고객들에게 말해주지 말라는 것과 동일하다. 경쟁자가 말하는 것과 반대의 말을 자꾸 제시함으로써 정치인들은 정치적 수사를 개발할 수 있다.

- '나는 가수다'라는 프로그램을 빗대어 '너도 가수냐?'
- '4대강 살리기' vs '4대강 죽이기'

복식의 앰비그램

복식에서 앰비그램은 새로운 패션을 창출하는 원동력이 되어 왔다. 가령, 〈슈퍼맨〉이라는 영화의 주인공인 크리스토퍼 리브의 옷, 〈원더우먼〉의 옷, 〈우뢰매〉에서 심형래가 입은 옷. 가수 마돈나가 공연 중에 입은 옷, 야구선수들의 유니폼에서의 공통점은 무엇일까? 그것은 속옷과 겉옷을 거꾸로 입었다는 것이다. 이것이 앰비그램이 복식에 적용된 사례이다.

〈슈퍼맨〉이라는 영화의 주인공 크리스토퍼 리브나 이 시리즈물의 다른 주인공이 착용한 옷을 보면, 스타킹류를 먼저 입고 그 위에 팬티를 입었다. 보통 많은 사람들은 팬티를 먼저 입고 스타킹을 신는다. 〈우뢰매〉의 경우에도 빨간 타이즈를 먼저 입고, 그 위에 사각 속옷의 변형된 옷을 입었다.

김연아 선수도 스케이트 위에 스타킹을 신는 경우의 복식을 하고 시합을 할 때가 있다. 10대 초반 때의 김연아 선수의 선수복을 볼 때는, 스타킹 위에 스케이트를 신었던 것에 비해 순서가 바뀌었음을 알 수 있다.

기아 타이거스의 최희섭 선수도 양말을 아랫도리 운동복 밖으로 착용한다. 이는 다른 많은 선수들이 야구 운동복을 신발을 덮을 정도로 입는 통상의 경우와 반대의 복식인 것이다. 특히 야구선수들의 복식은 앰비그램의 전형이다. 통상적으로 반팔과 긴팔의 옷을 겹으로 입을 경우에는 반팔을 안에 입고 긴팔을 밖으로 입는다. 하지만 야구선수들은 긴팔의 운동복을 입고, 반팔의 윗도리 운동복을 밖으로 하여 입고 시합에 임한다.

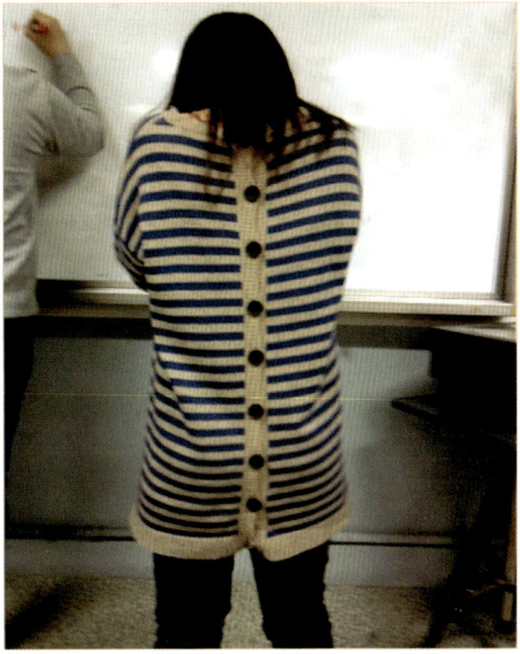

그림 10-10 앞 면에 있다고 통상적으로 생각하는 윗옷 단추를 등으로 보낸 앰비그램 패션

가수 박진영은 항상 파격적인 의상과 춤과 노래로 대중음악을 이끌고, 사랑받는 사람 중의 하나이다. 그의 공연 중에 백댄서가 입은 복식이 바로 슈퍼맨이나 원더우먼, 마돈나의 경우처럼, 속옷을 겉에 입고, 겉옷을 속으로 입은 앰비그램이었다.

운동선수나 연예인의 복식에서만 앰비그램이 두드러지게 나타나는 것은 아니다. 일반인에게서도 앰비그램적인 복식을 많이 발견할 수 있다. 앰비그램을 배우던 경남과학기술대학교 벤처경영학과 학생 중의 하나가 수업시간에 칠판에 나와서 교수의 질문에 답하는 것을 동료학생이 찍은 〈그림 10-10〉을 보면, 통상적으로 앞면에 있다고 생각하는 윗옷의 단추가 등쪽 뒷면에 있음을 볼 수 있다(이 날 이 학생은 너무 예쁜 옷을 입었다고 칭찬을 여러 사람으로부터 받았다).

속옷 복식 중 많은 브래지어는 뒷면에 설치된 개폐장치에 의해 옷을 탈의하거나 착용한다. 하지만 일부 브래지어의 경우에는 개폐장치가 앞면으로 이동하여 설치되어 있다.

제품에 응용된 앰비그램

이제 복식 이외의 제품에 응용되어 신제품이 등장한 사례를 몇 가지 나열해 보자. 아래와 같이 제품의 구성요소 중의 일부나 전체를 완전히 뒤바꾸어서 새로운 신제품을 만들어 내는 경우가 많다. 아래 자동차 사례처럼 한 제품 안에서 많은 앰비그램이 적용된 경우도 있다.

- 자동차 후륜구동에서 전륜구동으로의 변화
- 엔진의 위치가 휘발류 자동차는 앞면에 있는데, 전기자동차는 후미에 설치한 사례
- 자동차에서 기름 넣는 구멍이 왼편에 있는 차, 오른편에 있는 차
- 운전석이 왼편에 있는 차, 오른편에 있는 차
- 자동차 본넷을 여는 방향이 앞으로 열리는 경우와 뒤로 향하게 여는 경우
- 곡선 위주의 디자인이었던 현대자동차의 쏘나타가 직선 위주의 디자인으로 교체된 사례
- 열쇠가 있는 자동차, 열쇠가 없는 자동차
- 모토롤라의 초기 휴대폰 폴더는 아랫면으로 폴더가 열렸는데, 후속제품은 윗면으로 폴더가 열리는 제품을 만든 경우
- 화장품 뚜껑이 위에 있고 바닥에 올려 놓은 경우가, 뚜껑이 아래쪽에 위치하게 바뀐 경우
- 컵에 커피 넣고 물 넣는 경우와 물 넣고 커피 넣는 경우에 맛이 다르다는 것을 발견하는 경우
- 거꾸로 타는 보일러
- 20세기 초반의 비행기는 앞의 바퀴가 2개 뒤에 1개였는데, 콩코드기는 앞에 바퀴 1개 뒤에 2개로 뒤바뀐 경우
- 냉장고의 경우, 초기 냉장고는 냉동실이 위에 냉장실이 아래에 있었는데, 요즘 냉장고의 일부는 위가 냉장실, 아랫부분이 냉동고
- 유모차를 구분하면 두 종류로 나눌 수 있다. 아기가 유모차를 미는 부모를 향하게 되어 역방향으로 앉아 있는 경우와 아기가 전방을 향하여 앉

게 되어 아기의 뒷모습을 부모가 보게 되는 경우

- 대포나 조총은 총알을 앞에서 넣었는데, 빠른 시간 내에 많은 총알을 발사하기 위해, 총알을 뒤에서 넣는 것을 발명한 경우
- 비가 올 때 사용하는 우산, 비가 안 올 때 사용하는 양산
- 인주를 사용하는 도장, 인주 없이 사용하는 도장

공학에서 사용하는 창의적 문제해결방법(TRIZ)의 13번째 발명원리도 'Do it Reverse!'이다. TRIZ의 원천이 기존 특허를 받은 제품의 특성을 요약한 것이라는 것을 가정하면, 기존제품에서 '거꾸로 하기'가 특허를 받을 정도로 획기적인 제품을 만드는 좋은 원리임을 쉽게 유추할 수 있다.

하지만 반드시 구성요소를 거꾸로 하는 것으로 신제품을 만들 필요는 없다. 목표시장을 앰비그램으로 정반대로 만들어 성공한 사례도 있다. 바비인형에서 나이를 더 먹은 여성어린이를 위해 만들어진 인형이 Bratz이다. 즉, 바비인형보다 볼륨감이 더 있고 나이 들어 보이는 dressing을 시도한 것이 Bratz이다. 이 Bratz와 동일한 연령층의 남성아동을 위한 인형을 선보여서 미국인형시장에서 성공한 사례가 G.I. Joe이다. 즉, 목표시장이 여성에서 남성이라는 반대의 성(the opposite gender)으로 바꾸어 성공한 사례인 것이다.

- 아기용 기저귀에 대비해 노인용 기저귀는 목표시장을 앰비그램적으로 해석한 제품이다.
- 몸매를 유지시키기 위해 사용하는 여성용 거들을 남성용 거들로 응용하여 판매하는 경우도 있다.
- 여성전문병원은 마치 일반병원이 남성전문병원인 듯 몰아가면서, 여성 고객으로 하여금 여성전문병원으로 유인하고 있다.
- feminism이라는 주제 자체가 기존의 것이 남성적인 것으로 간주하며, 새로운 시각으로서의 여성시각을 강조하는 말이다.
- 1820년대 오스트리아 빈에 '노이너'의 커피하우스가 열렸다. 그 때 여성용 룸을 별도로 만들었다. 그 전까지 커피하우스는 남성용만 있었다(야콥, 2002).

- 어른용 커피집, 어린이용 커피집인 Kids cafe

제품구색에 있어서도 앰비그램을 적용한 경우가 있다. 남들이 넓은 제품계열을 보여주면, 나는 좁게 하고, 남이 좁은 제품계열로 장사를 하면 나는 넓은 제품계열로 사업을 한다.

- 푸트코트처럼 많은 제품군을 펼쳐 놓고 사업을 하면, 경쟁사는 몇 개 안 되는 제품군에 많은 종류의 변종을 판매하는 전략을 쓸 수 있다.
- 현대자동차는 소형부터 대형자동차를 생산하지만, 페라리는 스포츠카만을 생산한다.
- 다른 커피점들이 대중화된 커피를 선보이자, 일부 커피하우스는 케냐, 콜롬비아, 이디오피아 등의 single origin을 무진장 진열해 놓고 커피를 판다.

서비스에 응용된 앰비그램

이제 서비스 산업에 적용된 앰비그램을 살펴보고, 이 새로운 앰비그램 서비스가 해당매장이나 산업에 어떤 영향을 미쳤는지 알아보자. 이 책에서는 고객이 서비스에 대해 가격을 지불하는 시점이 서비스를 받기 전인 선불이냐, 서비스를 받은 후인 후불이냐를 중심으로 논의를 전개하고자 한다.

1. 조직인사에 영향을 준 경우

가격을 선불제로 하는 것의 앰비그램인 후불제를 채택하면, 서비스 조직의 인사관리는 큰 변화를 겪게 된다.

1980년 서울 동성동 대학로 다방에서는 커피 마신 후 퇴실 시 결제를 했다. 요즘 커피전문점은 커피에 대해 결제를 한 후, 주문한 커피를 마신다. 1980년도의 커피를 판매하는 다방에서는 커피를 주방에서 매장 내 테이블로 날라다주는 인원이 필요했다. 요즘, 커피전문점은 고객의 주문을 받고 커피를 만드는 사람이 통일되어 한 사람일 경우가 있고, 모두 카운터 안쪽에서 일을 하게 된다.

일반적으로 영화관에 입장 전에 돈을 내고 영화를 본다. 하지만 일부 영화에서는 영화를 미리 보게 한 후, 만족하지 않은 손님은 돈을 내지 않아도 되는 기회를 준 적이 있다. 이는 영화관람료 지불시점과 영화관람의 순서를 바꾸어서 이목을 주목시킨 사례이다. 후불제로 영화비를 징수하기 위해 별도의 인원이 영화관 밖에 있어야 한다.

통상적인 식당에서는 식당이 정한 양의 음식을 먹고 가격을 지불한다. 반면에 뷔페 형식의 식당은 선불로 가격을 지불한 후, 고객이 필요한 양만큼 식사를 하게 된다. 이때도 일반식당의 종업원의 업무 중의 주 업무는 주방과 고객 식탁 사이의 운반과 소량의 음식조리에 집중되지만, 뷔페식당의 인원은 주방과 음식진열대의 음식운반과 대량의 음식조리에 집중된다.

우리나라에서 일반적으로 핸드폰을 개통하여 사용하고 요금을 내는 과정을 보자. 저자는 최근 새로운 핸드폰 하나를 개통하는데, 이 때 일반적인 요금제도를 선택하였다. 일정기간 통화를 하고 나면, 통화요금청구서가 날라 들고, 해당금액을 납부하는 방식을 취하고 있다. 선서비스 후가격지불방식이다. 반면에 중국에서 핸드폰을 개통하였을 경우에는 먼저 개통과 동시에 일정액의 돈을 내고 카드를 사서 전화기에 내장한다. 이 금액만큼만 통화를 할 수 있다. 통화료 요금 청구서의 발행도 없고 납부도 없다. 따라서 한국에서는 통화량에 따른

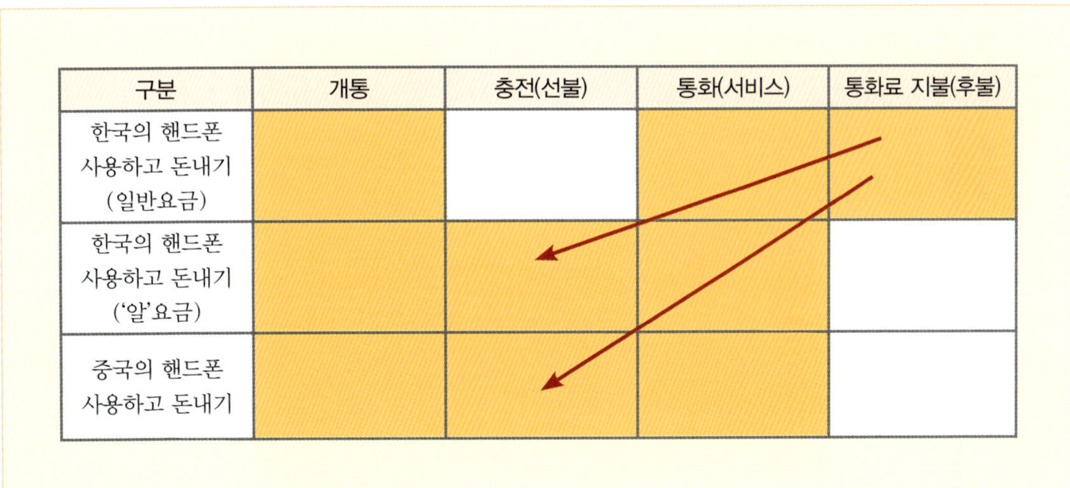

그림 10-11 핸드폰 사용방법의 한국과 중국의 차이

청구서를 작성하고 발송하는 업무를 담당하는 사람들이 있지만, 중국에서는 이런 사람들이 없다. 반면에, 충전카드를 판매하는 사람들이 필요하므로, 여러 매장에서 충전카드를 판매하는 것을 볼 수 있다.

중국 북경에서는 전기값도 충전카드에 의해 미리 내고, 지불한 금액만큼만 사용할 수 있다. 한국의 한국전력공사처럼 전기 쓰고, 사용료 안 내는 사람의 집을 찾아가서 전기를 끊는 수고로움을 중국 전기회사들은 하지 않는다. 반면에 전기카드를 충전시키는 전기회사 매장이 별도로 존재한다.

요즘 한국의 고속도로는 후불제를 한다. 하지만 1980년대 중반에는 선불제였다. 고속도로를 진입할 때 목적지와의 거리에 따라 미리 돈을 지불하였다. 하지만 후불제를 실시한 까닭은 선불제 시행시에 톨게이트에서 지나치게 차량이 밀리는 것을 방지하기 위해서였다. 또한 후불제를 시행함으로써 각 인터체인지의 출구마다 별도의 인원과 통행료징수 시설이 필요하게 되었다.

한국도로공사는 일반고속도로주행료 이외에 출퇴근할인제도 및 도로교통카드를 만들어서 시행하고 있다. 일반적으로 고속도로를 운행하는 경우에는 고속도로를 진입할 때 통행권을 자동화기기에서 수령한다. 차를 몰고 주행을 하다가 자신이 원하는 인터체인지로 나갈 때 통행료 징수원에게 돈을 지불한다. 하지만 2000년대에 교통카드를 이용하면, 고속도로에 진입할 때 통행권을 자동화기기에서 수령하고, 그 다음으로 주행을 하고 나서, 자신이 원하는 인터체인지로 나갈 때에 통행료 징수원에게 돈 대신에 카드를 냈다가 돌려받는다. 이 교통카드의 경우에는 현장영업소에서 살 수도 있지만 대개의 경우에는 전번 주행시의 출구에서 카드를 구매하게 된다.

반면에 출퇴근통행권을 보자. 이 통행권은 해당영업소에서 미리 구입한 후에 사용된다. 독일의 Bahn카드라는 기차요금제도와 동일하다. 미리 카드를 구입하여야 하고, 이 카드를 가진 사람만이 할인혜택을 누린다. 한국도로공사 입장에서 보면, 일반적인 고속도로 주행료는 선서비스 후수수료 수입방식이고, 교통카드나 출퇴근통행권, 독일의 Bahn카드는 고객입장에서 선가격지불 후서비스 방식이다.

이렇게, 선불제와 후불제라는 앰비그램은 산업 내 인력구조 배치 업무분

장을 모두 변화시킨다. 따라서 회사는 앰비그램을 선택하면서 이루어질 조직변화를 사전에 감안해야 한다.

백화점 등에서는 가을에 양질의 배추 등을 확보하기 위해 밭떼기로 입도선매를 한다. 즉, 생산이 이루어진 다음에 제품의 품질을 보고 제품을 구매하는 것이 아니라, 배추밭에서 배추가 다 자라기도 전에 밭 전체의 생산물량을 모두 사 버리는 것이다. 따라서 백화점은 가을이 오기 전에 밭떼기로 입도선매를 하는 인원이 필요하며, 이 조직인원은 배추의 생장에 관련한 많은 지식을 가지고 있어야 한다. 이렇게 입도선매를 하는 대표적인 제품카테고리가 와인이다. 보르도 와인의 입도선매 사례를 간단히 보자.

와인의 입도선매: "en primeur [엉 프리뫼(르)]"
영어식으론 'wine futures'라고 하는데 영어식은 거의 안 쓴다.

보르도 와인이 가장 역사가 깊다고 볼 수 있고, 매년 4월 초 보르도 엉프리뫼가 진행되며 일반적인 시스템은 다음과 같다.

2010년 8월~10월 추수, 양조 → 11월 중순경 oak barrel 숙성시작
2011년 3월 en primeur tasting : 입도선매할 네고시앙(negociants) 및 초대된 극소수 세계적 전문가, 평론가들의 배럴테이스팅
2011년 4월~ 약 두 달 간 en primeur : 선 판매
2012년 10월~2013년 3월 : bottling 후 출고 (제조업자인 chateau는 약 20% 정도만 남겨두고 거의 출고함)

위와 같은 와인의 선물거래와 마찬가지로 커피거래에서 선물거래 실시된 것은 1888년이다. 선물거래 앰비그램은 오랜 역사를 가진 문화이다. 시카고 농산물 선물거래시장도 많은 거래량을 자랑한다.

2. 목표시장의 변화를 초래하는 앰비그램

1) 증권사 펀드수수료의 앰비그램

증권사에서 판매하는 금융상품인 펀드의 수수료지불시점은 두 가지이다. '적립식 저축 랩운용형'이라는 복잡한 이름을 가진 상품은 수수료가 선취이다.

이는 이 금융상품을 사기 위해 일정금액의 돈을 고객이 입금시키자마자 신탁보수의 선취수수료만큼 미리 돈을 떼고 나머지를 갖고 돈을 운용해 주겠다는 것이다. 이는 선가격지급 후서비스 방식이다. 하지만 '적립식저축 펀드운용형'에서 혼합형펀드에서는 모두 입금된 돈을 운용하고 난 뒤에 고객이 돈을 찾아갈 때 비로소 수수료를 받는 체계이다. 즉, 선서비스 후가격 지급방식이다.

장기적 이익을 취하고 싶은 목표고객은 선취를 선택하는 것이 수수료를 저렴하게 지불하게 되고, 단기적 이익을 취하고 싶은 목표고객은 후취 수수료제도의 펀드를 선택하는 것을 유도하게 된다. 고객 중에 어느 사람은 운용사를 약간 덜 믿으면서 운용사가 만들어 준 이익을 환매 시에 나누어 갖기를 원할 수도 있고, 운용사를 완전히 믿어서 이익을 많이 만들어 준다고 확신하여 믿고는, 선취를 통해 일부를 먼저 떼어주고, 나중에 만든 큰 이익에 대해서는 조금만 수수료를 지불하고자 한다.

이렇게 고객의 다양한 욕구와 투자성향을 자극하기 위해 선취 및 후취의 제도가 생겼다. 독자들이 20년 전에 증권사를 가면 선취제도만이 있었다.

2) 아파트 분양: 선분양 후시공, 선시공 후분양

최근 주택분양의 이슈 중의 하나인 선시공 후분양을 앰비그램으로 해석해 보자. 기존의 아파트분양방법인 선분양 후시공의 경우에서는 모델하우스라고 불리우는 견본만을 보고, 고객은 자기 재산의 엄청날지도 모르는 부분을 시공사에게 맡긴다. 시공사는 이 돈을 모아서 건물을 짓고 나서, 분양받은 사람이 이 건물에 들어간다. 결국, 시공사는 땅만 확보하고 있으면 고객 돈을 이용하여 건물을 짓고 마진을 얻어서 사업을 한다. 고객들은 싼 분양권을 확보했다가 입주하기 전에 마진을 붙여서 팔기도 하고, 실제 몇 년이 지나 건물이 완성되면 입주한다. 하지만, 고객은 건물이 완성되는 동안 계속 돈을 내고, 오랜 기간을 아파트의 완성을 기다리게 된다. 그 기다리는 동안 시공사가 도망갈 수도 있고, 건물의 품질이 견본과 다르게 시공될 수 도 있고, 입주한 아파트가 예상했던 조망권이 확보되지 않은 아파트가 내 것일 수도 있다.

반면에 선시공 후분양의 경우에는 건물을 시공사 책임 아래 모두 완성하

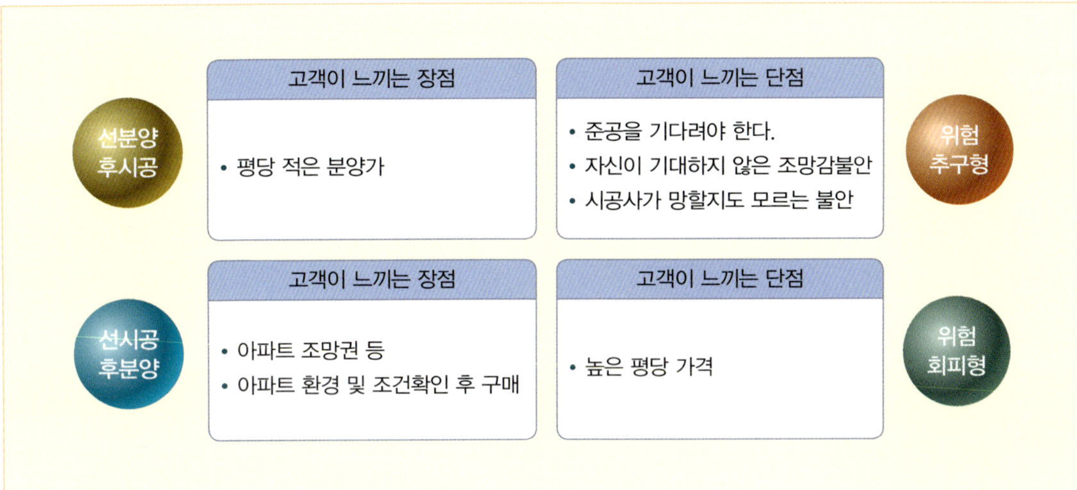

그림 10-12 아파트 선분양 후시공 VS. 선시공 후분양의 목표시장 분해

고 난 후에, 고객들이 각 아파트를 다 구경한 후에 자신의 마음에 맞는 아파트를 구매하게 된다. 물론 선분양 후시공보다 평당 분양가가 높다. 선분양 후시공에서 고객이 분양 후에 아파트를 기다리는 동안 부담하는 불확실성을 없애주는 대신에 선시공 후분양은 평당 분양가를 건축사가 높게 받는 것이다. 중국 아파트는 선시공 후분양이 대부분이다.

반복하여 설명하면, 선분양 후시공의 경우에는 고객은 건물이 완성될지 모르는 불확실성의 위험을 추구하는 대신에(위험추구형) 낮은 비용을 지불한다. 반면에 선시공 후분양의 경우에는 선분양 후시공에서 고객이 부담하는 모든 위험을 시공사가 부담하는 대신에 고객은 돈을 더 지불하게 된다(위험회피형).

아파트분양시장에서 분양과 시공의 앰비그램은 고객과 판매자의 위험부담의 정도, 가격, 비즈니스모델을 달리하게 한다. 이렇게 현재하고 있는 서비스순서가 최적이라는 편견만을 버리면, 앰비그램은 신선한 목표시장의 고객을 맞이할 수 있게 된다.

3. 거래단위의 변화를 초래한 경우

대우증권의 인터넷옵션거래에서는 금액기준으로 수수료를 낼 수도 있고, 거래건수기준으로 수수료를 낼 수도 있다. 이 때 거래건수기준으로 수수료를

표 10-1 대우증권의 과거 인터넷 옵션거래수수료

▣ 주가지수옵션(주식옵션 포함)

• 일반매매 수수료율(지점주문)

약정금액	수수료
1,000만원 미만	약정금액×1.495554%
1,000만원~5,000만원 미만	약정금액×0.995554%+50,000원
5,000만원 이상	약정금액×0.495554%+300,000원

• 사이버매매 수수료율

	약정금액	수수료율
약정금액 기준	1,000만원 이하	약정금액×0.495554%
	1,000만원 초과	약정금액×0.295554%
	매매건수	수수료율
매매건수 기준	월 50건 이하	약정금액×0.395554%
	월 50건 초과~월 100건 이하	약정금액×0.195554%
	월 100건 초과	약정금액×0.095554%

낸다고 고객이 선택하면, 한 달 동안 거래를 수수료 없이 선물/옵션거래를 실시한 후, 한 달이 지나면 그 때까지의 한 달 간 거래건수에 따라 후취로 수수료를 정산한다. 이 때 거래건수가 비교적 적으면 거래건당 수수료율이 비싸고, 거래건수가 비교적 많으면 거래건당 수수료율이 저렴하다. 아래 표를 보면 월 50건을 기준으로 후취하는 가격지불시점을 가졌다.

이 회사는 본래 약정금액(거래금액)단위로 수수료를 받았다. 하지만, 거래를 촉진하기 위해 거래건수로 수수료를 받기 시작하자, 월별로 몇 번의 거래를 실시했는지에 대한 점검이 필요했다. 고객입장에서는 거래건수라는 새로운 거래단위를 맞이했고, 한 달 동안은 수수료를 떼어 가는 것 없이 매매를 하면서 이익을 창출할 기회를 갖게 되었다. 거래건수가 많은 고객은 회사에게도 많은 이익을 주는 중요한 고객이고, 이 고객들은 자신의 거래량에 맞추어 할인된 수수료만을 후취로 지불할 수 있게 되었다.

이렇게 선취후취 등의 거래시점을 앰비그램으로 변경하면 새로운 거래단위를 창출하여 고객들에게 제공되게 된다. 증권업을 대상으로 한 지금까지의

표 10-2 증권사 판매 금융상품별 가격지불시점의 진화요약

구분	선취	후취
금융상품	21세기에 새롭게 만들어짐	20세기에 있었음
주식거래	증권거래소 설치 시 있었음 거래단위: 거래금액	삼성증권 등이 21세기에 도입 거래단위: 거래금액, 거래기간
선물옵션거래	시작부터 있었음 거래단위: 거래금액	대우증권이 21세기에 도입 거래단위: 거래건수

논의를 정리해 보면 〈표 10-2〉와 같다. 표를 보면, 증권사가 판매하는 상품의 수수료지불시점이 상품마다 선취 또는 후취로 시작했으며, 각기 다른 가격지불시점이 나중에 추가되었음을 알 수 있다. 또한 이런 추가된 가격지불시점이 가격지불단위를 거래금액에서 거래건수 및 거래기간으로 다양화되었음을 알 수 있다. 이런 다양화의 과정은 고객만족을 위한 과정이다.

4. 고객만족을 높이는 경우

앞의 사례에서 보듯이 앰비그램은 가격지불시점 변경을 통한 가격책정에서 유용하게 쓰일 수 있는 기법이다. 이제 대학교 등록금을 앰비그램에 적용해 보자.

〈그림 10-13〉은 대학교의 가격인 등록금을 받을 때 사용할 수 있는 방안을 마련하기 위해 만들어진 표이다. 이 표에서 첫 번째 열에는 가격지불시점의 세 가지 경우를 나열하고 있다. 둘째 열에서 우리대학이 채택하고 있는 가격지불시점에 대한 하는 경우에 동그라미나 YES를 표시한다. 그러고 나면, 아직 동그라미가 있지 않은 공간이 바로 시장기회인 신서비스 제공공간의 대안이 된다. '현금박치기 방식'과 '선교육 후등록금 지불방식'이 비어 있었다.

여기에서 저자는 '선교육 후등록금 지불방식'의 집행방안을 모색해 보았다. 학기 1/4선까지 학생들에게 등록하지 않을 선택의 자유를 준다. 이 때, 수업 1/4선에 가까이 와서 등록할수록 기존의 방식보다 약간 비싼 등록금을 받게 된다. 물론 미리 등록하고 나중에 수강받는 현재의 방법을 학생들이 선택할 수도 있다. 이런 방식은 학생들로 하여금 각 과목별로 수업을 일단 듣고 난 후에 마음에 들지 않으면 변경할 수 있는 기회를 제공한다. 반면에 교수들 입장에서는 학생들이 1/4선까지 남아있지 않으면 여러 가지 면에서 곤란하므로, 수업의

	현재 채택 여부 표시	운용 상황	장점	단점
선등록금 납부 후 교육	YES	• 돈이 없는 학생에게 교육기회박탈	• 학교의 안정적 현금 흐름확보	• 등록률 저하 위험
수업시간마다 수업료 납부	NO	• 매번 수업료 납부 절차 인원필요	• 학생에게 유리	• 학교 추가비용 발생
선교육 후등록금 1	NO	• 수업일수 ¼ 선 이후에 수업료 납부 • 선 등록금 시보다 높은 등록금 납부	• 학생에게 수업선택권 부여 • 교수서비스질 향상	• 학교 추가비용 발생
선교육 후등록금 2	YES	• 이명박 정부의 제도 중의 하나	• 학생에게 교육기회 제공	• 학교의 안정적 현금흐름을 보전해 주어야

그림 10-13 대학 등록금의 앰비그램 활용

질에 더욱 신경 쓰게 된다는 장점이 있다.

과거에 MB정권이 제시한 선교육 졸업후 등록금 상환 제도는 기존 선등록금 후교육 방식에 대한 앰비그램이 적용된 결과이다.

이와 같이 대학교 등록금 지불시점을 다양하게 구사할 수 있는 생각의 기회를 앰비그램이 제공한다. 이를 통해 학생이라는 고객을 만족시킬 수 있는 많은 제도적 기회를 창조할 수 있는 기회를 제공받게 됨을 〈그림 10-13〉을 통해 알 수 있게 되었다.

- 황색과 뿔피리로 유명한 유럽의 우편제도가 처음 시작되었을 때는 수취인이 우편료를 지불했다. 수취를 거부하는 사태가 속출하자 1840년대 영국에서 우표가 처음 고안되어서, 발송인이 우편료를 내는 앰비그램이 적용되었다.

4 공공정책이나 정치적으로 이용된 앰비그램

레이코프(2006)는 〈코끼리는 생각하지 마〉라는 책에서 경쟁자가 사용하는 단어는 말도 꺼내지 말라고 가르친다. 그렇다면 경쟁자나 정적을 공격하기 위해 반대의 논리나 말을 만들어야 하지 않을까? 그래서 정치학자들은 앰비그램을 이용하는 훈련을 받기도 한다. 경영컨설턴트들이 개념을 거꾸로 해석하는 훈련을 하기도 하는 것처럼 말이다.

가령, 세계화를 지지하는 사람들은 investor market democracy를 지지한다. 이 개념은 자본이 자유롭게 각국의 자본시장을 돌아다닐 수 있게 하여, 각국의 자본시장을 활성화하고, 어느 개인 누구나 돈을 투자하여 돈을 벌 수 있고 기회를 제공한다는 개념이다. 하지만, 세계화에 반대하는 사람들은 investor market democracy를 앰비그램으로 해석하여 investor market dictatorship이라고 해석한다. 자본이 국경을 넘어 자유롭게 다니기 시작하자, 막대한 자본가들이 개별국가의 금융을 죽였다가 살렸다가 해서, 소규모 개미의 개인투자자의 자본을 빼앗거나 개별국가의 경제를 망친다고 주장한다. 이것이 개념을 앰비그램으로 만들어서 상대방을 공략한 좋은 사례이다.

반면에 앰비그램이 작동되지 않도록 적절하게 이름을 붙인 정책도 있다. MB정권이 2008년 이래로 꾸준히 예산을 투입하여 진행하고 있는 사업이 '4대강 살리기' 사업이다. 원래, 대운하 사업이 반대가 심할 때 환경보호론자가 제시한 용어가 '4대강 살리기'였다. 그런데 대운하사업은 안 하기로 하고, '4대강 살리기 사업'이라는 용어를 사용하여 4대강 정비사업이 실시되었다. 그러자 다시 환경론자들은 반대를 위해 '4대강 살리기 사업'을 앰비그램으로 만들어 '4대강 죽이기 사업'이라고 외쳐야 하는 상황을 맞이한다. 이렇게 되자 환경론자들이 마치 4대강을 살리고자 하는 사업이 4대강을 죽이자고 하는 사람처럼 스스로 혼란에 빠지게 되었다. 가만히 생각해 보면, '4대강 살리기 사업'이라고 사업명을 잘 만들었기 때문에, 반대파들이 앰비그램으로 공격할 여지를 감소시키는 효과를 얻게 된 것이다.

그렇다면, 개념이나 말만 앰비그램을 사용할 수 있는 것인가? 아니다. 〈그

그림 10-14 런던 옥스퍼드 서클 근처의 간선도로

림 10-14〉를 보면, 영국 런던의 옥스퍼드서클 역 근처의 인도와 차도를 보여준다(우리나라 서울의 종로통을 말한다). 통상적으로 대도시의 간선도로는 차도가 넓고 인도가 좁다. 그런데 런던의 이 거리는 인도는 넓고 차도가 좁다. 인도와 차도의 넓이를 통상적인 개념에서 거꾸로 만들어 적용했다.

우리가 도심에 차량이 진입하지 않게 하기 위해 제시하는 전통적인 개선책을 가만히 생각해 보자. 차도 넓히기. 교통혼잡세 만들기. 그런데 런던은 아예 차도를 좁게 만들어서 대중교통 이외의 차는 진입할 공간조차 줄여버렸다. 차도가 없으니 차가 들어올 수 없다. 우리나라 같았으면 인도를 줄이고 차도를 넓혔을 것이다. 이렇게 공공정책의 운영책을 만들 때도 앰비그램적인 생각의 방향이 좋은 결과를 얻을 수 있다.

5 재무관리에서 사용하는 앰비그램(put option과 call option)

풋옵션(put option)이란 옵션거래에서 특정한 기초자산을 장래의 특정 시기에 미리 정한 가격으로 팔 수 있는 권리를 매매하는 계약을 말한다. 콜옵션과 상반된 개념으로, 매매하는 자산의 종류에 제한은 없으나 일반적으로 옵션거래소에서 거래되는 것은 주식과 사채이다. 옵션거래에서 특정한 기초자산을 미리 정한 가격으로 장래의 특정 시점 또는 그 이전에 팔 수 있는 권리를 매매하는 계약을 말하며, 콜옵션은 이와 반대로 살 수 있는 권리를 매매하는 계약을 말한다. 이때 옵션은 강제의무가 아니라 선택권이 있으므로, 거래당사자의 이해에 따라 불리한 경우에는 옵션을 행사할 권리를 포기할 수 있다.

풋옵션의 예를 들면, 현재 가격이 1,000원인 주식을 장래의 특정 시점에

900원(행사가격)에 팔 수 있는 권리를 매도하고 이 옵션을 매수하는 가격을 100원(프리미엄)이라고 할 때, 풋옵션 매수인은 매도인에게 100원의 프리미엄을 주고 이를 구매한다. 이후 약정한 시점에 주식 가격이 1,500원이 된다면, 매수인의 입장에서는 1,500원짜리를 900원에 팔면 손해를 보게 되므로 프리미엄으로 지급한 금액만 손실을 보고 옵션을 포기할 수 있다. 반대로 약정한 시점에 주식 가격이 500원으로 하락한다면, 매수인의 입장에서는 500원짜리를 900원에 팔아 프리미엄으로 지급한 금액을 제하고도 이익을 볼 수 있으므로 옵션을 행사한다. 콜옵션은 완전히 반대의 경우에 해당한다.

이렇게 볼 때, 매수인의 입장에서 풋옵션은 주식 가격이 하락하면 무한정의 이익을 얻을 수 있고, 주식 가격이 상승하더라도 프리미엄만 포기하면 되므로 손해는 한정된다. 반대로 풋옵션 매도인의 입장에서는 주식 가격이 상승하면 이익을 얻되 매수인이 포기하는 프리미엄의 금액으로 한정되지만, 주식 가격이 하락하면 무한정 손해를 본다. 콜옵션은 완전히 반대의 상황을 맞게 된다.

이렇게 옵션거래의 풋옵션과 콜옵션은 거래관계의 앰비그램의 성격을 가졌다. 재무관리에서는 이런 앰비그램적인 파생상품이 너무 많다. 그리고 독자들은 이 글을 읽으면서 무진장 복잡하다고 느낄 것이다.

6 온라인상의 앰비그램[1)]

지금까지의 앰비그램의 논의는 주로 오프라인을 다루었다. 하지만 온라인상에서도 앰비그램이 활성화되어 있다.

- 구글을 보라. 야후나 네이버는 첫 화면에 광고가 가득하지만, 구글은 콘텐츠를 검색하고 나서와 관련 광고가 나타난다. 광고와 콘텐츠 검색순서가 앰비그램되어 있다.
- 기존 오프라인 보험은 설계사가 고객을 찾아다니면서 판매를 한다. 하지

1) 이 단락의 거의 모든 아이디어는 '홍원의' 님의 것임을 밝힘

만 온라인 보험은 고객이 서비스를 찾아 신청하는 순서를 갖게 되었다. 기술측면이 앰비그램을 유도한 사례이다.

이렇게 온라인의 소비자행동은 매우 다르다. 따라서 온라인상의 앰비그램을 소비자들이 구매의 전 과정을 주도하는 온라인 시장의 과정 안에서 한 단계씩 살펴보고자 한다.

온라인 시장은 지금까지의 시장의 특성과 전혀 다른 형태를 보여주고 있다. 제품의 개발에서 구매 후의 단계까지 구매의 전 과정에 소비자가 관여하여 소비자가 주도하는 시장으로 변화해 가는 것을 알 수 있다. 예를 들어 제품의 개발 단계에서 이전에는 생산자가 일방적으로 제품을 만들어서 소비자에게 공급하였지만, 요즘은 제품의 개발단계에서 소비자의 의견을 반영하여 제품을 만든다. 소프트웨어가 나오기 전에 베타테스트를 통하여 충분한 시험을 통해 제품을 만들어 낸다. 생산단계에서도 제품이 시장에 나오기 전에 미리 소비자가 원하는 제품을 주문하여 생산시킴으로써 소비자의 의견이 반영된 제품을 생산할 수 있으며, 구매단계에서도 생산자가 제시한 가격으로 구매가 이루어지기보다 소비자가 원하는 가격에 제품을 살 수 있다. 또한 구매 후에도 소비자들이 모두 조직화 되어 온라인을 통하여 자신들의 의견을 공유할 수 있다.

이러한 소비자와 생산자가 서로 쌍방향적으로 커뮤니케이션하는 온라인 시장에서 앰비그램을 이용하여 어떤 마케팅 활동을 할 수 있을까? 각 단계별로 살펴보자

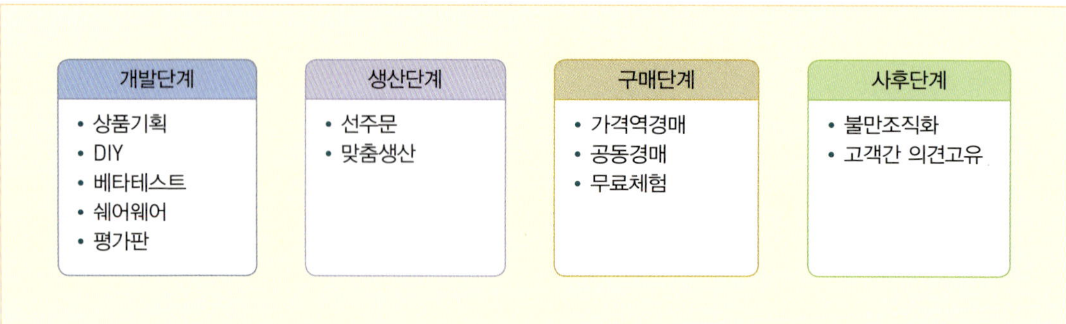

그림 10-15 소비자 주도의 역시장(REvers Market)의 특성과 각 단계 Abmigram의 활용
〈자료원: AD2.0: 인터넷 광고의 새로운 패러다임: 이시훈, 최환진, 홍원의, 한경사 2008〉

개발 단계에서의 활용

온라인상에서 제품의 개발의 가장 대표적인 예는 온라인 사이트의 개발, 온라인 게임의 개발, 온라인 프로그램의 개발 같은 무형의 제품개발을 생각할 수가 있다. 예전에는 제품의 개발단계에서 소비자의 의견을 듣기보다는 제품의 개발이 모두 끝이 난 후에 소비자에게 선보인 후 의견을 듣고, 다음 제품을 개발할 때 의견을 반영하여 수정 제품을 내는 것이 일반적이었다. 그러나 온라인상에선 본 제품이 나오기 전에 미리 제품을 소비자에게 보여주고 수정을 하는 것이 일반적이다.

대부분의 게임은 게임 출시 전 200~300명의 평가단을 모집한 후 이 평가단에게 제품을 충분히 사용하게 하여 제품의 문제점을 충분히 찾아낸 후 거의 완벽한 단계에서 출시하게 된다. 제품을 소비자에게 제시하는 순서를 바꿈으로 인하여 불필요하게 낭비되는 요소들을 미리 찾아내 더 좋은 제품을 소비자에게 제시할 수 있는 것이다. 온라인 게임뿐만 아니라 소프트웨어의 개발에도 이런 앰비그램의 과정은 흔히 이용된다. 평가판을 내놓는다거나 시험판을 통해 제시하는 것은 모두 이런 앰비그램을 이용한 마케팅이라 할 수 있다. 또한 정상판매를 하기 전에 쉐어웨어 제품으로 소비자들이 무료 사용하게 한 후 제품에 대해서 만족한 소비자들에게 더 나은 개선된 제품을 돈을 주고 구입하게 하기도 한다.

생산단계에서의 Ambigram의 활용

생산단계에서의 앰비그램의 활용은 소비자에게 제품을 제시하는 순서를 바꾸는 것이다. 제품을 생산하기 전에 미리 주문을 받아 필요한 만큼만 생산을 하여 필요 없는 재고를 줄이고 회사의 자원을 낭비하지 않을 수 있다. 선주문이나 맞춤생산은 대표적인 예라 할 수 있다.

독자들은 가끔 원하는 영화를 영화관에서 보지 못할 경우가 있다. 이럴 경우 주로 DVD사이트를 이용하게 되는데, 아직 출시하지 않는 영화의 경우 사이트에서 미리 선주문을 받는 경우를 많이 본다. 많은 DVD사이트들은 유명한 영화의 경우 출시 전에 미리 선주문을 받아 그 수량을 합산해 본 후 제작에 들어가는 경우가 많다. 또한 많은 사이트들이 선주문할 경우에 가격을 할인해 주기도 한다. 특히 국내에서 구하기 어려운 제품이나 고가의 제품의 경우 선주문을 통하여 제품의 판매 수량을 미리 파악하면, 판매자는 안정된 물량을 필요한 만큼만 생산하거나 수입할 수 있고 소비자는 원하는 제품을 안정적으로 다른 사람보다 먼저 소유하면서 가격도 할인 받을 수 있어 모두에게 혜택이 될 수가 있다.

우리나라의 유명 화장품 회사인 코리아나 화장품은 럭셔리타임 리커버리 크림이라는 제품을 온라인에서 예약주문 배송을 한다. 고객에게서 주문이 접수되면, 직접 상담하여 소비자의 피부 등을 고려하여 소비자에게 맞는 제품을 생산하여 배송해 주는 것이다. 제품의 가격이 40만원대로 고가이긴 하지만, 피부 트러블이 있거나 민감한 소비자에게는 환영할 만한 제품이다. 이렇게 제품의 생산시점을 변경함으로 인해 판매를 향상시킬 수 있다.

구매단계에서의 Ambigram의 활용

구매단계에서의 앰비그램은 오프라인에서 몇 가지 사례를 제시한 것과 같이 가격에서 가장 많이 활용된다. 앞에서 가격의 지불시점을 변경하여 선가격, 지급하는 방식 제품이나 서비스를 제공하는 시점에서 가격을 지불하는 방식, 선서비스 후 가격을 지불하는 방식 등에 대해서 설명하였다. 이러한 가격지불 시점을 변경하여 판매를 늘리는 대표적인 경우가 역경매이다.

이전에는 대부분 제품의 가격을 판매하는 생산자가 미리 산정하여 제시하고 소비자가 이 가격을 수용할 것인지 말 것인지를 결정하는 방법으로 가격이 책정되었다. 그러나 온라인상에서는 가격의 제시를 소비자가 하게 하는 방법이 있다. 저자는 미국에 출장을 갔을 때 역경매 사이트를 이용하여 정상가의 20%의 가격에 아주 좋은 호텔에 머문 적이 있다. 미국의 샌프란시스코에 출장을 갔다가 잘 아는 교수님이 시애틀에 교환교수로 와 계시어 계획이 없이 방문한 적이 있었다. 전혀 계획이 없는 방문이라 호텔을 정하지 않아 역경매 사이트인 프라이스 라인에 가서 호텔을 예약하려 하는데, 설마 이 정도 가격에도 판매할까

하는 의심에 정상가의 20% 가격을 제시하였는데, 승인이 되어 좋은 호텔에 저렴하게 숙박할 수 있었다. 호텔의 입장에서는 이미 하루 이틀 남은 빈방이 판매될 확률이 없다고 판단하여 아주 낮은 가격에 판매에 응하여 호텔의 공실을 줄여 수익을 올리게 되고 소비자는 자신이 원하는 가격에 호텔 서비스를 이용하여 서로에게 이익을 가져다 준 것이다. 제품의 가격의 제시하는 주체를 변경함으로 인해 서로에게 이익을 줄 수 있다.

이와 유사한 경우로 공동구매를 생각해 볼 수 있다. 온라인을 이용하여 비슷한 제품을 구입하려는 사람들이 모여 구매자를 모은 후 거꾸로 판매자와 교섭하여 가격을 낮추는 것이다. 공동구매를 하게 되면, 대량구매로 인해 정상가보다 할인하여 구매할 수 있다. 예를 들면 신학기에 온라인상에서 학용품을 공동구매하거나 비싼 유명 브랜드 청바지를 구입하려는 사람들이 온라인상에서 신청을 하여 공동으로 구매하는 경우 등을 들 수 있다.

B2C 사이트 등에서는 '무료체험'을 할 수도 있다. C2C 사이트 등에서는 구매자가 사전에 돈을 지불하고 나서 제품을 받아보고, 마음에 안 들면 반품하는 순서를 거친다. 선결제 후제품수령 방식이다. 하지만 '무료체험' 등의 이름이 붙은 상품을 구매할 경우에는 결제를 할 필요없이, 판매자가 지정한 날짜만큼 사용을 해 본 이후, 만족스러우면 그 때 후불로 결제할 수 있는 기회를 온라인이 제공하는 것을 볼 수 있다.

구매 후 단계에서의 Ambigram

제품을 구매한 소비자는 제품에 대해서 호의적이거나 비호의적인 태도를 지니게 된다. 이럴 경우 소비자들이 이전과 다르게 온라인상에서는 자신의 의견을 적극적으로 표현하여 구매자의 태도를 바꾸게 할 수 있다. 미국의 유명한 컴퓨터 회사 중 유통단계의 stripping을 이용하여 성공한 회사가 있다. 이 회사는 기존의 컴퓨터판매 과정 중 유통과정을 stripping을 하면 가격을 대폭 낮출 수 있다는 것에 착안하여 소비자들에게 온라인상에서 직접 주문을 받아 가정에 배달하는 시스템으로 가격을 대폭 낮추어 단시간에 시장점유율을 크게 높이고 미국 내 판매율 1위를 차지하였다. 그러나 이 회사는 판매가 늘자, 점점 구매 후 서비스에 소홀해지고, 서비스맨이 가정에 방문을 하여도 부품을 안 가지고 왔다고 그냥 가는 등 서비스가 부실해지자 소비자들이 이와 같은 사실을 구글을 통해 퍼트리게 되어 결국은 회사의 책임자가 공개적으로 사과를 하기에 이른다. 그런데 이 회사가 A/S를 받은 소비자에게 미리 전화를 하여 오늘 받은 A/S에 대해서 어느 정도 만족을 느끼는지, 개선사항은 없었는지를 미리 파악하고 분석하였다면 결과는 달라졌을 것이다. 이 회사가 구매 후 나타날 수 있는 문제에 대해서 회사의 서비스 체계를 앰비그램했다면, 막대한 기업이미지의 피해를 보고 후회하는 일이 없었을 것이다. 앞에서도 언급했듯이 서비스의 순서만 바꾸기만 해도 기업의 이미지가 달라지고 훌륭한 제품이나 서비스를 개발해 낼 수가 있다.

7 독자들의 채워넣기 연습장

막상 독자들이 앰비그램을 하려고 보면, 잘 안 된다. 그래서 아래 지시사항에 따라 차근차근 채워나가는 과정을 통해 여러분만의 독특한 앰비그램적인 제품이나 서비스를 만들어 보자.

먼저, 귀하가 관심 있어 하는 제품이나 서비스를 하나 적어보자.

(제품/서비스____)

둘째, 제품이나 서비스를 아주 자세히 묘사하여 한 문장으로 표현한다.

(우리 제품/서비스는____________________________________)

셋째, 〈표 10-3〉에서 위에서 묘사된 제품표현에서 나타난 형용사 중 해당하는 형용사가 있는지를 확인한다. 첫 번째 열에 현재 우리 제품의 구성요소나 서비스 순서의 상황이 나열되어 있다. 두 번째 열은 그 반대방향의 앰비그램이 소개되어 있다. 세 번째 열은 해당하는 사례가 점검되어 있다. 네 번째 열은 독자 각자가 자신의 제품이나 서비스가 해당하는 상황에 대해 예, 아니오로 대답하는 공간이다. 이 표를 통해 우리 제품이나 서비스가 나아갈 앰비그램의 기회를 찾게 된다.

예를 들어 선풍기는 처음 개발될 때 우리나라에서 아래에 놓여 있는 것이었는데, 시간이 흐르자 천장에 달린 선풍기가 신제품으로 나온 사례가 있다.

표 10-3 독자들의 관심 제품/서비스의 상태점검표

상황	현재상태	미래방향	사례	우리 제품 해당 여부
1	위에 있다	아래로 보낸다	냉장고 냉동실	
2	아래에 있다	위로 보낸다	냉장고 냉동실	
3	세로방향	가로방향	핸드폰	
4	가로방향	세로방향	핸드폰	
5	앞에 있다	뒤로 보낸다	운전석	
6	뒤에 있다	앞으로 보낸다	USB	
7	뭉친다	흩어진다	공갈빵	
8	흩어진다	뭉친다		
9	먼저 낸다	나중에 낸다	후불 선불	
10	나중에 낸다	먼저 낸다	후불 선불	
11	크게 한다	작게 한다	walkman	
12	작게 한다	크게 한다	대포	
13	추가한다	줄인다		
14	줄인다	추가한다		
15	위로 향하다	아래로 향하다	고딕 첨탑	
16	아래로 향하다	위로 향하다	보일러	
17	오른쪽으로	왼쪽으로	왼손잡이 전용제품	
18	왼쪽으로	오른쪽으로		
19	늙은	젊은		
20	어린	성숙한		
21	파 들어 간다	붙여 나온다	조각 부조	
22	붙여 나온다	파 들어 간다	양감 상감	
23	채워나간다	비워 나온다	부조, 조각, 전각	
24	비워나간다	채워나간다	상감기법	
25	음각	양각		
26	양각	음각		

상황	현재상태	미래방향	사례	우리 제품 해당 여부
27	밖	안	슈퍼맨 패션	
28	안	밖		
29	여자	남자		
30	남자	여자		
31	길자	짧다		
32	짧다	길다		
33	아이	노인		
34	노인	아이		
35	곡선	직선	쏘나타는 곡선에서 직선	
36	직선	곡선		
37	움직인다	움직이지 않는다	전화기	
38	움직이지 않는다	움직인다		
39	빠르다	늦다		
40	늦다	빠르다		
41	멀다	가깝다		
42	가깝다	멀다		
43	강하다	약하다		
44	약하다	강하다		
45	매운	싱거운		
46	싱거운	매운		
47	투명한	불투명한		
48	불투명한	투명한		
49	탁한	맑은		
50	맑은	탁한		
51	매끈한	거친		
52	거친	매끈한		
53	축축한	드라이한		
54	드라이한	축축한		
55	진한	연한		
56	연한	진한		
57	평면	곡면		
58	곡면	평면		
59	손으로 한다	기계로 한다		
60	대량생산	소량생산		

잠깐 쉬어가는 페이지

한국에서는 30% 가격할인이라고 쓰고, 고객에게 정상가의 30%를 깎아줄테니 물건을 사라고 유혹한다.

중국에서는 70折 가격할인이라고 쓴다. 折(zhe)는 가격을 때려서 꺾는다는 뜻이다. 판매자가 100의 정상가격에서 70만 받겠다는 뜻이다. 우리나라식으로는 30% 가격할인이다.

한국은 고객 입장에서 가격을 덜 내라는 표시를 하고, 중국은 판매자 입장에서 돈을 덜 받겠다고 표시한다.

참고문헌

알랭 드 보통 (2004), 여행의 기술, 서울: 이레.

하인리히 야콥 (2002), 커피의 역사, 서울: 우물이 있는 집.

하인리히 야콥 (2005), 빵의 역사, 서울: 우물이 있는 집.

댄 브라운 (2000), 천사와 악마, 서울: 베텔스만.

베니야마 (2006), 유럽에 빠지는 즐거운 유혹, 서울: 스타북스.

이시훈, 최환진, 홍원의 (2008), AD2.0: 인터넷 광고의 새로운 패러다임, 서울: 한경사.

조지 레이코프 (2006), 코끼리는 생각하지 마. 서울: 삼인.

진중권 (2005), 놀이와 예술 그리고 상상력, 서울: 휴머니스트.

Arnheim, R. (1974), Art and visual perception, CA: UCLA.

Langdon, J. (2005), Wordplay, NY: Broadway Books.

Seckel, A. (2004), Master of deception: Escher, Dali & the artists of optical illusion. NY: Fall River Press.

Chapter 11

애너그램anagram을 이용한 신상품개발

꿈에 나타나는 형상들은 순서가 없는 경우가 많아서 기억하기 쉽지 않다

프로이트, 1908

적절한 순서대로 잘 배열되어 낱말들끼리 서로 도우면, 전체는 쉽게 기억에 남아 오랫동안 지워지지 않는다

Strümpell, 1883

이 장에서는 기존 것의 구성요소나 순서가 여러 단계로 되어 있는 경우에, 그 단계의 순서를 바꾸기만 해도 새로운 것을 만들 수 있음을 보여준다. 문학, 영화연출, 도예 등에서 사용하는 애너그램(anagram)이라는 기법이 신상품을 창출하는 창작기법이 될 수 있음을 보여준다.

1 애너그램(anagram)이란?

본래의 애너그램

한 문장에 사용된 문자들의 순서만 바꿔서 다른 문장을 만드는 일종의 놀이나 암호를 일컬어서 애너그램(anagram)이라 한다. 우리글처럼 한 글자에 초성/중성/종성이 모두 들어가 있는 글에서는 애너그램을 만들기 쉽지 않지만, 로마자처럼 한 단어가 여러 개의 철자로 나열되어 있는 경우에는 애너그램을 만들기가 쉽다. 몇 가지 사례를 들어보자.

댄 브라운은 그의 소설 〈천사와 악마〉에서 앰비그램(ambigram)을 사용하더니, 소설인 〈다빈치 코드〉에서는 애너그램을 사용하였다. 댄 브라운의 〈다빈치 코드〉에서 처음으로 살해 당하는 루브르 박물관의 소니에르 관장은 총을 맞고 죽어가면서 여러 가지 암호를 남겼는데 모두 애너그램이다. 소니에르 관장이 남긴 것 중에는 수열이 있다.

13－3－2－21－1－1－8－5

이 수열의 자리를 바꾸면

1－1－2－3－5－8－13－21

이것은 자연물에 황금비를 부여한다는 피보나치수열의 애너그램이다. 이 수열과 함께 남긴 것은

'O, Dracomian devil Oh, lame saint'이라는 말인데,
'오 냉혹한 악마여, 오 불구의 성인이여!'라는 뜻이다.

이 글을 주인공인 로버트 랭던은

'Leonardo da Vinci, The Mona Lisa'
라는 말의 애너그램으로 해석한다.

하지만 이렇게 숫자나 문자의 배열순서를 바꾸어서 새로운 의미를 제시하는 것 이외에 공예나 영화/연극과 같은 예술분야에서는 애너그램을 통해 새로운 창작물을 만드는 작업을 계속해 왔다.

도자기 만드는 데 사용된 애너그램

자기는 본래 중국이 원조이고, 이것이 고려, 일본으로 전파되었고, 이를 모방하는 데에서 유럽의 자기가 완성된다. 유럽의 전통자기는 그림이 그려진 위치에 따라 두 종류로 나누어진다. 유약을 칠하지 않고 구운 표면에 그림을 그려 넣은 다음, 그 위에 투명한 유약을 입히고 다시 굽는 경우에 그림은 유약 속에 들어가 있으므로 이를 속그림 자기라고 한다. 반면에 유약을 바르고 구운 자기 위해 그림을 표면에 그려 넣은 자기를 겉그림 자기라 한다(베니야마, 2006; 브라운, 2000).

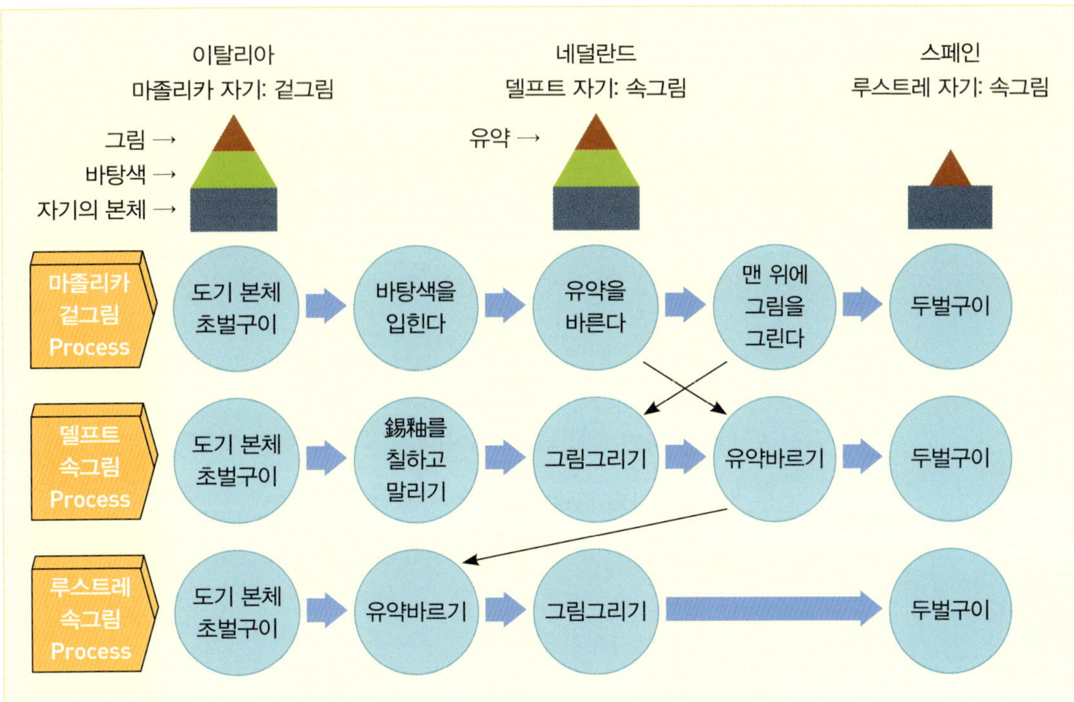

그림 11-1 마졸리카 자기, 델프트 자기, 루스트레 자기의 창작순서 차이

〈그림 11－1〉은 겉그림 자기인 이탈리아의 마졸리카(마욜리카) 자기와 속그림 자기인 네덜란드의 델프트 자기와 스페인의 루스트레(Lustre) 자기의 작업 과정을 비교하여 보여준다.

델프트 자기는 원료를 선정하여 도기 본체를 만든 후 초벌구이를 실시한다. 錫釉를 칠하고 잘 말린 다음, 그 위에 그림을 그린다. 여기 위에 다시 유약을 칠하고 구우면 투명한 유약 속에 그림이 존재하는 속그림 자기가 된다. 반면에 마졸리카 자기는 유약을 바르고 난 후에 맨 겉면에 그림이 존재하기 때문에 델프트 자기와는 그림과 유약 순서가 애너그램되어 있는 창작순서를 가진다. 마졸리카 자기는 그림이 표면에 노출되어 있기 때문에 오래 사용하다 보면 그림이 조금씩 벗겨진다. 스페인의 루스트레 자기는 속그림을 그린 자기이지만 석유를 칠하고 말리는 작업이 stripping되어 있다는 특징이 있다. 이런 과정의 결과에 따라 자기에서 느끼는 작품의 질과 내구성 등에서 차이가 나게 된다.

영화, 소설, 연극의 서술구조에서 사용되는 애너그램(비선형플롯)

자기의 제조과정에서 보듯이 기존의 작업순서를 반드시 유지할 필요성이 없다. 따라서 문학이나 영화에서도 반드시 시간의 흐름에 따라 사건이 나열되고 기승전결이 될 필요가 없다.

scene 1: 영화의 맨 마지막 도달점에 있어야 할 1회용 사진을 보는 장면과 살인장면
scene 2: 살인자가 피살자를 만나는 장면
scene 3: 1회용 사진에서 kill him이라는 문구를 보는 장면
scene 4: kill him이라고 쓰는 장면
scene 5: 피살자를 만나기 전 여관종업원과 만나는 장면과 피살자를 만나는 장면
……
scene n: 피살자가 살인자를 만나는 장면

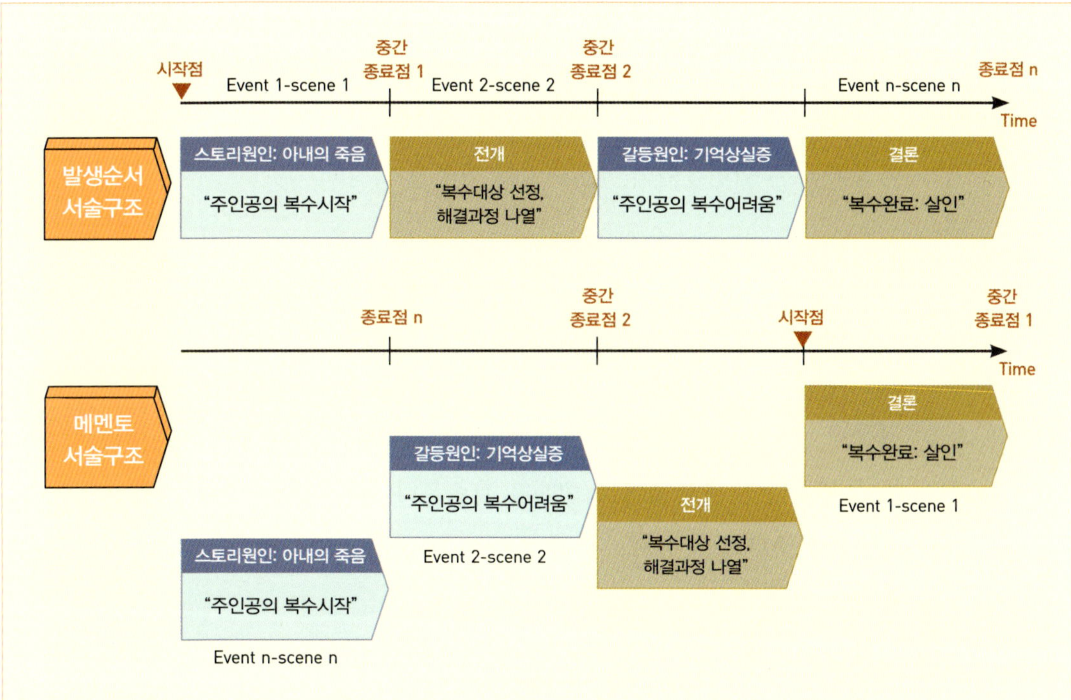

그림 11-2 영화 '메멘토'의 시간대별 사건전개 및 실제영화편집의 애너그램

'메멘토'라는 영화는 단기기억상실증에 걸린 주인공이 자신의 아내를 죽인 범인을 찾아 복수하려는 과정을 그린 영화이다. 이 영화의 사건발생순서는 〈그림 11-2〉의 윗부분과 같다. 만약 영화가 발생순서대로 편집되었다면 마치 '로드무비'처럼 길 가는 데로 사건이 전개되고, 관람객은 쉽게 사건을 쫓아갈 것이다. 통상적으로 시간의 흐름별로 이야기가 전개되는 사례로는 황석영의 소설 〈개밥바라기별〉에서 주인공은 학창시절 방황기에서 청년기까지의 성장까지의 일련의 과정이 나열되어 있는 경우이다.

하지만 '메멘토'는 사건의 맨 마지막을 보여주고, 그 앞에 있어야 할 사건을 시간을 거꾸로 가면서 뒤죽박죽 보여준다. 사건과 사건 간의 시간대별 전개를 순서를 바꾸어서 애너그램한 형태의 서술구조를 사용하였다. 그래서 관객은 끊임없이 눈에 보이는 사건 바로 전에 무슨 일이 있었는지를 다음 장면에서 기다려야 한다. 크리스토퍼 놀란 감독의 '메멘토' 서술구조는 가스파 노에 감독의 '돌이킬 수 없는'이라는 작품과도 동일한 구조를 보인다.

'B형 남자친구'라는 영화에서 한지혜는 B형의 혈액형을 가진 이동건과 연애를 한다. 이동건과의 애정씬에서 한지혜는 남자여자가 사귀면 손을 잡고, 뽀뽀를 하고, 그 다음으로 발전하는 것으로 예상한다. 반면에 신이는 오래간만에 마음에 드는 이현우와의 애정씬에서 이렇게 외친다.

'전 순서와 관계없어요!'

이것이 애너그램이다. 한지혜가 학습에 의해 남자친구와의 스킨십의 순서를 사전에 설정해 놓았다. 하지만 신이는 순서와 관계없다고 한다. 이 사례는 기존의 관습이 주는 효용도 있고, 애너그램으로 기존의 관습의 순서를 바꾸어도 충분히 고객에게 효용이 있음을 보여준다. 이 사례는 문화적인 것이나 관습적인 것, 주관적인 것도 순서를 바꾸어 제공해도 이것을 받아들일 고객이 존재한다는 것을 보여주는 것이다.

코미디에서도 이런 애너그램을 일부러 만들기도 한다. 유재석의 데뷔 초년 출연작에는 순서가 바뀐 대사가 있다.

김용만(회장): 서류는
유재석(비서): 견인되었습니다.
김용만(회장): 차는
유재석(비서): 차트에 있습니다.

위와 같은 흐름을 비선형 플롯이라고 한다. 이야기의 흐름을 시간의 순서대로 펼치는 것을 선형 플롯이라 하고, 비선형 플롯(non-linear plot)은 이야기 속의 시간을 순서대로 펼치는 선형 플롯(linear plot)과는 대비되는 개념으로서, 이야기 속의 시간을 실제와 달리 재배열하고 재구성하여 이야기의 전개가 예측 불가능하도록 만든 플롯을 말한다. 이렇게 일부러 비선형 플롯을 만드는 경우가 많다. 다시 '대머리 여가수'라는 연극의 대본 중의 일부를 보자.

[스미스] (여전히 신문을 들고서) 이것 봐, 보비 와트슨이 죽었다고 나왔군.
[스미스 부인] 아이그머니, 불쌍해라. 언제 죽었나요?

[스미스] 왜 당신은 그렇게 놀란 체하는 거야. 당신은 잘 알고 있지 않았소. 그가 2년 전에 죽었다는 걸. 당신은 기억이 날 거야. 1년 반 전에 장례식에 갔었지.

[스미스 부인] 물론 난 기억하고 있어요. 곧 기억이 났어요. 그러나 왜 당신은 신문을 보고서 그렇게 놀랐는지 난 모르겠어요.

[스미스] 신문에 난 것이 아니야. 벌써 3년 전에 그가…

조세희(2000)의 〈난장이가 쏘아올린 작은 공〉도 사건이 시간에 따라 제시되지 않고 뒤죽박죽하다는 것을 독자들이 쉽게 느낄 것이다. 권지예(2005)의 〈꽃게무덤〉에서도 주인공이 서울과 프랑스를 시간에 따라 움직이면서 일어난 사건을 나열하지 않고, 시간과 관계없이 나열했기 때문에 소설의 뒷부분에 가서야, 이 주인공 여자한테 무슨 일이 일어났는지를 알 수 있게 된다.

위의 사례에서 보았듯이 이런 애너그램적인 사건의 나열을 가진 비선형플롯은 아주 흔한 이야기 구성방식인 것이다.

소설 중에서 애너그램적인 구성을 잘 볼 수 있는 단편소설을 묶어 놓은 것으로는 김연정(2007)의 〈선글라스를 벗으세요〉를 읽어보면 된다.

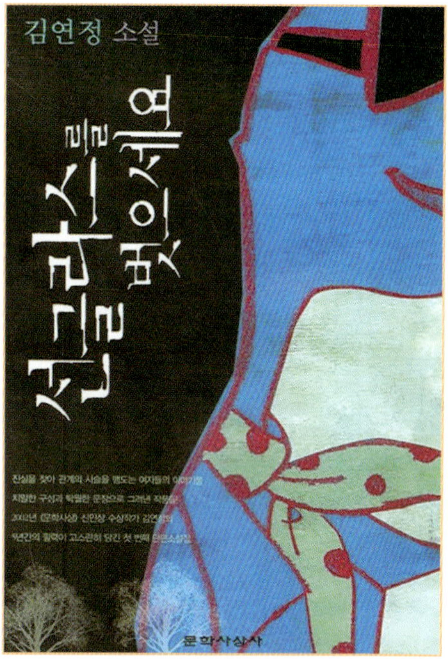

그림 11-3 김연정 (2007)의 〈선글라스를 벗으세요〉 소설 표지

2 애너그램과 신제품개발의 다른 기법과의 차이

그렇다면 애너그램을 이용하여 신제품개발에 어떻게 응용할 수 있을까? 이 책에서 지금까지 다루어온 dressing을 보면 기존제품이나 서비스에 무엇인가를 추가하는 것이다. stripping을 보면 기존의 것에서 무엇인가를 제거하는

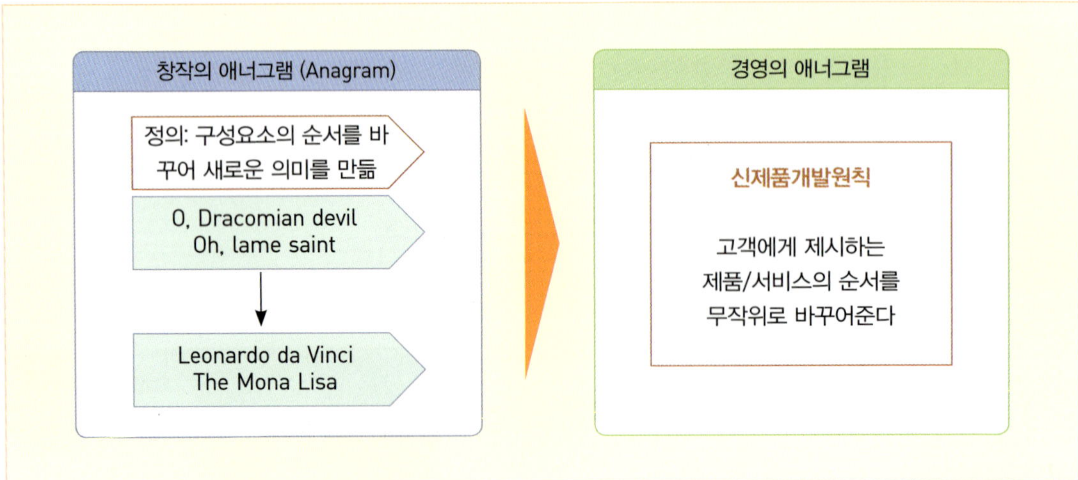

그림 11-4 애너그램을 이용한 시장기회창출

것이다. 그런 측면에서 애너그램을 가만히 보면, 이미 주어진 것 안에서 순서만을 바꾸는 것이므로 새로운 요소를 추가하거나 제거하는 노력을 하지 않아도 된다. 애너그램은 기존 제품이나 서비스 안에서 순서만이 변경되므로 신제품을 만들거나 새로운 콘텐츠를 만들려는 마케터의 에너지를 덜 소비하는 신제품개발방법이다.

제품에 나타난 애너그램

제품사례로써 쉽게 김밥을 보자. 원조 김밥에서는 맨 처음 김을 깔고, 밥을 얹고, 오이나 당근, 참치 또는 고기, 햄 등을 놓고, 말아서 김밥을 완성한다. 반면에 누드김밥은 밥을 깔고, 김을 깔고, 오이나 당근, 참치 또는 고기, 햄 등을 놓고, 말아서 김밥을 완성한다. 이렇게 원조김밥 대비 누드김밥을 제조과정의 순서를 애너그램한 것이다.

누드빼빼로를 생각해 보자. 기존 빼빼로는 겉에 초콜릿이 있고, 안에 과자가 있다. 반면에 누드빼빼로는 겉은 과자이고 안이 초콜릿이다. 이렇게 음식사례를 들다보면, 많은 음식들이 제품구성과정의 순서를 바꾸어서 제품을 새롭게 한다는 것을 알 수 있다.

서비스에 나타난 애너그램

서비스에 나타난 애너그램을 파악하기 위해서는 고객접점분석법이 유용하다. 고객접점분석법이란 고객이 서비스를 받기 시작했을 때부터 서비스 받기를 마쳤을 때까지의 순서대로 접점을 나열하는 방법이다. 이 방법에 의해 공항에서 보딩패스를 받은 후 비행기 탑승까지의 과정을 분해해 보자. 일반적인 탑승방법은 먼저 보안검색대를 통과한 다음, 출국심사를 받는다. 출국심사 후 자신이 탈 비행기가 있는 게이트로 이동하여 탑승시간에 보딩패스를 보여주며 탑승하게 된다. 이런 경험을 국제공항에서는 일반적으로 경험하게 된다. 하지만, 오스트리아 빈의 국제공항은 다르다. 〈그림 11-5〉는 빈(Wien) 공항의 비행기 탑승 직전에 있는 게이트 앞 보안검색대를 보여준다.

그림 11-5 빈(Wien) 공항 C52게이트 앞 보안검색대

빈 국제공항은 고객이 보딩패스를 받은 후에 게이트까지 가장 짧게 이동할 수 있는 공항 중의 하나이다. 승객은 출국심사를 거치지 않고 그대로 비행기 게이트 앞까지 이동할 수 있다. 탑승안내와 함께 승객들은 보안검색대에 자신의

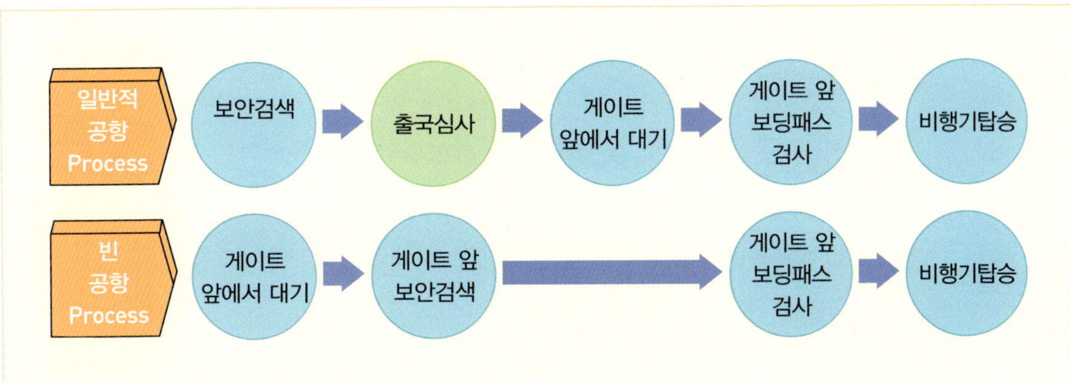

그림 11-6 일반공항과 빈 공항의 보안검색 순서 차이

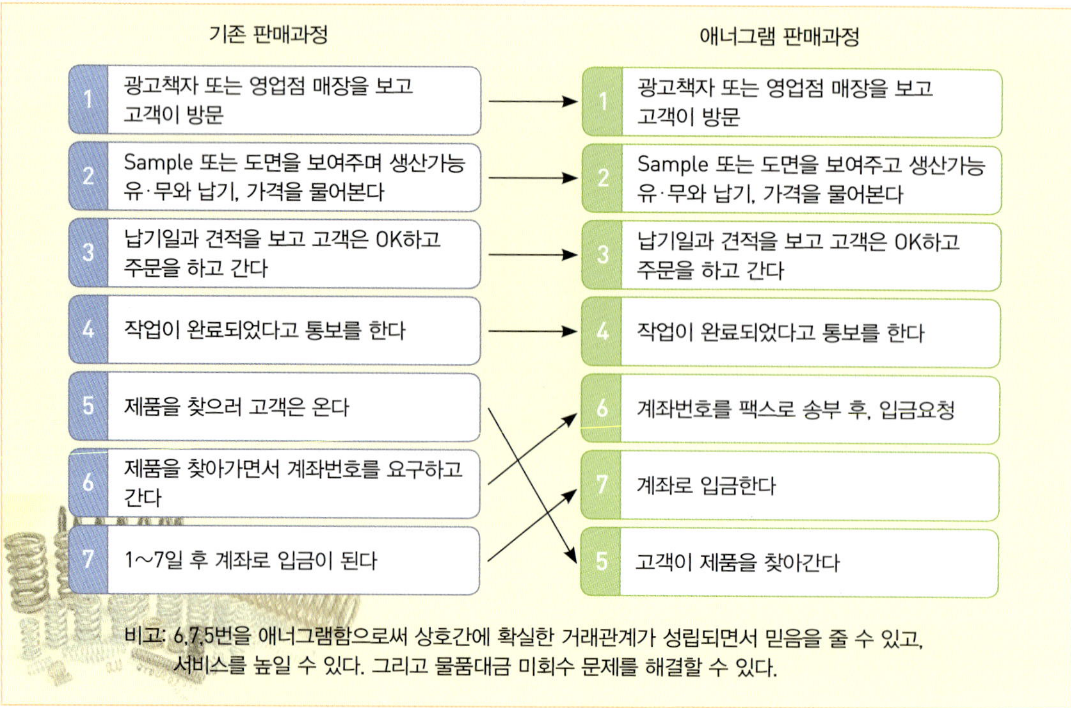

그림 11-7 스프링 및 스크류 영업과정에 대한 김영록의 아이디어

물건을 검색 받아야 한다. 그 사이 보딩패스를 확인하고 있으면 된다. 보딩패스 검사를 마치면 짐을 들고 비행기에 탑승한다. 다른 공항에 비해 보안검색의 순서가 애너그램되어 있다.

김영록이 제안한 스프링 및 스크류 판매영업과정에서 대금결제과정의 순서를 바꿈으로써 고객과 제조업자 간의 입금체납에 의한 스트레스를 벗어난 아이디어를 애너그램으로 설명해 보자. 이 스프링 및 스크류 영업소는 제품을 고객이 받아간 후에 고객이 영업소에 입금을 하지 않아서 난처한 경험이 많았다. 그래서, 주문한 스프링 및 스크류가 완성되었음을 통보하는 절차와 함께 팩스로 계좌번호와 입금요청을 동시에 하고, 고객인 주문자가 입금이 완성된 것을 확인한 후에야 제품을 고객에게 택배로 보내주었다. 영업과정에서 애너그램과 dressing이 이용된 경우이다.

팝업광고는 고객이 콘텐츠를 보기 전에 강제적으로 화면에 나타난다. 하지만 배너광고는 네티즌이 콘텐츠를 찾은 후에 나타난다.

3 독자들의 채워넣기 연습

자, 이제 귀하의 제품이나 서비스를 애너그램으로 바꾸어 새로운 의미로 고객에게 다가서게 해 보자. 제일 먼저 독자들이 할 일은 분석대상을 적는 것이다.

분석대상: ______________________________

이제 분석대상으로 삼은 우리 제품의 제작과정이나 서비스의 제공순서를 하나하나 나열하는 것이다. 〈그림 11-8〉은 동판화의 제작순서를 보여준다. 오른쪽 빈 여백에 귀하의 제품제작순서나 서비스제공순서를 동판화의 제작순서처럼 자세히 채워보자.

이제 위에 적혀있는 순서 중 순서를 바꾸어도 되는 것을 찾아보자. 〈그림 11-8〉에서 3번과정과 4번과정을 바꾸어도 될까? 산액 속에 담겨진 상태에서 그림을 그리면 어떤 새로운 형태가 나올 것인가? 이런 상상을 하며, 각 순서를

	동판화 제작순서		우리 제품/서비스 제작 및 제공순서
1	동판을 준비한다.	1	
2	동판 표면에 납칠을 한다.	2	
3	철필로 그림을 그린다.	3	
4	산액 속에 그림이 그려진 동판을 집어넣는다.	4	
5	철필로 그린 부분이 납이 떨어져나가서 그 곳만 산에 부식되어, 오목하게 패인다.	5	
6	잉크를 동판에 바른다.	6	
7	종이를 동판에 대고 롤러로 힘껏 누른다 동판화가 완성된다.	7	

그림 11-8 우리제품 제작순서 및 서비스 제공순서 나열표

이리 뒤집어 보고 저리 끼워 넣고 하는 과정을 반복한다. 새로운 순서가 정해지면, 이런 새로운 제작과정과 제공순서의 장단점을 적어보자.

새로운 제품/서비스의 장점 ________________________________

새로운 제품/서비스의 단점 ________________________________

마지막으로, 새로운 제품이나 서비스를 위해 시설측면에서 추가해야 하거나 조직에서 준비해야 하는 것이 무엇인지를 나열해 보아야 한다.

새로운 제품/서비스로 인해 필요한 시설________________________

새로운 제품/서비스로 인해 필요한 인원________________________

그리고 다음의 질문에 답해보자

우리가 새롭게 설계한 제품이나 서비스는 기존고객을 만족시키는 것인가? 그렇지 않으면 새로운 고객을 창출할 것인가?

____

____

기존고객을 만족시키는 것이라면, 기존 제품이나 서비스를 없애고 새로운 제품/서비스만을 제공할 것인가? 아니면, 둘을 병행하여 고객에게 제공할 것인가?

____

____

우리의 새로운 제품이나 서비스는 고객의 어떤 욕구를 만족시킬 것인가?

____

____

우리의 새로운 제품이나 서비스의 이름을 무엇이라 지을 것인가? 왜 그렇게 이름 지었는가?

____

____

4 BPR를 애너그램으로 해석하기

비즈니스 프로세스를 다시 설계하는 사례를 밀크티를 한 잔 만드는 과정으로 설명해 보자. 〈그림 11−9〉는 밀크티를 86초를 거쳐 만드는 과정을 보여준다.

〈그림 11−10〉은 〈그림 11−9〉의 프로세스의 순서를 동시진행 또는 순서 바꾸기를 통해 새로운 프로세스로 설계한 결과이다. 이렇게 애너그램을 통한 순서바꾸기로 86초 걸리던 밀크 티 한 잔이 80초로 단축되었다. 이를 프로세스 혁신(process innovation)이라 할 수 있다. 〈그림 11−9〉와 〈그림 11−10〉을 비교해 보면, 순차적으로 진행되던 3개의 프로세스가 동시에 진행된다는 큰 차이가 있다.

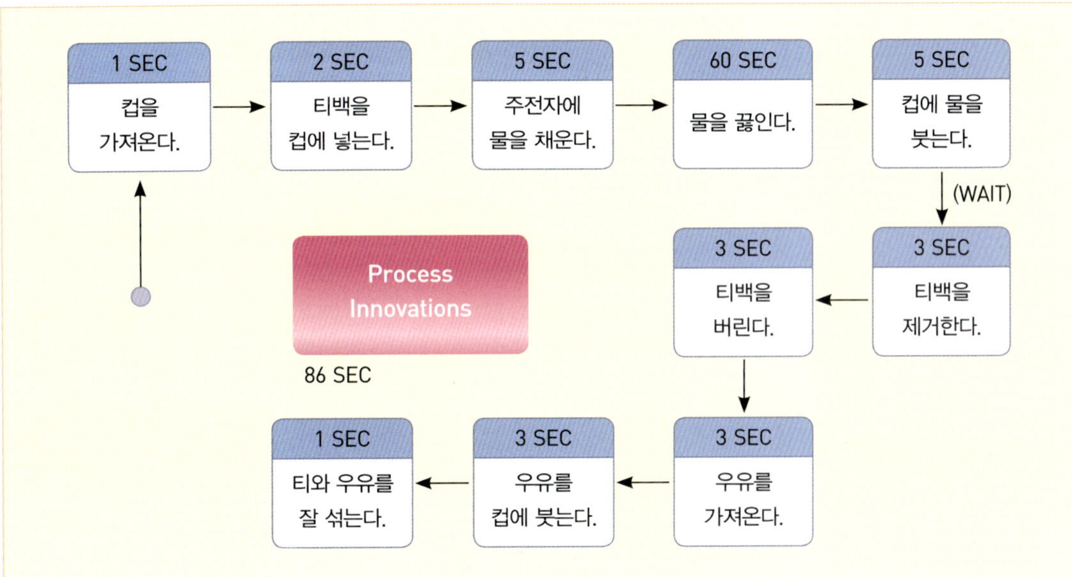

그림 11−9 86초가 걸리는 기존의 밀크티 한 잔 만드는 과정

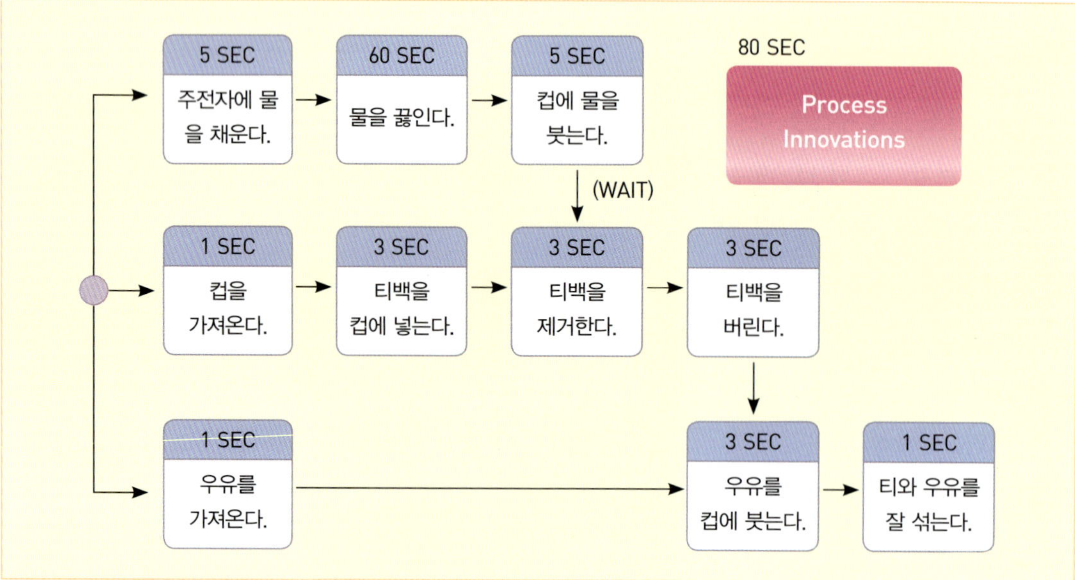

그림 11-10 순서를 동시진행으로 바꿈으로써 밀크티 제작시간을 단축한 애너그램

참고문헌

권지예 (2005), 꽃게 무덤, 서울: 문학동네.

김연정 (2007), 선글라스를 벗으세요. 서울: 문학사상사.

댄 브라운 (2004), 천사와 악마, 서울: 대교 베텔스만. 양선아 옮김.

베니야마 (2006), 유럽에 빠지는 즐거운 유혹: 신화와 역사여행, 서울: 스타북스.

브라운, G.I. (2000), 발명의 역사, 서울: 세종서적.

조세희 (2000), 난장이가 쏘아올린 작은 공, 서울: 이성과 힘.

진중권 (2006), 놀이, 예술 그리고 상상력, 서울: 휴머니스트.

장경희, 강현숙, 강민기, 이숙희, 이선재, 윤희상 (1994), 한국미술문화의 이해, 서울: 예경.

프로이트 (1908), 꿈의 해석, 서울: 열린책들. 김인순 옮김.

Chapter 12

Grouping과 다빈치

묶여 있느냐 따로 떨어져 있느냐는 신제품이나 서비스의 내용과 형식을 모두 변화시킨다. 이 장에서는 미술이나 음악 등의 창작예술에서 묶어두거나 따로 떼어 위치시키는 것이 얼마나 많은 변화를 주고, 그 변화를 관찰자가 느끼는지를 보여준다.

1 그림에서 묶어주기 또는 거리두기

이리저리 좋다는 그림을 구경하며 관찰하다보면, 그림 속에 그려진 대상들이 때로는 혼자, 때로는 여러 개가 하나로 묶이거나 아주 가까이 그려져 있다는 것을 발견할 수 있다. 화가들은 묶어주기(grouping)에 신경을 많이 쓰고 있음을 알 수 있다. 우리는 여기에서 '묶어두는 것'을 '가까이 두는 것'이라고도 부르기로 한다.

'최후의 만찬'을 그린 다빈치의 그림을 보자. 예수님은 혼자 중앙에 계시고, 제자들은 세 명이 한 묶음씩 묶여서 예수님의 좌우에 2개 묶음씩 모여서 표현되어 있다. 각 묶음은 일정한 인물 숫자로 이루어지고 있어서, 보는 사람의 눈에 조화와 균형감을 느낄 수 있다.

한국화를 보자. 〈그림 12-2〉에서 김홍도는 신선들을 3명, 6명, 10명씩을 묶어서 그리고 있음을 발견할 수 있다. 이들은 뭉쳐 있고, 이 세 묶음 사이는 여백으로 처리되어 있다.

그림 12-1 레오나르도 다빈치의 〈최후의 만찬〉을 인물별로 묶은 경우

그림 12-2 김홍도의 신선도

반면에 라파엘로의 '아테네 학당'이라는 작품을 보면 혼자 턱을 괴고 사색하는 헤라클레이토스, 두 명이 한 조가 되어 있는 중앙에 배치된 플라톤과 아리스토텔레스, 네 명이 서로 쳐다보고 있으면서 지구본을 들고 천문학을 논의하는 프톨레마이오스 무리(라파엘로는 여기에 자신의 얼굴을 내밀고 있다), 다섯 명이 한 묶음으로 처리되어 기하학을 강의하기 위해 콤파스를 돌리고 이를 지켜보는 유클리드 무리 등으로 구성되어 있다. 이

그림은 화면의 배치 문제를 제외하고도, 일정하지 않는 숫자로 인물들이 묶여져 있어서 언뜻 보면 산만해 보인다.

그림 12-3 라파엘로 〈아테네 학당〉

이렇게 관람자가 어떤 그림에서는 조화와 균형미를 느끼고, 다른 어떤 그림에서는 산만함을 느끼는 것은 화가들이 그리고자 하는 대상을 가까이 두거나 붙여서 표현하는 것과 관련되어 설명될 수 있다. 화가들은 그리고자 하는 대상끼리 멀리 두거나 가까이 두면, 관람객은 대상을 다르게 느낀다는 것을 알고 있다. 또한 화가들은 몇 개끼리 묶어 줄 것인가에 따라 관람객의 효과가 다르다는 것도 알고 있다. 그래서 화가들이 그림을 그릴 때 묶음에 대해 의사결정을 해야 하는 것은 다음 세 가지이다.

- 대상을 묶을 것인가, 아니면 묶지 않을 것인가(묶을지 여부 의사결정 또는 거리두기 의사결정)?
- 묶는다면 몇 개씩 묶을까? (묶는 단위 의사결정)
- 묶는다면 일정하게 묶을까, 일정하지 않는 숫자로 묶을까?

2 글씨에서 묶어주기

그렇다면 서양미술만 묶어주기(grouping)의 의사결정에 고민했을까? 동양에서 유구한 역사를 자랑하는 서예를 보면 동양사람도 묶어주기에 고민을 했음을 알 수 있다. 서체의 대표적인 분류 중의 전예해행초서를 보자. 전서에서 예서, 해서, 행서로 진행될 때 한 글자는 한 글자 내에서 붓이 활동하고 있다. 하지만 행서가 초서와 가장 큰 차이점은 초서는 행서처럼 한 붓에 한 글자를 작성

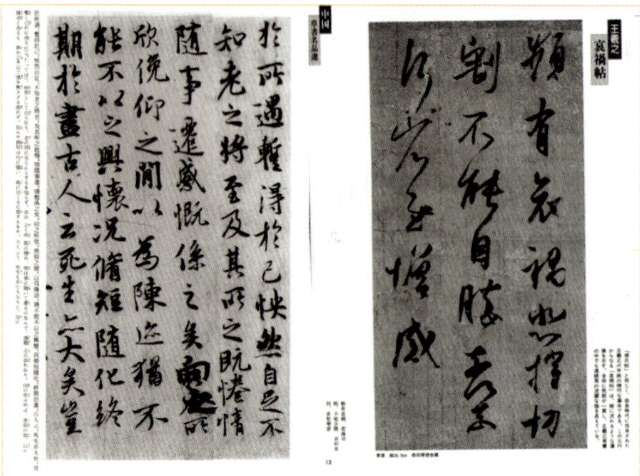

그림 12-4 왕희지의 행서(왼쪽), 초서(오른쪽)

하기도 하지만, 두 글자 이상을 한꺼번에 연결하여 쓰는 방식인 '연면체'를 사용한다는 점이다. 초서는 글자 작성 단위가 한 글자씩에서 두 개 이상의 묶기(grouping)가 시도된 서체이다. 초서는 글자를 연결해서 쓸 때(묶어줄 때) 글자 간격을 일정하게 하지 않고 멀어지거나 가까이 해서 서예를 보는 사람은 전예 해행서에서 볼 수 없는 무한한 공간감을 초서에서 발견할 수 있다. 이렇게 '묶어주는 것'은 보는 사람에게 굉장히 다른 인식의 차이를 야기시킬 수 있는 좋은 장치이다. 아래 그림처럼 왕희지의 행서와 초서에서 글자가 연결되어 있는 초서를 관찰하면 연결(linkage)이 유연함을 발견할 수 있다.

그러면 글자가 모여서 만들어진 단어를 살펴보자. 다른 나라의 글자 중에서는 자음이나 모음이 두 개 이상 연거푸 나오는 경우가 있다. Aankomst는 네덜란드 말로 arrivals의 뜻이다. aa가 두 개 연달아 있기 때문에 '아'라는 발음을 길게 해야 하나? 이런 생각을 하게 한다. Hyypia는 영국 프리미어리그의 리버플 소속의 축구선수이름이다. 자음 yy가 두 개가 있다. '밖'이라는 우리말에는 'ㄱ'이 두 개 연달아 있다. 이것을 묶어준 것이라고 해석해야 할지는 잘 모르겠다. 하지만, 이렇게 동일한 것이 두 개 이상 붙어 있으면 하나만 존재할 경우보다 관찰자는 다른 느낌을 갖게 된다.

이제 단어가 모여 단어를 만들 때를 보자. 독일말에서는 단어와 단어가 만나서 새로운 단어를 만들 경우에 띄어쓰기를 하지 않고 모두 붙여쓴다. 하지만 한국말에서는 단어가 두 개 이상 합친 경우에는 띄어쓰기를 고려해야 한다. 책을 만들 때 만나는 교정 보는 분들은 명사가 많이 붙어 있는 경우에는 두 개의 명사까지는 붙여쓰라고 권하기도 했다.

더 나가 단어가 모여 문장을 만들 때를 보자. 중국은 단어와 단어 사이에 띄어쓰기가 없다. 그래서 한국사람들이 중국어문장을 처음보면 어디에서 띄어

읽어야 하는지 혼란스럽다. 예를 들어 有哪些关于诸葛亮的传奇事迹?는 중국말로 되어 있는 의문문이다. 도대체 띄어쓰기가 없다.

3 건축에서 묶어두기와 거리두기

서양고딕건물을 보면 기둥이 가늘고 긴 여러 개 기둥이 묶여서 하나의 기둥을 만들고 있음을 발견할 수 있다. 반면에 파르테논 신전이나 수덕사 대웅전의 기둥은 하나로 되어 있다. 이렇게 기둥을 일부러 묶은 경우와 하나만을 사용했을 때 관람자가 느끼는 것은 매우 달라진다. 우리는 이런 현상을 dressing에서 다룬 적이 있다.

〈그림 12-6〉은 가르니에가 설계한 파리의 오페라극장이다. 이 건물의 기둥은 두 개씩 짝 지워져 있다. 〈그림 12-7〉은 오페라극장 건물 근처의 막달레나교회를 보여준다. 다른 그리스풍의 건물처럼 기둥이 하나씩 일정한 간격으로 세워져 있다.

또한 건물이나 다리 따위의 기둥과 기둥 사이를 俓間이라고 하는데, 이 경간 사이를 좁게 하거나 멀게 하는가에 따라 관찰자의 느낌은 매우 다르게 된다. 〈그림 12-6〉은 경간이 일정하지 않다. 어느 두 개는 가깝고 어느 두 개는 멀다. 〈그림 12-7〉은 간격이 일정하다.

경간의 차이가 느낌의 차이이다. 한강 다리 중에 가장 먼저 개설된 제1한강교(한강대교: 노량진-한강로)의 경간은 약 60m~70m이지만, 양화대교는 30m이다. 양화대교가 더 답답하게 느껴진다. 반면에 뉴욕의 브루클린 다리나 남해대교와 같은 현수교들의 경간은 몇 백m에 달하기 때문에 육안에 시원하게 느껴지게 된다.

그림 12-5 프랑스 몽셸미셸의 고딕기둥(하나의 기둥, 여러 개의 갈림기둥)

그림 12-6 기둥이 둘 씩 모여 있는 파리의 오페라극장(경간이 일정하지 않은 경우)

그림 12-7 파리 막달레나 교회(경간이 일정한 경우)

한 건물 안에서도 경간이 좁은 부분과 경간이 넓은 부분이 동시에 존재하면 아주 아기자기한 느낌이 우러나온다. 수덕사 대웅전의 정면 칸은 경간이 일정하여 준엄한 느낌을 주지만(〈그림 7-2〉 참조), 옆면 칸은 경간이 일정하지 않아서 권위는 없어지고 사랑스러움이 배어난다(〈그림 7-4〉 참조).

여기서 얼마 전 소실된 숭례문의 기둥 위 공포와 수덕사 대웅전 공포(拱包)를 비교해 보자. 공포의 정의를 naver에서 찾아보면 아래와 같다.

"공포란 전통목조 방식으로 지어진 한국 건축물에서 기둥과 지붕 사이에 놓여 지붕의 하중을 기둥으로 전달하는 역할을 하는 부분을 말한다(naver.com). 공포는 하나의 부재로 이루어진 것이 아니라 첨차와 살미, 소로, 주두라는 여러 개의 부재로 이루어져 있으며, 지붕의 하중을 기둥으로 집중시키는 역할을 한다. 이러한 공포가 기둥 위에만 놓여져 있는 것을 주심포(柱心包)라 하고, 기둥 위뿐만 아니라 기둥과 기둥 사이에도 공포가 놓여져 있는 것을 다포(多包)라 한다. 주심포와 다포는 모두 공포로서 지붕의 하중을 기둥에 전달시키는 역할을 함과 동시에, 전통건축물에서 단청이라는 채색과정과 결합되어 보는 이로 하여금 의장 및 장식적인 기능을 담당하기도 한다."

위의 정의에 따라서 숭례문은 기둥 위뿐만 아니라 기둥과 기둥 사이에 2개의 공포가 사용된 다포집이다. 공포를 여러 개 두어서 공포 간의 간격을 좁게 하였다. 반면에 수덕사는 기둥 위에는 공포가 딱 하나씩이다. 그래서 숭례문은 수덕사보다 화려함을 훨씬 더 느끼게 한다.

그림 12-8 소실 전 숭례문

4 일상생활에서 발견되는 묶어두기

후카호리(2003)라는 분은 아주 재미있는 결과를 보고하고 있다. 가까이 두는 거리에 따라 사람 간의 관계가 다르다는 것을 정리하여 제시한 바 있다.

- 사람과 사람 사이의 거리를 45cm 이내로 유지하면 연인이나 부부를 뜻하는 밀접공간
- 45cm~1.2m 사이에 사람이 위치하면 친구 등과 같은 가까운 관계를 의미하는 개인거리
- 1.2m~3.6m에 사람이 위치하면 업무 등 사회적인 장면에서의 거리로써 사교거리
- 3.6m 이상에 사람이 위치하면 공적인 강연 등과 같은 공적 거리

위의 결과를 보면, 건물의 기둥이나 그림의 등장인물처럼 사람들이 바라보는 객체들의 거리와 마찬가지로 사람이라는 주체 간의 거리도 느낌과 인상과 관계를 보여주는 좋은 척도가 된다.

5 경영과 사업에서 묶어 팔기

미술, 음악, 건축 등에서 발견되는 묶어두기가 관찰자에게 다른 이미지를 전달한다면, 경영측면에서도 묶어두기는 다른 인상을 고객들에게 전달할 것이 예상된다. 그래서 기업을 하는 사람들은 아주 다양한 묶기를 사용하고 있다. 사례를 열거해 보자.

- Mohammed(2005)라는 가격컨설턴트는 동일한 제품을 100달러짜리 하나로 팔 때와 50달러짜리 2개로 팔 때 판매량이 다르다고 주장했다. 이는 비즈니스의 세계에서도 묶어주는 것이 판매에 분명히 영향을 주고 있다는 것을 말하고 있는 것이다.
- 우리나라에서는 매우 다양하게 묶어주는 전통문화를 갖고 있다. 이렇게 각 제품의 묶음단위도 다르고, 명칭도 다르다.

1. 바늘 24개를 단위로 세는 말 – 쌈
2. 과실이나 채소를 100개씩 세는 말 – 접
3. 기와를 세는 단위(2,000장을 묶어서) – 우리
4. 논밭의 넓이의 단위 – 마지기
5. 난초를 세는 단위 – 촉
6. 마소에 잔뜩 실은 짐을 세는 단위 – 바리
7. 밤 3개 – 세(톨)
8. 달걀 10개 – 한(꾸러미)
9. 고등어 2개 – 한 손
10. 마늘 100개 – 한 접
11. 오징어 20마리 – 한 축
12. 낙지 20마리 – 한 코
13. 북어 20마리 – 한 쾌
14. 조기 10마리 – 한 뭇

- 현대에도 한국은 묶어 파는 것이 보편적으로 목격된다.

1. 홈쇼핑에서 7종 팬티세트(왜 7종으로 묶을까?)
2. 맥주는 6개를 한꺼번에 주로 판다.(1회 구매량이 6개 근처인가 보다!)
3. 라면은 5개를 한꺼번에 주로 묶는다(다섯 개를 한꺼번에 먹나?). 라면박스에는 40개가 들어 있다.
4. 음반에서 한 곡만 있는 싱글앨범은 드물다.
5. 담배는 20개피가 한 갑
6. 건전지는 1개, 2개, 4개, 10개, 20개 묶음으로 살 수 있다.
7. 햇반은 개별로도 살 수 있고, 5개, 10개로 묶음으로도 살 수 있다.

위의 사례에서 보듯이 묶어주는 것은 고객들에게 다른 주관적 가치를 제공하고, 이 가치에 따라 판매에 영향을 미친다. 그래서 오랜 세월 동안 한국민은 다양한 묶음형태를 선보여왔다.

그렇다면 왜 각 제품을 저렇게 다양한 숫자로 묶어서 파는 것일까? 그 숫자는 최적인가? 이런 질문에 대한 답으로 제시할 수 있는 가설 중의 하나는 '묶어 준 숫자들은 소비자행동 중 구매 및 소비단위를 반영하고 있을 것이다'라는 것이다. 한 자리에서 맥주를 먹는 양이 6병 근처이므로 6개를 맥주판매단위로 묶지 않았을까? 아니면 아무 생각 없이 판매자들의 편의에 의해 제품묶음 단위가 결정된 것이 아니었을까?

위와 같은 질문에 체계적으로 답하기 위해, 비즈니스에서 묶기와 관련된 두 가지 의사결정내용을 정리해 보면 다음과 같다.

- 무엇을 대상으로 묶어두고 떼어 놓을 것인가?(거래단위 의사결정)
- 묶는다면 몇 개씩 묶을까?(단위크기 의사결정)

무엇을 묶어줄 것인가? (거래단위 의사결정)

〈그림 12-9〉에서 레오나르도 다빈치가 묶어준 대상은 '사람'이었다. 〈그림 12-6〉에서 가르니에의 오페라 하우스 건축에서 묶여 있는 것은 '기둥'이었다. 이렇게 이 장에서 다루고 있는 묶어주는 대상은 동질적인 것들이다. 만약

이질적인 것들끼리 묶어주는 것은 aleatorik에 해당한다. 이 장에서 관심을 가지고 다루고 있는 묶어주는 대상은 '동질적'인 무엇인가이다. 이 동질적인 무엇인가를 발굴해 내는 것이 창의의 핵심이다.

경영에서 묶어주는 것을 통해 이익을 창출하는 핵심적인 활동은 거래단위의 변화를 추적함으로써 쉽게 발견할 수 있다. 아래 사례를 보자. 〈그림 12-9〉는 증권업과 은행업에서 사용하는 여러 가격지불단위를 보여준다. 먼저 증권업을 보자. 역사적으로 증권업의 최초의 가격지불단위는 거래금액이었다. 대우증권에서는 고객의 거래를 돕는 과정에서 거래금액의 몇 %를 수수료로 받는 것을 관례로 삼았다. 거래금액이 높은 매매가 거래금액이 적은 매매보다 상대적으로 낮은 수수료율을 적용받게 된다. 따라서 〈그림 12-10〉에서 보듯이 어느 거래금액까지는 낮은 수수료율을 적용하고 어느 거래금액은 높은 수수료율을 적용해야 하는지에 대한 의사결정이 필요하다. 왜 일반매매 수수료는 3단계이며 왜 5억과 2억을 기준으로 나누어졌는지에 대한 근거가 대우증권 실무자에게는 필요한 것이다. 만약 최고경영자가 왜 2억, 5억이니? 2억과 4억이면 안 되겠니? 하고 질문하면 무엇이라 할 것인가? 사이버 매매수수료율도 6단계인데, 이렇게 6단계로 나눈 단계수와 단계별 수수료율이 증권사의 이익에 엄청난 영향을 미칠 것이다.

거래금액을 기준으로 가격을 매기는 것은 많은 이익을 가져다주는 고객에게는 수수료를 좀 덜 받고, 적은 이익을 가져다주는 고객에게는 수수료율을 좀 많이 지불하게 하겠다는 정책이 반영된 결과이다.

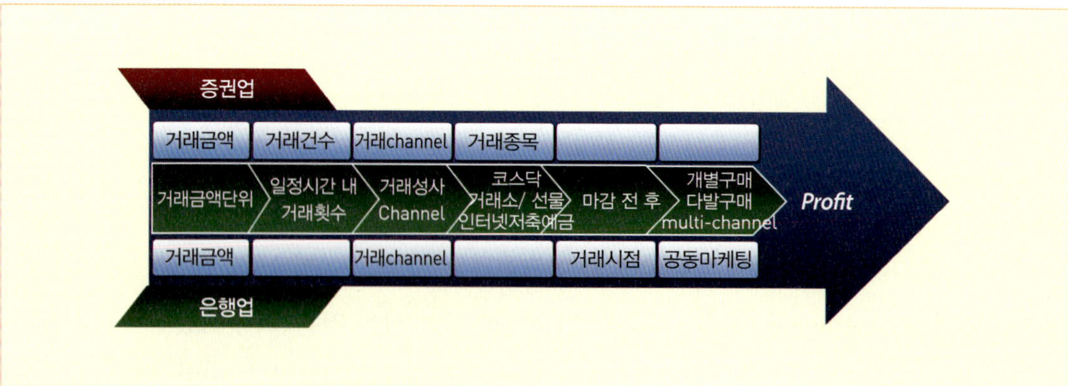

그림 12-9 증권업과 은행업의 가격 거래단위 차이

매매수수료/예탁금이용료 | 증권업무안내

› HOME › 온라인창구 › 증권업무안내 › 매매수수료/예탁금이용료

› 주식매매수수료 | › 선물 | › 옵션 | › 채권 | › 예탁금이용료 | › 기타수수료

상장주식·신주인수권

· 일반매매 수수료율(지점주문)

약정금액	수수료
2억원 미만	약정금액 x 0.498132%
2억원 이상 ~ 5억원 미만	약정금액 x 0.448132% + 100,000원
5억원 이상	약정금액 x 0.398132% + 350,000원

· 사이버매매수수료율

약정금액	수수료
100만원 미만	약정금액 x 0.498132%
100만원 이상 ~ 1,000만원 미만	약정금액 x 0.143132% + 1,200원
1,000만원 이상 ~ 3,000만원 미만	약정금액 x 0.138132% + 1,500원
3,000만원 이상 ~ 5,000만원 미만	약정금액 x 0.128132% + 2,000원
5,000만원 이상 ~ 1억원 미만	약정금액 x 0.098132%
1억원 이상	약정금액 x 0.078132%

※ 단, ELW 전용계좌 신청 시 ELW 사이버매매수수료율은 0.020%

그림 12-10 예전 대우증권 주식 거래 수수료표

매매수수료/예탁금이용료 | 증권업무안내

› HOME › 온라인창구 › 증권업무안내 › 매매수수료/예탁금이용료

› 주식매매수수료 | › 선물 | › 옵션 | › 채권 | › 예탁금이용료 | › 기타수수료

주가지수옵션(주식옵션 포함)

· 일반매매 수수료율(지점주문)

약정금액	수수료
1,000만원 미만	약정금액 x 1.495554%
1,000만원 ~ 5,000만원 미만	약정금액 x 0.995554% + 50,000원
5,000만원 이상	약정금액 x 0.495554% + 300,000원

· 사이버매매수수료율

	약정금액	수수료율
약정금액기준	1,000만원 이하	약정금액 x 0.495554%
	1,000만원 초과	약정금액 x 0.295554%
	매매건수	수수료율
매매건수 기준	월 50건 이하	약정금액 x 0.395554%
	월 50건 초과 ~ 월100건 이하	약정금액 x 0.195554%
	월100건 초과	약정금액 x 0.095554%

그림 12-11 예전 대우증권 옵션 거래 수수료

그러던 것이 대우증권이 2000년대 초반에 인터넷에서 선물옵션 거래를 하는 수수료를 거래금액 이외에 거래건수를 수수료의 기준으로 제시했다. 일정기간(여기서는 월 단위) 동안 선물에 대해 거래건수가 많으면 수수료를 저렴하게 해주고, 거래건수가 적으면 수수료를 상대적으로 높게 지불해야 하는 제도이다. 단골손님과 뜨내기손님을 구분하여 단골손님의 고객만족도를 높이기 위한 제도였다. 따라서 〈그림 12-11〉에서 보듯이 월 거래건수 중 몇 개까지는 낮은 수수료율을 적용하고, 몇 개까지는 높은 수수료율을 적용해야 하는지에 대한 의사결정이 필요하다. 즉, 어느 거래건수끼리를 동질적인 것으로 묶어주느냐와 각 묶어준 것에 대해 얼마의 가격을 매길 것인가가 가격매김의 핵심이 된다. 그에 따라 대우증권의 이익차이는 엄청난 차이가 발생할 것이다. 만약 삼성증권이 거래건수별로 수수료를 매긴다면 대우증권과 다른 거래건수에서 가격을 매겨야 한다.

셋째로 거래 채널별로 가격을 매길 수 있다. 지점에 방문하여 직원과 상담 후 주문을 내는 경우와 콜센터로 전화를 걸어서 주문을 내는 경우가 동일하게 묶여서 수수료를 받는 것을 볼 수 있다. 지점에서는 얼굴을 마주보며 상담이 이루어지고 나서 매매가 이루어진 것이고, 콜센터로 주문을 하는 경우에는 전화상으로 주문이 이루어진다. 하나는 오프라인이고 하나는 전화라는 유선상의 온라인인데 왜 묶었을까? 이는 증권사 직원이 서비스에 포함되었다는 공통점으로 묶어준 것이다. 반면에 HTS나 인터넷상으로 매매를 할 경우에는 증권사가 인적서비스를 제공하지 않기 때문에 둘을 한꺼번에 묶어서 수수료를 받게 된 것이다.

마지막으로 매매의 대상별로 가격을 매기는데, 거래소상장주식이나 코스닥 상장주식은 동일하게 묶여서 수수료가 매겨지고, 선물이나 옵션거래처럼 거래소나 코스닥 상장주식의 매매조건이 달라진 것에 대해서는 별도의 가격이 매겨진다. 이는 제품이 다르면 가격이 다르다는 원칙에 해당한다. 이렇게 증권업에서는 무려 거래금액단위, 거래건수단위, 거래채널단위, 거래종목 단위의 4가지의 가격지불단위가 존재한다.

은행업을 증권업에 대비하여 가격지불단위를 살펴보면 거래금액단위와 거래채널단위는 동일하지만 거래건수단위나 거래종목단위는 없는 것으로 파악된다. 즉, 고객이 은행과의 거래가 많다하더라도 은행과의 거래가 적은 고객과 차별적인 수수료를 적용받지 않는다는 것을 의미한다. 따라서 은행업은 거래건수단위를 새로이 묶어서 가격을 매긴 후 고객들에게 제시하여 새로운 수수료를 만들 수 있는 기회를 갖게 된다.

반대로 증권업은 은행업에는 있는 거래시점단위 가격지불단위가 없다. 은행은 마감 전후로 거래수수료가 다르다. 그래서 일반 고객들은 마감 전에 거래를 하려고 뛰어다니곤 한다. 증권업은 증권시장이 열리는 시간에만 수수료를 적용받는다. 따라서 증권시장 마감 전후로 다른 수수료를 매길 여지를 갖게 된다. '그래서일까? 최근에 증권사에서 시간외 거래를 하면 시간내 거래를 하는 경우보다 비싼 수수료를 받는 제도가 나왔다'.

묶는다면 몇 개씩 묶을까? (단위크기 의사결정)

- 이동전화의 거래단위는 10초(도수)에서 1초 단위로 떼어놓게 되었다.
- 증권 온라인 선물옵션 거래의 단위는 거래금액이 아니라 월별 거래 횟수이고, 월 50건과 월 100건으로 나누어져 있다.
- 레오나르도 다빈치는 3명씩 묶어서 4개 군집의 제자를 모아서 그림을 그렸다.
- 가르니에는 2개씩 기둥을 묶었다.

- 김홍도는 그의 신선도에서 불규칙한 숫자로 '신선'을 묶어 그렸다.

이제 두 번째 의사결정에 대해 살펴보자. 도대체 몇 개씩 묶어야 하나? 몇 개 군집으로 나누어야 하나? 〈그림 12-10〉과 〈그림 12-11〉을 보면 대우증권은 지점주문 거래의 경우 3개 묶음으로 나누었고, 사이버매매는 6개로 묶었다. 이것을 보고 질문을 쏟아낼 수 있다.

그림 12-12 그리스신화에서 헤라, 아테네, 아프로디테는 거의 항상 함께 조각되거나 그려진다

- 어떻게 저렇게 묶었지?
- 근거가 무엇이지?
- 가령, 사이버매매금액이 99만원인 경우와 101만원인 경우가 왜 다른 수수료를 받지? 49만원과 99만원은 50만원이나 차이가 나는데 동일한 수수료율을 매기면서, 99만원과 101만원은 단 2만원 차이인데 왜 다른 수수료율을 매기지?

〈그림 12-11〉에서 대우증권 주식지수옵션 거래는 월 거래건수가 50과 100건을 기준으로 다른 수수료를 매기는 것으로 나누어져 있다. 왜 저렇게 묶어서 가격을 매길까?

증권매매서비스의 가격인 매매수수료만 이런 질문을 받게 되는 것이 아니다. 중국에서 2010년대 초반에 팔리고 있는 오리온의 초코파이가 묶여 있는 것을 보자. 4가지로 묶여 있다. 20개 묶음, 12개 묶음, 6개 묶음, 2개 묶음.

이에 대한 답은 소비자구매단위 분석결과이어야 한다. 〈그림 12-11〉의 매매건수 기준을 갖고 설명해 보자. 만약 증권 옵션거래고객이 한 달에 거래한 거래건수의 분포가 〈그림 12-13〉과 같다고 하자. 고객들이 1달 동안 거래한 건수의 분포에서 가장 많은 거래 건수는 45번과 96번이었다고 가정하다. 그래서 증권사는 평균 45번 거래하는 고객들이 5번만 더 거래하면 45번 거래하는

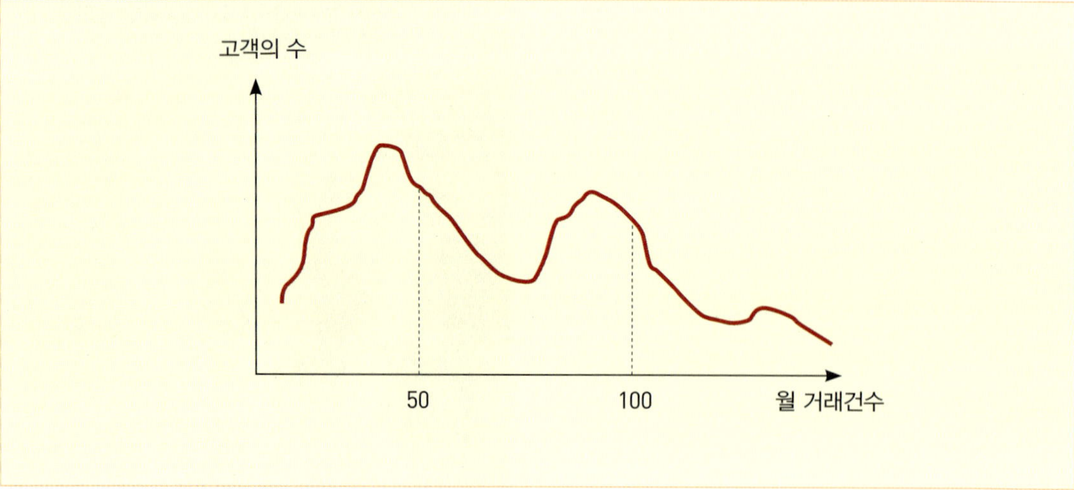

그림 12-13 어느 증권사의 월 거래건수별 거래량 분포

경우보다 낮은 수수료율을 적용시켜준다고 유도하기 위해 50번의 가격기준을 제시하였다. 100번으로 월 거래건수를 기준으로 제시한 것도 96번의 평균 매매건수분포를 파악했기 때문으로 생각할 수 있다. 그래서 월 거래건수가 1번에서 50번까지는 한 집단으로 묶고, 50에서 100번, 100번 이상의 세 단위로 나누게 된 것이다.

이렇게 몇 개씩 묶어줄까의 답은 소비자구매패턴 분석이 반드시 필요하다. 대우증권이 〈그림 12-13〉과 같은 가상의 분포를 가졌기 때문에, 삼성증권이 동일하게 50번과 100번으로 옵션거래건수 기준 수수료를 매기면 안 된다. 왜냐하면 삼성증권 고객들의 고유하고 독특한 거래행태 때문에 대우증권과는 다른 고객거래건수 분포가 발생할 것이기 때문이다.

이것을 중국오리온의 초코파이 사례로 해석하면 20개 묶음, 12개 묶음, 6개 묶음, 2개 묶음으로 나눈 이유는 1회 구매량 및 소비량 조사에 근거해야 한다는 것을 의미한다.

이제 마지막으로 몇 개의 집단으로 묶어줄 것인가? 이것에 대한 답은 수학적, 통계적 답변이 필요하다. 이 책은 계량 마케팅 및 마케팅공학 책이 아니므로, 그냥 mixture model을 사용하면, 최적의 집단 수를 얻을 수 있다고만 밝히고자 한다. 자세한 원리는 mixture model에 대한 전문서적을 이용하기 바란다.

6 독자의 연습장

이제 귀하가 관심 있는 제품이나 서비스를 하나 선택하여 적어보자.

(　　　　　　　　　　　　　　　　　　　　　　　　　　　　　　)

이 제품이 현재 팔리고 있는 단위를 적어보자(판매단위)

(　　　　　　　　　　　　　　　　　　　　　　　　　　　　　　)

현재 판매단위와 다른 판매단위를 만들 수 있을까? 그렇다면 새로운 판매단위는 몇 개인가?

(　　　　　　　　　　　　　　　　　　　　　　　　　　　　　　)

그런 새로운 묶음 제품이나 서비스를 누가 사용할 것인가를 적어보자.

(　　　　　　　　　　　　　　　　　　　　　　　　　　　　　　)

그 새로운 제품이나 서비스를 왜 그 사람들이 사용할지를 적어보자.

(　　　　　　　　　　　　　　　　　　　　　　　　　　　　　　)

여러분이 관심 있는 제품/서비스를 하나 적어보자(______________________).

1. 그것의 grouping 현재 상태를 적으시오
2. grouping을 적용시킨 상태(after)를 적으시오
3. 그 제품을 누가 좋아할지 적으시오
4. 그 제품을 좋아하는 이유를 적으시오

그림 12-14 grouping을 정리하기

잠깐 쉬어가는 페이지

'다섯손가락'이라는 팀의 '수요일에는 빨간 장미를'이라는 노랫말 중

'… 한송이는 어떨까 왠지 외로워 보이겠지…

한 다발은 어떨까? 왠지 무거워 보일 거야…'

작사가 이두헌은 '최적 묶음 의사결정을 하기 위해 고민이 많은 사람이었다'

마케터는 이두헌만큼 고민을 많이 해야 한다.

그런데, 왜 영국을 비롯한 대다수의 유럽 축구강국의 1부 리그의 축구팀 수는 20개이지만, 독일은 18개팀일까? 우리나라 1부 리그는 팀수가 16개가 안 되지 않나?

참고문헌

백수경, 곽영식 (2003), 의료서비스의 성과제고를 위한 가격전략: 건강검진료 다단계가격책정을 위한 시장세분화를 중심으로, 보건행정학회지, 13(4), 84~97.

알랭 드 보통(2011), 여행의 기술, 서울: 청미래.

후카호리 모토후미 (2003), 하룻밤에 읽는 심리학, 서울: 랜덤하우스중앙.

Mohammed, R. (2005), The Art of Pricing, NY: Crown Business.

www.bestez.com

Chapter 13

반복repetition과 모방imitation 그리고 ‘여자친구’

‘실제든 꾸며진 것이든 역사는 반복된다.’ Arnheim, 1974

‘반복과 차이로서의 건축’ 정기용, 2005

건축에서 사용하는 반복미나 음악에서 고객의 머릿속을 후킹하기 위해 사용되는 반복이, 제품이나 서비스에서 패션, 패드, 복고라는 현상으로 신제품이 되어 나타나는 과정을 설명한다. 이를 통해 마케터는 완벽히 시장에 새로운 신제품을 출시하는 것이 아니라 다른 제품을 모방하거나 복고시킴으로써 시장에서 성공할 수 있음을 깨닫게 된다.

1 건축에서 반복하기

그림 13-1 로마 Santa Prassede 성당의 바닥

그림 13-2 로마 포룸에서 발견되는 개선문의 안쪽 문양

건축에서는 반복된 구조가 많이 발견된다. 기둥과 기둥 사이에 동일한 재료나 동일한 패턴의 구조물이 자리한다. 이제 눈을 아래로 해서 바닥을 보자. 우리나라 건축물인 촉석루의 마루바닥을 보면, 널찍한 나무를 일정하게 짜서 서로를 맞잡고 있다. 〈그림 13-1〉은 로마에 있는 9세기에 세워진 Santa Prassede라는 성당의 바닥이다. 각종 색상의 대리석을 원형의 외부에 네 개의 테두리로 서로 연결하고 반복적으로 제시하고 있다.

이런 모자이크의 반복적인 패턴으로 아름다움을 찾는 것 중 사람들의 입에 가장 많이 언급되는 것이 스페인 그라나다 알람브라 궁전의 반복적인 패턴이다. 미술가 에셔가 그린 많은 그림이 이 알람브라 궁전의 기하학적인 반복패턴이 반영되어 있다.

이런 반복을 보는 사람들이 느끼는 좋은 감정을 건축가들이 오랜 세월을 두고 높게 평가한 듯하다. 〈그림 13-2〉와 같이 로마시내에 있는 포룸이라는 로마유적에서 발견할 수 있는 개선문의 안쪽 장식을 보여 준다. 정사각형 안에 꽃장식을 한 후 이런 격자가 반복적으로 장식되어 있다. 이런 격자무늬의 반복은 로마의 다른 건축물의 천장에서도 발견되고, 파리의 개선문 안쪽에서도 동일하게 적용되고 있다. 즉, 특정 작품 안에 특정 문양이 반복되기도 하지만, 한참 시간이 지난 후에 다른 시공간에 반복적으로 출현한다는 특징도 명시할 수 있다.

이렇게 특정한 문양이나 패턴이 일정하게

그림13-3 로마의 어느 성당의 천장 장식

그림 13-4 파리 나폴레옹의 개선문 안쪽 천장문양

반복되면서 어떤 아름다움을 주는 것을 아랍 사람들이나 로마사람, 프랑스사람만이 알고 있었을까? 우리나라 조선시대 문풍지와 문짝을 보면 반복적인 문살 문양이 있음을 기억하게 된다. 이런 반복미는 시대와 공간을 초월하게 된다. 이런 반복의 아름다움을 우리 근처에서 찾아보면 Burberry와 같은 상표의 정체성을 만들어 내는 데도 반복미가 사용되고 있음을 알 수 있다. 우리는 Burberry 매장에서 버버리 상표만의 독특한 수평 수직의 선이 만나는 문양을 만나고 있는 것이다.

그렇다면 반복은 모두 아름다운가? 모두가 그렇지 않다. 로마 포룸에 있는 어느 집의 벽면에 나타난 벽돌쌓기의 아름다움을 〈그림 13-6〉과 같이 보자. 그와 비교하여 〈그림 13-7〉과 같이 중국 진황도(Qinhuangdao)라는 도시에서 만난 어느 건축물의 벽돌 쌓은 상태를 보자.

이제 음악에서 느끼는 반복미를 찾아보자.

그림 13-5 지리산 대원사 원통보전 문짝의 반복미

그림 13-6 로마 포룸의 어느 로마 시대 건물의 벽돌 쌓기

그림 13-7 중국 진황도의 어느 건축물의 벽돌 담장

그림 13-8 반복미를 보여주는 신발 진열장

그림 13-9 비엔나 어느 시장의 향신료 진열장

2 음악에서의 반복미

- why why why, bye bye bye (화요비, 2010년 작품)
- (아이 원트) 노바디 노바디 벗 유/(아이 원트) 노바디 노바디 벗 유 (원더걸스, 2008년)
- 지지지지 베이비 베이비, 지지지지 베이비 베이비 … (소녀시대, 2009년)
- 내가 미쳤어, 내가 미쳤어, 내가 미쳤어 (손담비, 2008년)

위의 노래들 갖고 있는 형식(음악은 형식이 내용이다)은 2010년 7월에 발표된 DJ DOC의 '나 이런 사람이야'와 동일한 형식을 갖고 있다. 이 오래된 가수의 노래 가사는 아래와 같다.

마이크 테스트 … (중략)

Shake it Shake Shake it Yo
Shake it Shake it shake Shake it Yo everybody
Shake it Shake Shake it Yo
Shake it Shake it shake Shake it Yo everybody

주둥이만 … (중략) …

Shake it Shake Shake it Yo

Shake it Shake it shake Shake it Yo everybody
Shake it Shake Shake it Yo
Shake it Shake it shake Shake it Yo everybody

DJ DOC의 '나 이런 사람이야'는 몇 마디 가사가 있고, shake it을 반복한다. 그러다가 다시 가사를 랩 등으로 표현하고, 맨 마지막에는 shake it으로 시작하는 부분은 반복하며 노래가 끝난다. 사람들은 shake it 부분만이 입에 맴돌게 된다.

이렇게 반복하는 이유는 이들 노래가 마음에까지 닿지는 않을지라도, 귓가에 하루 종일 맴돌게 하는 요소인 '후킹 효과(Hooking Effect)'를 만들기 위해서이다. 후크(짧고 매력적인 반복구)가 삽입된 노래를 반복해 들을 때 음향 기억 내에 그 노래의 특징이 남아서 무의식 중에 기억을 다시 반복 재생하는 현상을 말한다(정현목, 2008). 반복을 통해 잔향 효과를 극대화한다. 이런 효과를 노리고 만들어지는 노래를 '후크송(Hook Song)'이라고 한다. 이런 노래가 만들어지는 배경 중의 하나는 벨소리와 같은 음원산업이 발달하면서, 후크에 사용된 음원이 소비자의 선택을 많이 받기 때문이기도 하다고 지적되곤 한다.

작곡가가 음악을 작곡할 때에 흔히 사용되는 a−a−b−a의 형식처럼 앞뒤로 주제가 반복되면서 사람들의 귀에 익숙한 효과를 고객들에게 전달하고자 하는 것이다. 따라서 음악에서는 예전부터 반복미가 사용되어 왔다.

- 대위법의 음악작품에 대해 '이 멜로디는 앞서 나온 저 멜로디를 모방하고 있다'고 말한다.
- 변주는 모방이자 반복이다.
- 리메이크란 과거의 사랑받은 것을 다시 한 번 현재 불러일으키려는 노력이다. 빅뱅의 '붉은노을'은 아름답다. 1985년 노란풍선은 2000년대에 풍선으로 다시 살아왔다.
- 걸그룹 '여자친구'는 2016년 정규앨범 1집을 발표했다. 타이틀곡 '너 그리고 나'는 지난 1년간 그들이 발표해서 히트시킨 3곡과 거의 비슷한 템포와 리듬을 가졌다.

3 반복과 모방의 이유

그렇다면 왜 반복하고 왜 모방하는 것일까? 반복은 모방이다. 그것이 시차를 두고 나타나던, 시차 없이 같은 시대 같은 공간에 존재하던지, 반복은 모방이고, 모방은 반복이다.

모방을 보자. 모방은 무엇인가를 따라 베낀 것이다. 그 무엇은 지금 것보다 먼저 시간에 존재한 것이다. 우리가 모방한 것은 과거에 있었고, 그 과거에 사람들에게 사랑받은 것이다. 또는 그 시대에 사랑받지 못했지만, 현재 사람들에게 사랑받을 만한 것이다. 여기서 주목할 것은 과거에 존재했다는 점이다.

과거에 존재했으므로 과거에 가능성을 갖고 만들어졌을 것이다. 가능한 것만이 우리의 마음을 움직인다. 우리는 일어나지 않은 것의 가능성은 믿지 않지만, 일어난 것은 분명히 가능하다고 생각한다. 그렇지 않다면 일어나지 않았을 테니까(아리스토텔레스, 시학 9장). 따라서 과거에 존재했다는 것은 그 시대 사람에게 무엇인가를 주었다는 것이므로, 현재 존재할 경우 과거 사람들과 생물학적 DNA가 비슷한 현재 사람에게 무엇을 줄 가능성이 있다고 해석한다.

그러므로 과거에 없었던 것을 완벽히 새로운 것을 만들어서 시장에 제시하는 것보다, 과거에 있었던 것을 현재 제시했을 경우에 시장에서 채택할 가능성이 높은 것이다. 이런 가능성을 작가를 포함한 예술가들이 포착한 것이다.

과거에 채택받은 것이므로 현재도 채택할 가능성이 높다.

- 영화 취권이 뜨자, 마권, 애권 등이 마구 쏟아져 나온 사례
- '무한도전'이라는 프로그램이 뜨자, '무한걸스', '남자의 자격', '1박 2일' 등 몇 명의 등장인물이 매주 다른 도전과제를 성취하는 프로그램이 양산되는 사례
- 슈퍼스타 K가 뜨자 서바이벌 오디션 프로그램이 다투어 나타나는 사례
- 좀비영화나 드라마가 미국에서 유행하자 한국형 좀비영화 '부산행'이 제작된 사례

4 반복의 경영학적 의미

그렇다면 반복미를 통해 시장에서 채택받을 수 있는 신제품을 어떻게 만들어 낼 수 있을까?

모방예술은 실재를 재창조하지만 정교하게 조직해야 하고, 그 결과 관객들에게 정서를 불러일으킬 수 있는 가상의 세계를 만들어낸다(티어노, 2002). 이런 측면에서 모방제품은 모방의 원천이 되는 제품이나 서비스를 재창조하지만, 아주 정교하게 재조직해야 하고, 그 결과 소비자나 구매자에게 정서를 불러일으킬 수 있는 가상의 세계를 만들어야 한다.

우리는 세 가지 경우로 나누어 살필 수 있다.

- 남들이 제시한 제품을 따라하기(follower 전략)
- 내가 제시한 제품의 변종을 생산하여 제품계열을 늘기고, 이를 통해 선택 폭을 넓히기
- 과거에 존재했던 대상을 일정한 시간이 흐른 뒤에 다시 제시하는 경우(복고)

따라하기(follower 전략)

세상에 없던 새로운 제품이 새로운 제품카테고리(product category)를 만들 정도로 성공하는 것이 시장에서 목격되면 경쟁자들이 그 제품카테고리 시장에 뛰어 들게 된다. 경쟁사는 성공한 제품에 약간의 변화를 준 제품으로 시장을 공략하게 된다. 변화를 주었지만 제품카테고리 안에서 있다는 것을 알 수 있다(change, but no change). 즉, 동일한 가치를 고객들에게 제공하는 반복이 일어난 것이다. 이러다 보면 제품이 비슷비슷해진다. 시장 전체로 보면 경쟁사들이 제품을 모방하며 떼지어 다니는듯한 모습으로 보인다.

- 박카스가 성공하자 원비디 등의 유사하지만 차별적이라고 외치는 다른 경쟁사의 시장진입. 아무리 이들이 서로 다르다고 광고해도 이들은 고객

의 정신을 번쩍 나게 하는 기능성음료

- 맥도날드가 햄버거로 성공하자, 버거킹은 햄버거 대신 '와퍼'라는 햄버거를 시장에 내 놓았다. 와퍼도 햄버거이다.
- 일반 패스트푸드점에서는 얼음 갈아 넣은 용기에 색소 및 아이스크림 등을 넣은 제품을 '슬러쉬'라는 이름으로 판다. 하지만 던킨도너츠는 쿨라타, 배스킨라빈스는 '블라스트'라는 이름으로 판매하는 제품이 있다. 이들 모두 슬러쉬이다.
- 미니스커트가 유행하자 많은 업체의 치마길이가 모두 짧아져서, 고객들은 짧은 치마를 선택할 수밖에 없어진다.
- 웅진식품이 만들어 내는 음료들은 거의 시장에 처음 소개되는 제품들이다. 다른 경쟁사들이 웅진식품의 히트상품을 모방하는 경우가 많다.
- 롯데는 중국시장에 자일리톨껌을 소개한 선도자였으나, Wrigley가 거의 동일한 제품을 출시하여 엄청난 유통망의 힘으로 밀어붙이고, 롯데가 진출하지 않은 B급, C급까지 자일리톨을 확대시켜서, 리글리가 롯데의 시장선도자 지위를 빼앗은 바 있다.
- 니콘카메라에 있는 빨간색은 발터 PPK라는 권총의 발사장치에서 영감을 얻은 것이다.

이렇게 경쟁사가 모방을 통해 반복적으로 시장에 뛰어들면 두 가지 형태로 성과가 나타난다. 처음에 고객 마음에 들어간 상표가 고객의 마음을 사로잡아서 추종자는 모방을 통해 반복적으로 고객에게 다가가는 것이 효과가 없는 경우이다. 인도 탄산음료시장을 보면 펩시가 압도적으로 많이 팔리는데, 코카콜라가 먼저 진입한 다른 지역과 달리 펩시가 먼저 인도시장에 들어갔기 때문에 고객입맛에 펩시를 길들여 놓은 경우이다. 다른 하나는 추종자가 선도자를 이겨버리고 시장을 점령하는 사례이다. Lotus라는 계산프로그램을 제치고 Excel이 이긴 경우를 말한다.

먼저 고객의 마음에 먼저 들어가서 성공한 사례를 보자. 위의 사례에서 보듯이 누가 시장에서 떳다고 판단되면 경쟁사가 우후죽순처럼 생기게 된다. 그

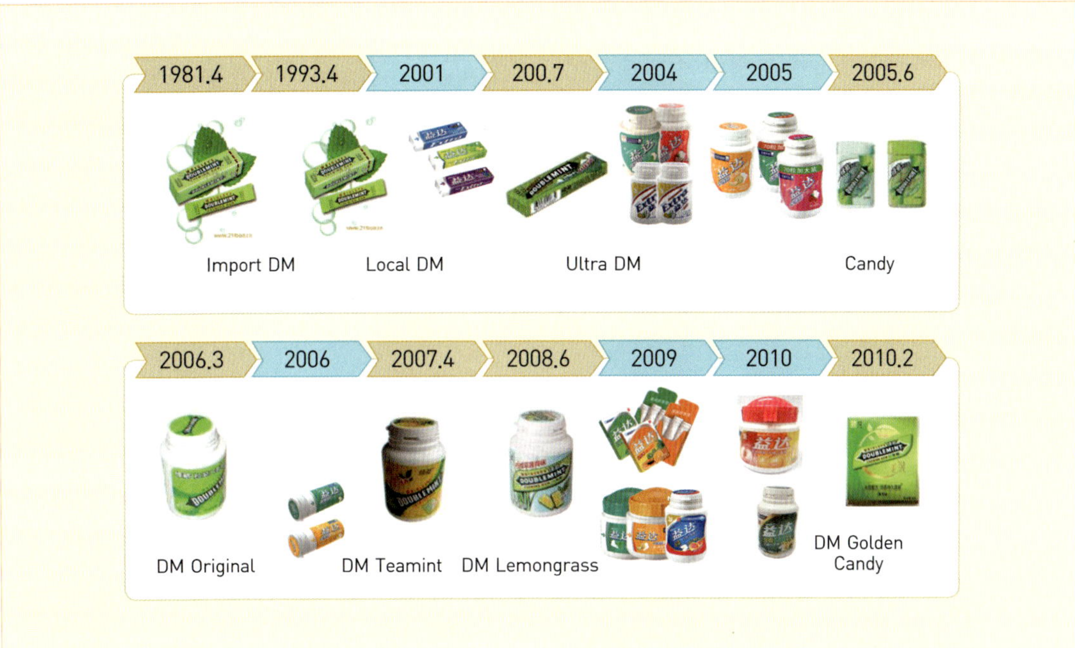

그림 13-10 중국 껌시장 연도별 진입형태(double mint와 ida만을 표시)

결과 어느 특정시간과 공간에 경쟁사들끼리 제품형태나 콘텐츠가 유사한 것을 만들어 동시에 경쟁하게 된다. 이를 떼지어 다닌다고 말하면 편리하다.

〈그림 13-10〉은 중국 껌시장에 진입한 제품의 형태와 내용을 보여준다. 몇 십년 동안 중국 고객들은 마구 비슷비슷한 형태, 색상, 콘텐츠를 가진 경쟁제품상태에서 제품을 선택하도록 강요받고 있음을 보여준다.

〈그림 13-10〉은 중국 껌시장의 경우로써 Double Mint(DM)라는 상표로 널리 알려진 Wrigley와 중국에서 인지도가 제일 높은 ida라는 상표가 시장에 내놓은 제품들의 역사를 보여주고 있다. Wrigley는 1981년 스틱껌 형태로 시장에 진입하였고, 2001년에 ida라는 상표로 스틱껌 시장의 선택폭이 넓어졌다. 그래서 스틱껌 시장에서는 스틱껌이 반복되어 떼지어 나타났다. 2004년에 bottle껌 출시로 ida의 매출이 좋아지자 2006년에 DM라는 상표도 용기껌을 시장에 출시하여 시장을 키운다. 2008년까지 DM은 비슷한 용기껌을 반복적으로 출시하고 ida 역시 반복적으로 비슷한 용기의 다른 편익을 주는 제품을 2010년까지 시장에 보냈다. 이렇게 용기껌 시장에서는 용기껌들이 떼지어 나타났다.

위의 중국 껌 역사의 주요 경쟁상표 두 개의 제품출시를 보면, 스틱껌 형태를 ida가 모방하여 반복하여 진입하고, 용기형태를 DM이 모방하여 반복하여 진입하였다. 따라서 현재 시장점유율을 보면 스틱형은 DM이 선점하여 출시하였으므로 시장점유율이 높고, Ida는 bottle 형태를 먼저 출시했으므로 이 형태에서 시장점유율이 높다. 마음에 처음 들어 온 상표나 형태가 해당 분야에서 시장점유율이 높아지는 일반적인 사례를 보여준다. 또한 경쟁사들끼리 내용과 형태를 서로 반복 모방하여 비슷비슷해졌음을 보여준다.

위에서 보듯이 이런 시장상황에서는 반복의 기초가 되는 처음 제품을 만들어 내는 데 주력해야 한다. 반복의 기초가 되면 사람들의 마음속에 자리 잡아서 매출과 이익의 내는 데 유리하다. 한편, 반복의 추종자가 되면, 고객마음이 이미 처음에 자리 잡은 제품이나 상표에 사로잡혀 있어서 반복의 추종자가 성공할 가능성이 적어진다. 이를 제품수명주기로 설명하면 제품수명주기의 처음인 소개기에 들어가라는 이야기이다. 이 이야기를 나중에 패션주기로 다시 설명해 보자.

이제 추종자도 해볼 만하다는 사례를 들어보자. 〈그림 13-11〉을 보면 몇 개의 제품 카테고리에서 추종자가 선도자를 이긴 사례를 나열하고 있다. 이것을 보면, 결코 시장제품의 반복이라는 모방에 의한 추종자전략이 시장에서 성공할

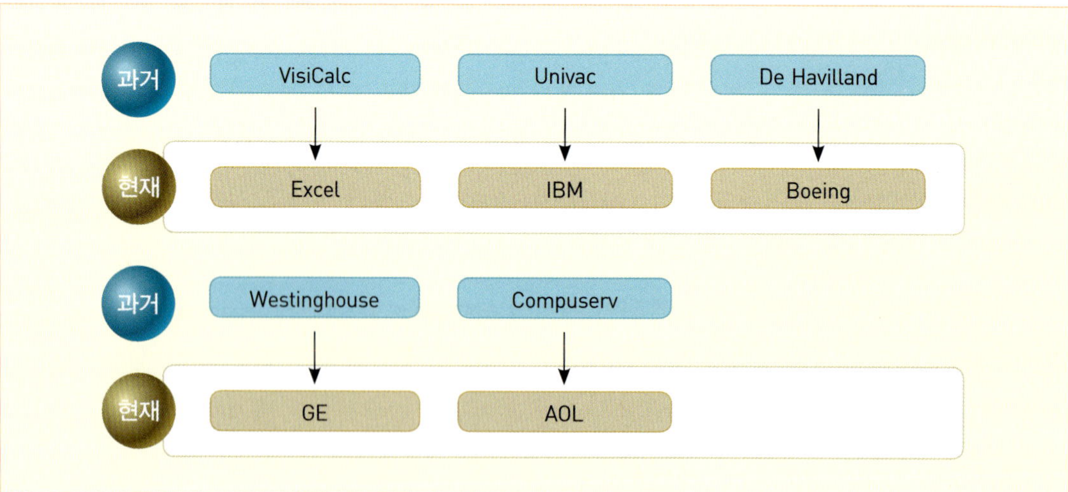

그림 13-11 추종자가 선도자를 이긴 사례

수 있음을 보여준다. 따라서 마케터는 기존 시장제품을 반복적으로 모방하여도 시장에서 안정적인 매출을 올릴 수 있는 기회를 분명히 갖고 있다. (물론 그렇지 않는 경우가 있다는 것과, 성공요인(must-have)이 무엇인지를 파악해야 한다.) 따라서 시장에 있는 기존제품에 대한 반복도 마케터는 고려해 보아야 한다.

제품계열 길이확대전략

어떤 경우에는 제품카테고리를 선도한 회사가 제품계열의 길이확대전략(product line filling strategy)을 사용하여 기존제품과 비슷한 제품변종을 마구 반복적으로 시장에 쏟아내어 경쟁사가 진입하는 것을 막는 것이 시장에서 성공할 때가 있다.

- 코카콜라는 경쟁사의 진입을 막기 위해 주황색 콜라인 환타, 색상이 없는 콜라인 스프라이트를 출시했다. 하지만 이들 모두 탄산음료이다.
- 1980년대 말에 '미스미스터'라는 구두 상표가 중가구두시장에 진입하자, 경쟁사들이 이 시장에 뛰어들 것이 예상되었다. 이 회사는 '해피워크'라는 상표를 더 개발하여 시장에 진입시켜서 중가구두시장도 확대시키는 효과와 더불어 경쟁사의 진입을 사전에 차단하려고 노력하였다.

이렇게 자기 제품을 자기 복제하여 시장에 내놓으려 할 경우에는 제품계열의 확대시기가 중요하다. 경쟁자가 들어오기 전에 제품계열을 확대하는 경우

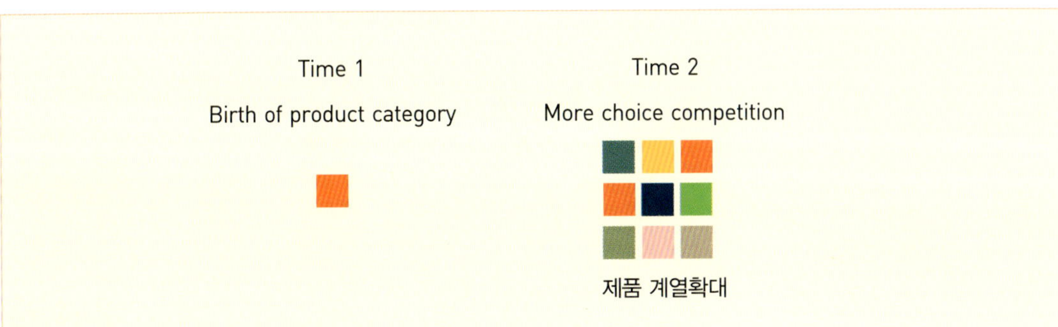

그림 13-12 자사가 제품복사를 통해 제품계열을 확대한 경우

가 있고, 경쟁자가 들어 온 다음에 제품계열을 확대하는 경우가 있다. 이 두 경우에 어떤 것이 더 시장에서 성공적이었는가 하는 것은 제품카테고리의 성격에 달려 있다.

패션주기(fashion cycle)

패션주기는 새로운 스타일이나 패션형태가 시장에 소개된 이후 소수의 소비자들에 의해 채택되기 시작하면서 점차 이를 수용하는 소비자들의 수가 절정에 이른 다음에 인기가 하락하여 시장에서 자취를 감추는 일련의 과정이다(안광호, 황선진, 정찬진, 1999). 패션주기의 형태는 패션주기의 길이(시간의 지속성)와 유행의 정도에 따라 패션, 패드, 클래식, 순환주기(복고패션) 등의 형태를 갖게 된다.

클래식은 긴 패션주기를 가지며 패션시장에서 사라지지 않고 오랫동안 소비자에게 수용되는 경우를 말한다. 셔츠블라우스, 카디건 스웨터, 블레이저 등이 여기에 속한다. 쉽게 구식이 되지 않고 전통적이라는 느낌을 소비자나 관찰자에게 준다. 껌 시장에는 스틱껌을 사례로 들 수 있다.

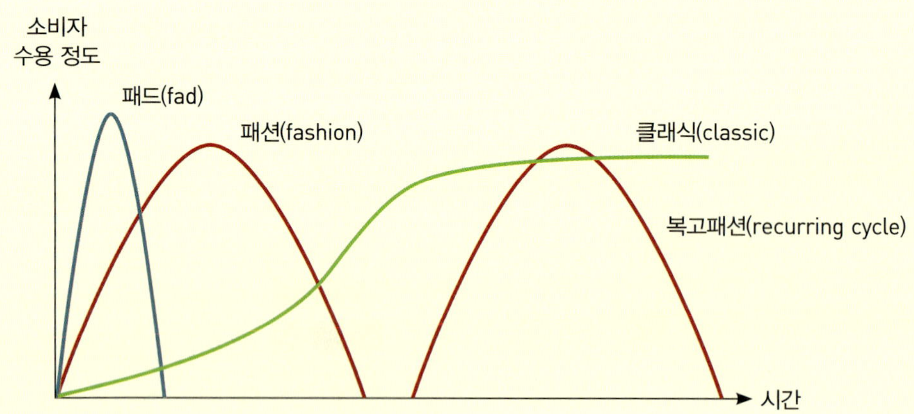

그림 13-13 패드, 패션, 클래식, 순환주기의 차이

패드(fad)는 수명주기가 짧게 나타나는 경우이다. 채택하는 소비자의 수가 단기간에 급격히 증가하여 유행이 되었다가 바로 쇠퇴하는 경우를 말한다. 패드는 일반적으로 젊은층이나 일부 소비자집단에만 영향을 미치며, 찢어진 청바지, 핫팬츠, 베꼽티 등을 예로 들 수 있다.

패션이란 패드보다는 장기적으로 나타나 소개기, 성장기, 성숙기, 쇠퇴기의 사이클이 나타나는 경우를 일반적으로 통칭한다. 따라서 패드보다는 길고, 클래식보다는 짧은 시장판매기간을 가지게 된다. 1950년대 햅번스타일이 그 사례이다. 자일리톨껌은 패션의 성숙기에 들어가 있다.

여기에서 한 가지 주목할 것은 행동의 모방은 유행현상을 낳는다는 점이다. 오늘날처럼 여성 옷에서 유행이 차지하는 역할이 커지면 옷에 대한 각자의 태도는 유행에 대한 태도에 따라 크게 둘로 나뉘게 된다. 즉, 유행을 따르는가 아니면 무시하는가이다. 유행을 무시하는 것도 모방적 판단이고, 유행을 따르는 것은 현저한 모방현상을 만들어 낸다. 그래서 이 모방현상의 크기에 따라 클래식, 패션, 패드가 모두 존재하게 된다.

패드나 패션이 시장에서 사라졌다가 다시 등장하는 경우를 복고 또는 순환주기패션이라 부른다. 1950년대 햅번스타일이 1990년에 다시 등장하거나, 1980년대 물빠진 청바지가 2010년경에 다시 등장하는 것을 목격할 수 있다.

잠깐 쉬어가는 페이지

2010 F/W 시즌에는 50년대 레이디 라이크 룩에서 영감을 받은, 시간이 지나도 변하지 않는 가치를 지닌 타임리스 룩이 유행할 것으로 보입니다. 핏–앤–플레어(fit–and–flare) 실루엣에 무릎이나 미디까지 내려오는 스커트 코디네이션과 빈티지 플라워 프린트가 'Timeless Ladylike'의 무드를 한껏 강조해 줄 것입니다. 런던의 Fashion & Textile 박물관에서는 이 무드의 인스피레이션이 될 'Horrockses Fashion'으로 불리우는 40~50년대 멋쟁이 스타일을 만나볼 수 있습니다(삼성디자인넷, 2010).

한편, 음료시장은 패드 및 패션이 많이 나타난다. 1950년대 이후 우리나라 음료시장에 진입한 기업이 거의 변화하지 않은 것을 감안한 상태에서, 1950년대 이후의 우리나라 음료시장을 지배한 제품카테고리를 보면 패션과 패드시기

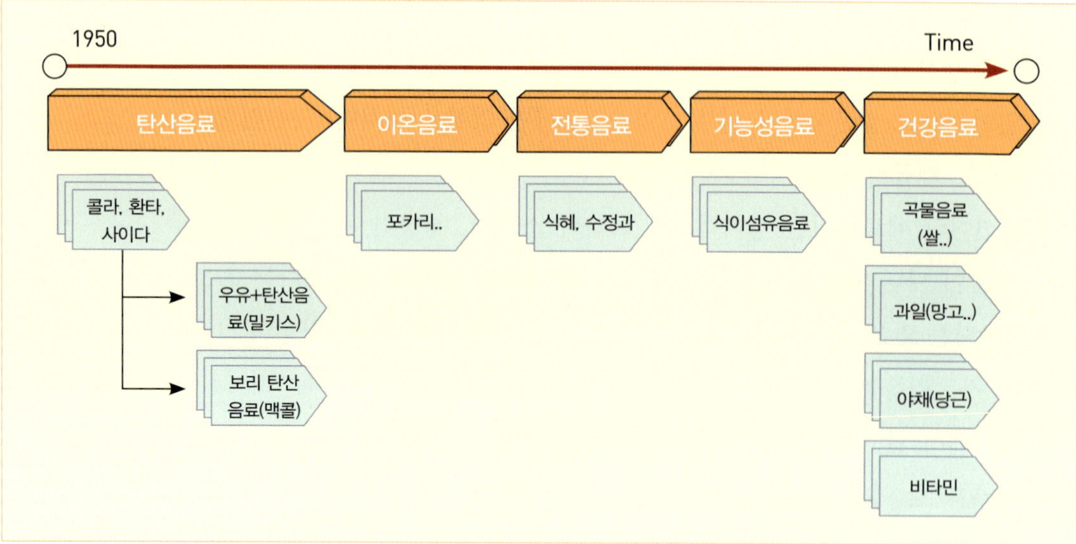

그림 13-14 음료시장의 패션

에 시장진입자들끼리 서로 제품을 반복모방하며 떼지어 다닌 것을 대략적으로 알 수 있다.

〈그림 13-10〉의 중국 껌 사례를 보면, 2010년 2월 Wrigley는 2005년에도 출시했던 candy 형태의 껌을 다시 출시한다. 이런 출시는 기존에 떼지어 다닌 것과는 다른 반복이다. 일정한 시간이 흐른 뒤에 제품이 시장에 다시 나타난 경우이기 때문이다.

패드나 패션 및 클래식의 소개기(introduction stage)에 제품을 출시하면 상당한 매출과 이익을 누릴 수 있다. 하지만 신제품을 출시하여 제품을 성공할 확률은 매우 낮다. 저자의 관심을 끄는 것은 위의 패션 주기 중 복고패션이다. 패션이 복고풍으로 등장하여 새로운 소재와 색과 같은 디자인 요소로 복고되어 각광받는 경우는 흔히 목격할 수 있다. 새로운 제품을 dressing, stripping, anagram, ambigram 통해 만들어 내기 어려운 경우에 마케터는 적극적으로 '반복'에 의한 복고를 고려해야 한다. 즉, DJ DOC의 노래 '나 이런 사람이야'의 후크로 만들었던 shake it이라는 노랫말이 일정한 시간이 흐른 후에 노래의 맨 마지막에 다시 울려퍼지듯이 기존 제품을 일정한 시간 간격을 두고 시장에 출시하는 것도 좋은 신제품전략이 된다.

그림 13-15 복고제품으로 히트상품

- 독일 자동차 Beetle의 New Beetle로의 탄생
- 미국 크라이슬러의 Cruiser는 1930년대 자동차를 연상
- 1960년대 말 비틀즈의 머리모양이 최근에 유행
- 막걸리의 화려한 부활
- 마르코스 이멜다 여사가 자랑하던 어깨가 뾰족한 자켓선이 최근 패션으로 각광
- 크리스마스 캐롤은 1년에 1번 크게 히트를 친다.
- 수요일에는 빨간 장미를, 10월의 마지막 날 등의 노래들은 특정시기에 반복적으로 기억나도록 설계되어 있다.

그림 13-16 영국지폐는 모두 여왕의 모습이 삽입되어 있다

- 화폐도안에서 일부러 특정인물을 반복적으로 사용한다(영국, 중국 등).

따라서 이 책의 독자들은 과거의 제품을 뒤돌아봄으로써 이 시대에 맞는 복고제품을 출시할 수 있는 기회를 맞을 수 있다. 이것이 반복의 아름다움이다.

5 독자들의 연습장

1) 예전에 팔리던 물건 중 요즘 다시 만들 팔릴 만한 것이 있나요?

( )

이제 논의를 줄여보자. 어느 특정제품을 선택한 후 아래 질문에 답해 보자.

2) 예전에 이 제품에는 있었는데, 요즘은 사라진 제품의 기능이 무엇인지 나열

해 봅시다.

(　　　　　　　　　　　　　　　　　　　　　　　　　　　　　　)

3) 그 예전 기능을 복구한 제품을 출시할 경우, 시장에서 채택이 될까요?

(　　　　　　　　　　　　　　　　　　　　　　　　　　　　　　)

4) 그런 제품을 누가 살까요?

(　　　　　　　　　　　　　　　　　　　　　　　　　　　　　　)

5) 왜 살까요? 그 이유를 적어보세요

(　　　　　　　　　　　　　　　　　　　　　　　　　　　　　　)

1. 옛날에는 있었는데, 지금은 없는 것을 before란에 적어보자
2. 그 제품을 부활시킨다면 어떤 상태로 부활시킬 것인지를 after에 적으시오
3. 그 제품을 누가 좋아할지 적으시오
4. 그 제품을 좋아하는 이유를 적으시오

그림 13-17 복고요소를 정리해 보기

참고문헌

안광호, 황선진, 정찬진 (1999), 패션마케팅, 서울: 수학사.

정형목, 멜로디, 가사 반복 '후크송'바람몰이, 중앙일보 2008.10.21.

마이클 티어노 (2008), 스토리텔링의 비밀, 서울: 아우라.

삼성디자인넷 (2010.8.19), Horrockses Fashions – Off The Peg Style In The '40s and '50s.

승효상 외(2005), 건축이란 무엇인가? 서울: 열화당. 정기용(2005)의 글이 실려 있다.

© copyright by 쏘스뮤직

'여자친구'의 4연타석 홈런은 positioning의 승리!
포지셔닝을 위해서는 반복미가 필요하다!

positioning이란 고객의 머릿속에 제품이나 기업을 자리잡게 하는 과정이라고 마케팅 책에서는 가르친다. positioning을 공고히 하기 위해서는 해당 제품이나 기업이 일정한 theme와 style로 지속적으로 고객에게 노출되는 것이 중요하다.

저자는 걸그룹 '여자친구'의 기획사인 쏘스뮤직이, '여자친구'의 2016년도 정규앨범을 기획하면서 다음과 같은 고민에 빠졌을지도 모른다고 상상했다.

- 2015년부터 연속적으로 메가히트를 친 〈유리구슬〉, 〈오늘부터 우리는〉, 〈시간을 달려서〉에 이어 〈너 그리고 나〉까지 '청순'과 '파워'라는 이미지를 계속적으로 이어간다면 이 두 가지 이미지축에서 확고한 positioning을 구축할 수 있을 것이다.
- 하지만, 비슷한 concept의 곡이 반복되면 이미지가 소진되고 고객은 너무 익숙한 나머지 신선함을 느끼지 못할 것이다.

하지만, 쏘스뮤직은 '청순'과 '파워'라는 이미지의 축을 정규앨범에 실어서 타이틀곡 〈너 그리고 나〉는 2016년 8월까지 순위프로그램에서 다관왕을 차지하고 있다.

반복된 concept의 노출에 의한 positioning의 승리를 보여주고 있다.

Chapter 14

생각의 기술이 북경 예술구 따산쯔大山子에 살아 있다

이 글은 2011년 1월에 쓰여졌다. 그 이후 일부 전시물이 변경되었다.

지금까지 제시한 9개의 생각의 기술은 제품이나 서비스, 기업 내부 조직에만 구현되는 것이 아니다. 중국 북경에 있는 따산쯔(大山子, 798)라는 예술구역을 소개하면서, 이 책에서 배운 다양한 미학적 창작 기법이 시각적으로 배치되어, 멋진 장소마케팅(place marketing)의 모범으로 꾸며진 공간을 소개한다. 이를 통해, 우리나라 지방자치단체에서도 이 책에서 제시한 생각의 기술이 펼쳐진 멋진 문화공간을 창출하기를 바란다.

1 따산쯔 798예술구는 진행형 또는 미래형이다

2002년 과거 코민테른 시절의 산물인 군수공장들이 모여있던 따산쯔(798)에 예술가들이 모여서 예술인촌을 형성하기 시작했고, 10년이 지난 오늘, 이 곳은 베이징을 현대미술의 최첨단으로 이끄는 문화적 상징이 되었다. 798예술지역은 치싱전자그룹이 소유한 몇 개의 공장지역 중의 하나로, 이곳의 건물은 옛날 구 소비에트연방의 원조하에 독일이 설계를 맡아 바우하우스 양식으로 지어진 공장지역이다.

798은 한국사람들이 많이 모여 사는 북경 왕징에서 택시타고 불과 10분 거리에 있다. 주선교로(酒仙橋路)와 798路가 만나는 곳에 육교가 있다.[1] 이 798입구의 육교에서부터 798로를 따라 걸어들어가면서 따산쯔의 미술작품을 구경하며, 왜 이 곳이 미래 미술사조의 하나를 이끄는 곳으로 여겨지는지 살펴보자.

따산쯔 798입구에 들어선 안내판을 보면 얼마나 많은 갤러리들이 여기에 모여있는지를 알 수 있다. 이 안내판에 소개되지 않은 소규모 갤러리들까지 생각해 보면 따산쯔는 얼마나 큰 예술구인지를 쉽게 알 수 있다. 이 798예술구에는 회화, 조각, 환경설계, 설치예술, 촬영 ,의상, 행위예술, 등의 모든 예술활동를 만날 수 있다. 심지어 나이키는 이 곳 공장 중의 하나를 실내체육관으로 만

그림 14-1 주선교로(酒仙橋路)와 798路가 만나는 곳에 육교 밑 798표지

1) 2015년 육교는 철거되었다.

들어 공개하기도 했다. 이제 삼성전자나 애플, 소니의 체험관만 들어서면 최고의 장소마케팅공간이 될 것이다(이렇게 상업자본이 798에 들어서면서 일부 예술가들이 높은 임대료 등을 부담할 수 없어서 798을 떠나고 있다는 지적도 있다).

798입구에서 2차선 길의 인도를 150m쯤 전진하는 길에는 양 옆으로 전시회를 알리는 무빙광고(moving ad)가 설치되어 있다. 오른편에는 과거에 주차장으로 사용했지만 지금은 한창 건물을 짓고 있고, 왼편으로는 아파트가 있다. 이제 첫 번째 조그만 사거리에 서서 이야기를 시작한다(이 사거리가 798西街와 七星西街가 만나는 곳이다).

이제부터 나는 미술작품을 만날 때마다

- 형태－색상－콘텐츠로 나누는 틀이나
- dressing: 무엇인가를 기존 것 위에 더한 것으로 설명하거나
- stripping: 무엇인가를 기존 것에서 뺀 것으로 설명하거나
- aleatorik: 기존 것에 무엇인가 완전히 다른 것을 결합시킨 것으로 설명하거나
- repetition: 기존 것을 반복함으로써 새로움을 얻은 것으로 설명할 것이다.

〈그림 14－2〉에서 1시 방향에 말 탄 인물과 한족 농민의 두건을 쓴 머리를 가진 서 있는 세 남자모습이 보인다.

먼저 말 탄 인물은 모든 신체에서 머리가 유독 작아보인다. 형태 측면에서 크기를 일부러 작게 함으로써 신체 비율감을 왜곡시키고 이를 통해 관찰자의 시선을 끌게 된다. 크기(size)의 변화를 통해 관찰자의 시각을 자극한 것이다.

〈그림 14－3〉의 두건을 쓴 한족의 머리를 보자. 이곳에 오는 서양인의 눈에 제일 먼저 크게 들어오는 이 작품은

그림 14－2 기마인물상의 머리가 유독 작은데 금속을 입혀서 눈에 확 띈다

그림 14-3 한족의 두건형상의 조각

그림 14-4 한족 가수가 두른 두건

중국에서 가장 많은 인구비중을 차지하는 한족의 두건 스타일이다. 이 형태를 보기만 해도 중국적임을 체험하게 된다.

〈그림 14-5〉의 서 있는 세 입상은 중국적이라는 콘텐츠를 극대화한다. 형태 측면에서 신체비율 중 머리를 일부러 조그마하게 크기를 조정했다. 색상 측면에서 인민복 색상을 강조했으며, 이 인민복과 레닌모자를 합성한 모택동복을 착용함으로써 중국적 작품임이 강조했다. 이 입상은 서안에서 출토된 진시황릉의 전사처럼 서 있기 때문에, 보는 사람으로 하여금 중국적이라고 느끼게 할 수도 있다.

이렇게 이 입상은 형태-색상-콘텐츠 측면에서 모두 관찰자를 자극하면서, 정확한 중국적 정체성을 말해주고 있다.

그림 14-5 인민복과 진시황릉 테라코타 포즈의 입상

'당신은 지금 중국사람의 작품을 보고 계십니다.'

그림 14-6 턱 든 사람

작년에 이 인민복 세 사람 뒤에 새로운 작품이 들어섰다. 정면 하늘을 향해 머리를 들고 입을 벌리고 있는 작품이다(〈그림 14-6〉). 따산쯔를 대표하는 작품으로 눈에 확 뜨이는 것 중의 하나가 이렇게 턱을 들고 있는 것이다. 이 작가의 작품 중에는 턱을 들고 있는 것이 많다. 그래서 이런 형태의 포즈만 보아도 누구의 작품인지를 알 수 있다. 중국의 그 작가 거네…따산쯔에 있는 거네…

이제 이 작품을 보면서 직진하다가 첫 번째 골목으로 우회전을 한다. 왼편으로는 의상실이 있다. 아! 따산쯔에도 의상으로 작품을 만드는 사람이 생기고 있는 것이다. 이제 이 골목이 끝나는 지점의 오른편으로 흰 플라스틱 인물의 뒷모습이 보인다.

그림 14-7 병마용의 군인상을 모방한 작품

진시황 병마용을 모방(repetition)한 작품이다(〈그림 14-7〉). 저자는 이 작품의 뒷모습을 보면서 접근했기 때문에 가끔 이 작품의 엉덩이를 만지고 싶어지기도 한다. 앞에서 보면 영락없는 병마용의 군사인데 깃발을 들고 있다. 이 작품은 흰색병마용이라는 색상차별화와 하의실종(stripping)이라는 콘텐츠의 변화를 통해 관찰자에게 재미를 준다. 이 병마용의 엉덩이를 만지거나 이 병마용을 쳐다보면 웃음이 절로 나온다.

그림 14-8 일부러 어린아이를 층층이 반복한 작품

병마용을 엉덩이를 만지면서 우회전하여 열 발자국만 가면 왼편으로 웃는 아이들이 층층이 서 있다(repetition)(〈그림 14-8〉). 작가는 일부러 어린아이를 쌓아놓은 것이다. 더 재미있다. 예술작품은 보는 사람이 이렇게 재미있어야 되지 않을까?

이제 다시 2차선을 만나면 좌회전해서, 왼쪽 인도를 따라 걷는다. 그러면 사회주의 혁명의 주역인 노동자 농민들이 돈을 치켜세우고 있는 모습을 볼 수 있다. 중국이 변화하여 모택동주석이 그려진 돈다발(중국의 거의 모든 지폐의 표지모델은 모택동 주석이다. 다만 색상이 다를 뿐이다)을 숭배하는 중국으로 변화하였음을 풍자하고 있다.(〈그림 14-9〉)

그 옆에 모택동복을 입은 사람의 몸에 용의 머리를 결합(aleatorik)한 작품이 서 있다(〈그림 14-10〉). 색상도 채도가 높아서 화려하다. 이 용들도 턱을 들고 있는데 옆으로 약간 비틀었다. 턱을 들고 비틀었기 때문에 형태의 변화가 보이고, 색상

그림 14-9 돈을 숭배한다는 것을 의미하는 것일까? 아무튼 색상이 눈에 확 들어온다

그림 14-10 턱을 든다는 독특함이 다시 목격되는 작품. 색상도 눈에 확! 인민복에 용머리들. 무슨 뜻일까?

그림 14-11 798의 공식안내판

그림 14-12 본격적인 798 투어의 시작

의 변화를 세 가지 색상으로 다양화했다. 눈에 확 들어온다. 인민복에 용을 왜 붙였을까? 무슨 뜻일까?

여기에서 10m쯤 가면 길 건너에 북경예술구라는 공식 표시물이 보인다. 2002년에 예술가들이 이곳에 모여든 이후에 중국정부가 강력한 예술클러스터로 밀어주고 있는 곳임을 보여준다. 우리나라에 이렇게 예술가들이 모여서 집단촌을 형성하고, 흡입력을 지니게 된 곳이 있을까? 파주 헤이리는 마치 부자들의 전원주택지가 되어 버렸고, 문래동은 아직 따산쯔에는 못 미치고 있다.

이 안내판 뒤에 거대한 거인의 동상이 있어서 사람들이 그 쪽으로 향하지만, 독자들은 바로 오른쪽 건물에 주목해야 한다. 코민테른 시절 소련이 돈을 내고 독일이 설계한 바우하우스 양식의 공장 건물에 날개 달린 사람이 매달려 있다(〈그림 14-12〉). 이 매달린 사람 아래로 통로가 보일 것이다. 우리는 그 통로에 들어서자마자 공장파이프와 벨브와 얼어터짐을 방지하기 위해 사용한 담요의 조합을 보고 놀라게 된다(〈그림 14-14〉).

그림 14-13 바우하우스 스타일의 공장건물

이 통로를 지나면서 왼편으로 무거운 철문이 보인다. 이 철문을 힘들게 밀고 들어서면, 가우디가 세웠을 법한 기둥이 서 있고, 천장에서는 비스듬한 유리 덮개를 통해 빛이

그림 14-14 건물 내부의 파이프

그림 14-15 공장건물 내부

들어오고 있다. 기둥과 천장 사이에 '모택동 주석만세 중국공산당 만세'라는 지난 세월의 구호가 빨갛게 난무하고 있다(〈그림 14-15〉). 이 거대한 공간에 과거에 사용하던 공작기계와 이를 둘러싼 벽돌, 그리고 현대 미술품들이 묘하게 전시되고 있다. 사람들은 이 전시공간의 공간감에 놀란다.

'공장이 이렇게 멋진 전시장이 될 수 있구나.'

마치 철도역이 오르세미술관이 되었듯이.
이곳에서는 일부러 머리가 큰 새파란 인간형상.
일부러 얼굴을 길게 만든 얼굴들.
이렇게 주로 형태를 왜곡시키고, 색상을 강렬하게 한 작품이 많이 전시된다.
주목성 측면에서는 최고이다. 때때로 누드가 전시되기도 한다.

이곳을 나오면, 통로의 오른편에는 물감을 파는 가게가 있다. 이제 통로를 빠져 나오면 오른편으로 싸구려 그림을 마구 무더기로 걸어 놓고 파는 가게가 있다. 이곳에서는 북한 미술품도 판다. 통로에서 나와 계속 직진하면, 통통한 청동상이 인민복을 입고 턱을 올리고 서 있다. 머리도 동그스름, 몸도 동그스름. 형태를 동그랗게 해서 강조한 작품. 원만하다. 형태는 동그랗게, 콘텐츠는 인민복(〈그림 14-17〉).

여기에서 오른쪽 골목을 보면, 하얀 벽면을 배경으로 나무가 서 있고, 이

그림 14-16 공장 내부 전시 안내와 전시물

그림 14-17 길거리에서 만나는 중국&따산쯔 정체성의 턱 든 작품

그림14-18 벽면과 공간이 중국화가 된 작품

나무가 빨간 띠를 두르고 구슬을 매달고 있음을 볼 수 있다(〈그림 14-18〉). 벽면에는 한시가 한 수 적혀 있다. 건물의 벽면은 한지가 되고, 붉은 천을 두른 나무는 그림이 되고, 한시는 이 풍경을 찬양하는 글이 되어, 한 편의 채색수묵화가 되었다. 채색 수묵화를 공간으로 보이게 만들었다. 중국 사람들이 빨간색을 좋아한다는 것은 누구나 알 만한 일이다. 저 붉은 나무를 보고, 중국 사람들은 좋아할 것이고, 동양사람들은 동양화를 보니 마음이 좋을 것이다. 2차원 종이에 들어갈 작품을 3차원 공간에 배치한 모방이자 반복(repetition)이다.

그 벽면을 보고 있다가 왼편을 보면, 굴 입구가 보인다. 사람들은 모두 막힌 벽면에 뚫린 이 입구에 자동적으로 발길을 옮긴다. 이 갤러리는 주로 서양인의 눈에 선택될 만한 현대적 작품들이 많이 전시되고 있다. 어떤 때 이곳에 들어서면 아주 공간감이 많은 작품들이 주로 전시되고 있다. 한자를 형상화한 것을 모티브로 서양화를 그린 것들도 있다(〈그림 14-19〉).

이 갤러리를 빠져 나가다 보면 조그만 매장이 있는데 중국 현대미술을 이끄는 대표적인 작가들의 작품이 엽서로 판매되고 있다.

그림 14-19 공간감이 큰 공장내부 갤러리 설치작품

우에민준(Yue Minjun)의 작품처럼 입을 크게 벌리고 하얀 이를 드러낸 채 활짝 웃는 특유의 인물 캐릭터를 발견할 수 있기도 하고(〈그림 14-20〉), 우에민준의 웃음이 싫었는지 절대 웃지 않는 무표정의 인물로 유명한 중국중앙미술학원 교수의 작품도 있다.

이 매장 옆 출구를 나서면, 좌우로 냉전시대 공산주의의 선동적인 작품들이 펼쳐져 있다. 이런 유형의 작품은 사회주의 국가에서 흔히 발견되는 것이다. 낫과 망치로 상징되는 노동자 농민을 콘텐츠화한 작품들이다.

그림 14-20 우에민준의 회화작품 중의 일부

우리의 발길은 좌회전하여 직진한다. 30m를 갔을까 오른편으로 머리가 없는 인민복 입은 청동상 작품이 있다. 기존 작품에서 머리만을 생략한 stripping이다. 이 작품 뒤에 철문이 크다. 문이 열려 있으면 밀고 들어간다. 마루가 만들어져 있어서 場을 만들었다. 이 장 위에 다시 손을 모으고 있는 머리 없는 청동상이 하나 더 있다. 생략의 미학. 아리스토텔레스가 '시학'에서 어떤 사건이 들어 있든 없든 차이가 나지 않는다면, 그 사건은 전체에 반드시 필요한 부분이 아니다(시학 8장)라고 지적한 바 있다. 이 원리에 따르면 이 머리 없는 청동 인민복 상은 반드시 머리가 필요하지 않았던 것이다. 기존의 것에서 무엇인가를 생략하여 새로운

그림 14-21 머리가 없는 동상

것을 만드는 과정인 stripping으로 설명 가능한 작품이다(〈그림 14-21〉).

그 옆 작품은 머리가 큰 빨간 사람이다. 무엇인가를 외치고 있다. 명확히 큰 머리가 기존의 인간이 가진 신체 비례감과 너무나 틀려서 관람객의 눈을 사로 잡는다.

그 옆에 있는 사회주의 시절의 선동적인 노동자 상은 신체 비례 중에 머리의 비중이 비교적 적다. 하지만 이런 형태의 차이보다는 삽을 들고 있는 사회주의 건설이라는 콘텐츠가 눈에 보인다. 하지만, 그 옆에 있는 닭을 들고 있는 사람은 신체비례감의 왜곡없이 단순히 닭을 들고 있어서, 관람객이 머리를 흔들면서 무슨 해석을 해야 할지를 고민하게 만든다.

그림 14-22 거인상. 거인이라는 말 자체가 평상적인 인간보다 형태적으로 크다는 말

이제 이 노상 갤러리를 빠져 나와 좀 전에 그 거인상을 만나러 간다. 나오자마자 왼편으로 좌회전해서 직진하면, 거인상이 정면으로 보이는 길에 도착한다. 이 거인상은 북경대학교 경영대학원 앞에도 서 있다. 국가기관이나 개인이 많은 예술작품을 사 주고 있음을 알 수 있다(〈그림 14-22〉).

이 거인상이 바라보이는 사거리(798路와 798東街가 만나는 사거리)에 서서, 커피를 한 잔 마실 곳을 찾아보자. with space라는 매장이 보일 것이다. 한국분이 사장님이라고 소개하는 사람이 많은데, 정확하게 말하자만 내가 아는 한국에서 벽돌을 제일 잘 그리시는 김강용 화백의 사모님이 하시는 매장이다. 2009년 김

그림 14-23 따산쯔 with space 카페 옆 갤러리에 전시된 작품. 다이오드가 창을 만들고 용의 모습이 액자가 되어 있다

강용 화백은 북경에 있는 북경미술관에서 개인전을 개최하기도 하셨고, 그 해 여름에 따산쯔에서 작품 전시회를 하신 적이 있으시다.

이곳에 처음 저자가 간 이유는 다른 카페보다 깨끗한 외관에 매장 내부가 단순한 것이 마음에 들어서였는데, 이곳에서 먹는 한국음식이나 개량된 중국음식도 맛이 있다. 그래서 저자의 지인들이 북경에 들르거나 저자가 책을 읽거나 작업을 할 때 노트북을 들고 가서 애용하는 곳이다. 어떤 때는 가격을 20% 할인해 주시고, 어떤 때는 케이크가 생겼다며 우리 테이블에 케이크를 주시기도 한다. 아직 김강용 화백과는 통성명도 안한 사이이지만, 이 매장을 통해 김강용 화백의 벽돌과 친숙함을 느끼고 있다. 사모님의 작품도 이 카페 옆의 갤러리에 전시되곤 했는데, 소녀다움이 물씬 나시는 작품을 선보이신다. 사모님의 작품은 아주 서정적이거나, 아주 엉뚱한 조합의 aleatorik을 만들어 내신다. 아주 가벼운 신선함을 느끼게 한다. 하지만 문제는 하나. 작품 가격이 높아서 방문할 때마다 눈맛만 즐기고, 구매하는 즐거움을 갖지 못하고 있다.

그림 14-24 김강용 화백과 벽돌작품

김강용 화백의 벽돌은 끊임없는 형태는 고정시킨 후에 반복이라는 dressing과 동일형태에 색상 변화를 시도하는 것으로 저자는 해석한다. 이런 단순함을 미시적으로 가까이 관찰하면 극사실주의에 가까운 엄청난 공력으로 벽돌 한 장 한 장이 그려졌음을 알 수 있다.

따산쯔의 국제성은 이 매장과 옆 갤러리에서도 느끼게 된다. 우리 화가들이 이곳 갤러리에 많은 작품 전시를

그림 14-25 山艺术-北京林正艺术空间의 전시작품

하고 있는 것이다. 이 with space 카페 옆의 聖之空間이라는 갤러리에서는 가수 조영남의 작품이 전시되기도 했다.

그 갤러리 길 건너 山艺术-北京林正艺术空间는 저자가 보기에 가장 수준 높은 작품을 기획 전시하는 곳이다. 대작이 많으며, 위에민준의 대척점에 있는 형태-색상-콘텐츠를 가진 작품이 전시된 적이 있다. 〈그림 14-20〉처럼 위에민준이 가볍고 과장된 표정과 동적인 포즈를 취한 것에 비해, 〈그림 14-25〉처럼 정적이고 무거우며 표정없는 작품들이 기획전시된 것이다.

이제 798동가를 따라 계속 직진하면 706北1가를 만나게 된다. 한 블록만 지나면 인테리어 가구를 파는 가게가 왼편에 나오고 그 옆 건물이 조선만수대창작소의 작품 전시공간이다. 국민들이 굶어도 이렇게 외국에 자국의 작품 전시공간을 멋있게 만드는 의사결정을 하는 국가가 있는 것이다. 한편, 비교적 부자나라인 우리나라는 이렇게 자국의 예술품을 노출시킬 공간을 이곳에 만들지 않고 있다.

706북1가에서 조선만수대창작소 작품전시공간으로 좌회전해서 직진하면 20m를 못가서 작은 광장을 만나고 거기에 몇 백 마리의 청동 늑대들과 그 늑대

그림 14-26 늑대의 반복(2013년 철수됨)

에 둘러싸인 칼을 든 사람이 우리를 맞이한다(〈그림 14-26〉).[2)]

공공공간에 이런 거대한 미술작품을 설치작품으로 상설전시하는 장면은 너무나 부럽다. 늑대들은 각기 다르다. 늑대들을 반복(repetition)하여 배치하였는데, 이런 반복은 1개만 있었을 때의 늑대보다 훨씬 사람들을 긴장하게 만든다. 2년 전에는 이곳에 콘트리트로 만든 자동차가 있었다.

이 늑대와 고분분투하는 칼을 든 남자를 왼편으로 보면서 직진하면, 철장에 갇힌 괴물이나 사람을 볼 수 있다. 사람과 괴물을 결합(aleatorik)한 생명체를 가둔 작품이 이곳에 전시되어 있다. 사자의 몸과 사람의 머리를 결합시킨 스핑크스 이래로 이렇게 다른 생명체를 결합시킨 작품은 유래가 오래된 것이다(〈그림 14-27, 14-28〉).

사람이 거미와 결합되어 있다.
남자가 여자와 결합되어 있다.

이제 797로로 나와서 酒仙路 방향으로 빠져나와보자. 그 오른편에 결혼식하는 두 사람을 만난다. 중국 어느 소수민족인가 아니면 한족인가 가늘게 생긴 얼굴과 몸매 때문에 사람들은 눈이 확 집중된다. 귀엽다. 재미있다. 일부러 어깨선을 낮추고 목을 길게 하여 형태의 변화를 노린 작품이다. 여기에 중국에서

그림 14-27 사람과 동물의 aleatorik을 시도한 작품 1

그림 14-28 사람과 동물의 aleatorik을 시도한 작품 2

2) 이 전시물도 2015년 이전에 철거되었다.

그림 14-29 결혼하는 두 사람

결혼식에 사용하는 복식을 하고 있기 때문에 결혼식을 떠 올린다. 중국적 정체성이 뚜렷하다(〈그림 14-29〉).

지금까지 저자는 798로에서 797로까지를 한 바퀴 도는 코스에서 발견할 수 있는 미술작품을 몇 개 소개하였다. 이 과정에서 형태-색상-콘텐츠가 dressing, stripping, aleatorik, repetition으로 작품들이 구성되어 있음을 소개했다. 이렇게 창작작품들이 물리적으로 존재함으로써 관람객의 시각을 충족시키는 공간이 따산쯔이다. 이와 같이, 제품이나 서비스뿐만 아니라 '물리적 공간'도 미학적 생각의 기술을 통해 새로운 공간으로 다시 태어날 수 있음을 보여준다.

Chapter 15

형태-색상-콘텐츠 분석틀에 의한 껌의 역사와 '그레마스'의 기호사각형

한국시장 껌의 역사를 보면 shape-color-content의 dressing과 stripping의 역사이다. 이 껌의 사례를 제품개발 통합사례로 제시한다. 껌의 역사과정을 통해 신제품이 어떤 기회를 통해 shape-color-content를 추가해 왔는지를 확인하고, 미래에 어떤 껌의 신제품기회가 남아 있는지를 보여준다. 이 신제품기회를 Greimas의 '기호사각형' 모델을 활용하여 찾아가는 사례를 보여준다. 이 책의 전반부는 사례책(case study) 형식으로 되어 있으며, 후반부는 신제품개발 프로젝트 보고서의 양식을 취한다.

1 미군이 들여온 어른용 껌이 우리나라에서는 재미있는 어린이용 껌으로 국산화되다

우리나라에서 처음 국산 껌을 생산한 곳이 해태제과라고 알려져 있다. 그 전에는 미군이 진주하면서 미국군인들이 씹던 미국산 껌(Wrigley)이 유통되고 있었다. 국산 최초의 제품은 1956년에 국내 기술로 출시된 해태 '풍선껌'과 '설탕껌', '또 뽑기껌'이다. 이 껌들은 미군이 한국에 진주하면서 소개한 어른용 껌이 아니라 어린이껌이라는 특징이 있다.

마케팅적으로는 목표시장을 어린이용으로 낮추어서 시장기회를 찾았다는 전략적 선택이 돋보인다. Abell의 업의 개념에서 보면 X축의 연령측면에서 기존 Wrigley가 미처 공략하지 않고 있었던 어린이장으로 연령적으로 하향공략했음을 뜻한다. Abell의 Y축 측면에서는 기존에 입 안을 청결하게 하거나 시원하게 하는 욕구를 해소해 주었다는 혜택 이외에 재미(fun)라는 새로운 가치를 제공했다.

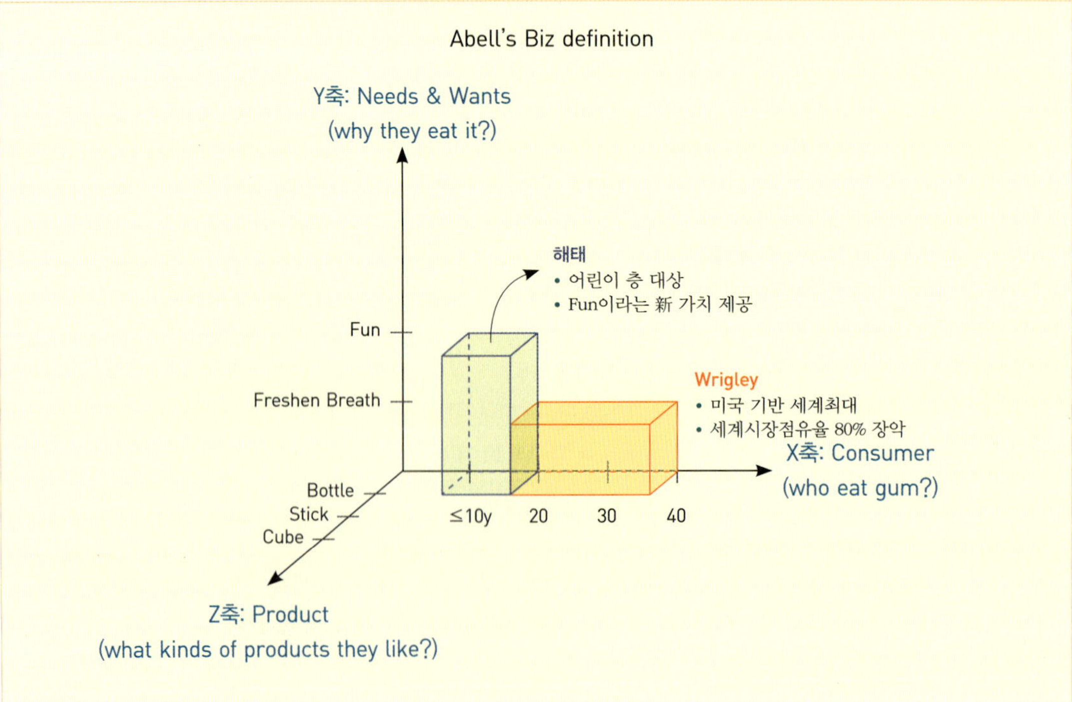

그림 15-1 1956년 해태제과의 껌 시장 진입

하지만 Abell의 Z축 측면에서는 Wrigley와 동일한 형태인 stick형의 껌 모양은 유지되고 있다. 판껌이라 불리우는 얇고 길쭉한 껌을 몇 개로 묶어서 비닐포장한 형태인 것이다. 2010년 지금도 이런 형태의 풍선껌은 생산되고 있다.

그림 15-2 스틱 형태의 껌

한편, 대체재라는 측면에서 껌을 살펴볼 필요가 있다. 껌이라는 제품카테고리의 새로운 출현은 주식이 아닌 다른 간식 카테고리와 경쟁을 시작하게 되었다. 누룽지나 비스켓, 빵, 음료수 카테고리 등과 경쟁이 시작된 것이다.

2 1960년대 어른용 껌이 출시되어 시장이 연령측면에서 확대되다

이 시기에 해태제과는 '커피 껌(coffee gum)', '시가 껌(cigar gum)', '골드 껌

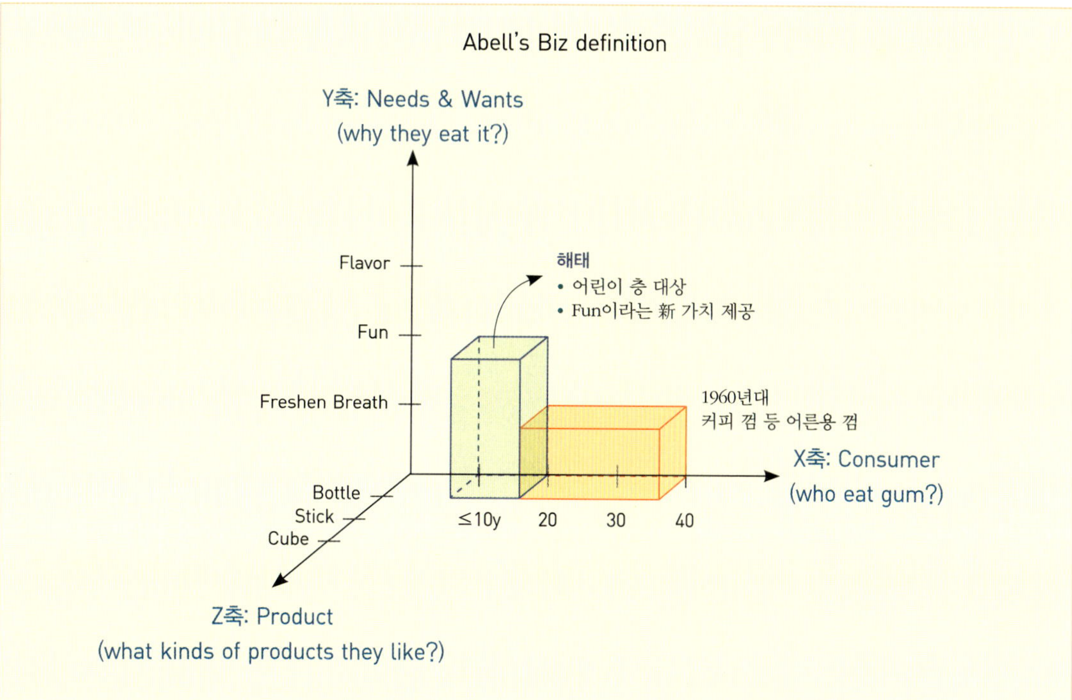

그림 15-3 롯데제과 설립 이후 해태제과와 롯데제과가 진입하여 경쟁하는 시장

(gold gum)'과 함께, 미국 담배의 유행에 편승한 '셀렘민트' 껌을 출시했다. 이것은 해태제과 입장에서는 어린이용 껌에서 어른용 껌으로 연령대별로 시장을 확대한 것이다.

1967년에는 롯데제과가 설립되면서 껌을 생산하기 시작하였는데, 어른용 껌으로는 '쿨민트 껌(cool mint gum)'과 '바브민트 껌', '쥬시민트 껌', '페파민트 껌' 등이고, 어린이용껌으로는 '슈퍼맨 풍선껌' 등이 있다.

해태제과 입장에서는 미국껌들이 장악하고 있던 시장으로 진입하여 경쟁을 시작한 것이고, 후발주자인 롯데제과는 어른이용 껌과 어른용 껌에 동시에 진입한 것을 알 수 있다.

3 롯데제과가 빅 히트를 치다. 롯데껌 삼총사는 껌 flavor를 알게 하다

1972년에 롯데가 출시한 세 종류의 '쥬시후레쉬', '스피아민트', '후레쉬민트'는 껌 시장에 일대 히트 상품이 되었다. 지금까지도 최장수 껌이라고 롯데제과가 자랑하는 이 껌은 다양한 색과 다양한 혜택을 자랑한다. 껌의 역사가 시작되었다고 믿어지는 멕시코산 치클을 채용하여 부드러움 촉감을 selling point로 한다. 여기에 초록색은 입속의 상쾌함을 강조하고, 노란색은 풍부한 과일향, 하얀색껌은 은은한 박하향을 강조한다.

이 제품의 특징 중의 하나는 광고와 함께 선 보인 로고송에 있다. 이 광고와 로고송은 관여도가 높지 않은 제품인 껌에 대해 반복노출에 의한 친숙효과를 청각·시각적으로 연계시키는 성과를 얻었다. 이들 제품이 광고 시 사용되었던 CM송을 기억하는 사람이 아직도 많을 것이다.

이 삼총사는 기존제품들보다 크기와 부피를 늘리고 향을 보강, 껌 시장의 혁명이라 평가받는 국내 껌 문화의 초석을 이루게 되었다는 평가를 받았다. 특히 롯데제과는 이 삼총사가 남녀노소에게 모두 사랑받았다고 자랑하고 있다.

Abell의 업측면에서 보면 연령측면에서 X축의 거의 모든 부분을 포괄하고 있다는 것을 알 수 있다. 한 제품으로 전체시장을 공략하는 비차별화마케팅 사

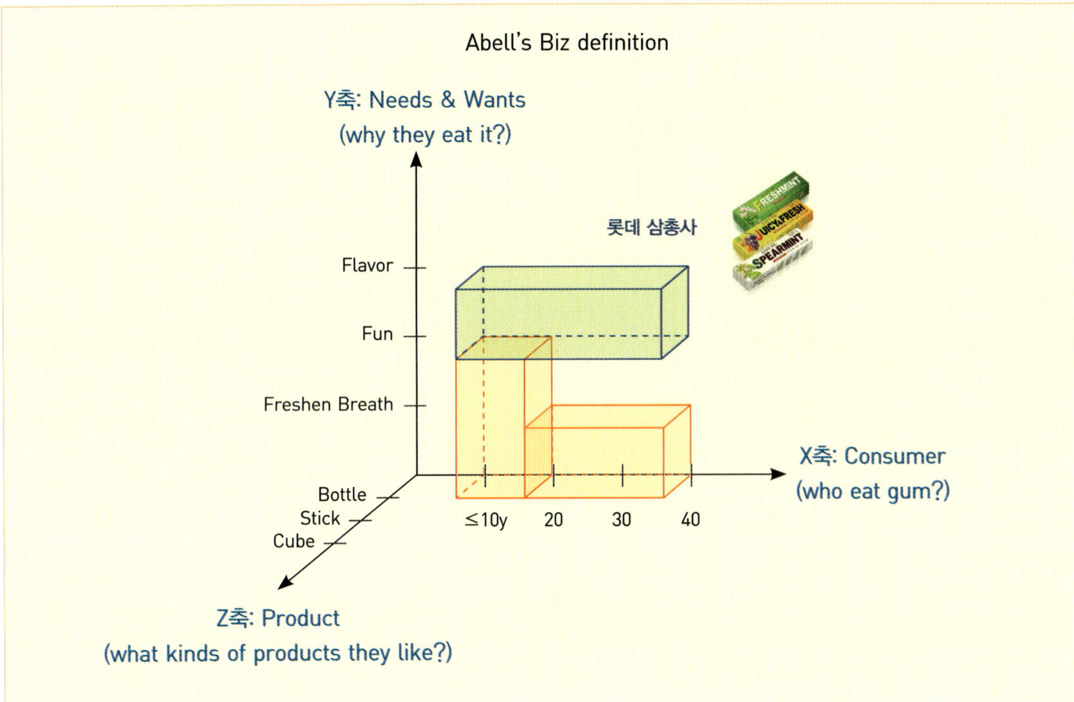

그림 15-4 롯데 삼총사의 새로운 포지셔닝

례로 대표적인 것이다. Y축에서는 진정한 의미의 flavor의 가치를 시장에 보여주었다고 평가할 수 있다. Z축에서 형태는 아직 스틱형을 유지하고 있다.

4 드디어 껌이 색(color)을 보여주다

1970년대에 드디어 껌이 색을 보여주기 시작했다. 1974년에는 저가품으로 개발되었던 '은단껌'이 있었고, 1976년에 개발된 '아카시아 껌'은 기존 황색, 녹색에서 과감히 탈피한 흑색을 사용하여 껌에 주어진 고정관념의 컬러 이미지를 과감히 탈피하여 30대 이전의 젊은 층을 타깃으로 껌 시장에 파란을 일으켰던 히트작이었다.

Abell의 업의 개념에서 z축을 보자. stick형의 제품이 계속되고 있으므로 형태는 변화가 없는 것이다. 그래서 색상으로 Z축을 수정해 보았다. 1976년 아

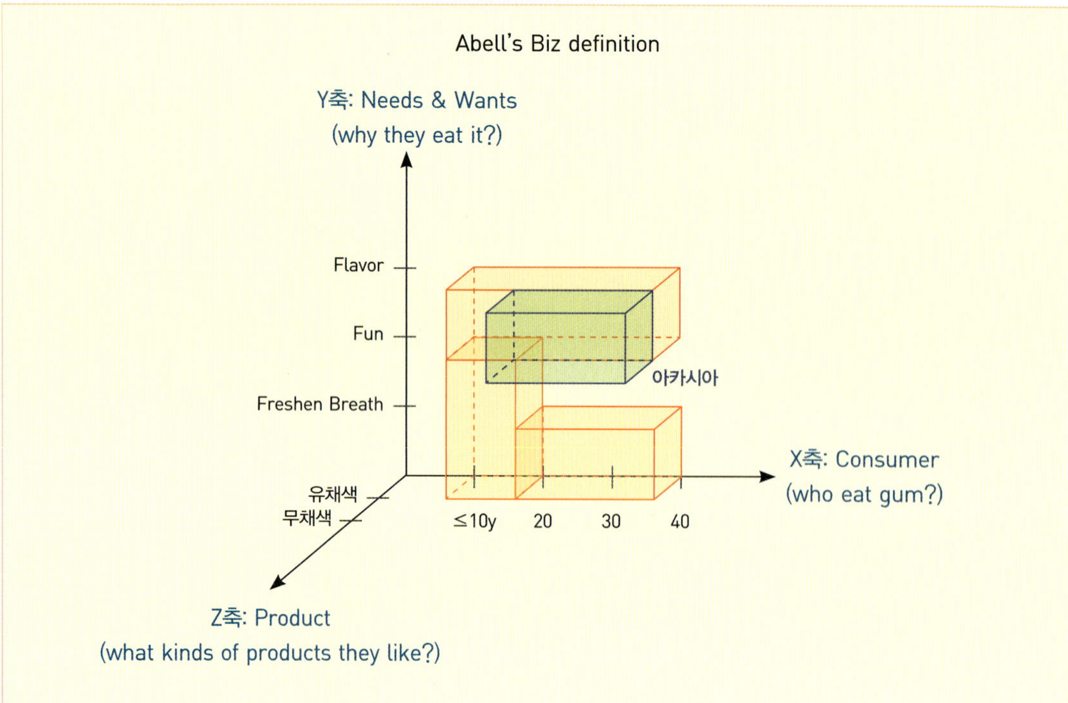

그림 15-5 색상 차별화를 시도한 아카시아껌

그림 15-6 검은 색 껌이 유채색 속에서 보이는 현상을 보여주는 사진

카시아 껌은 유채색에서 벗어나 무채색의 흑색을 사용하여 드디어 색상에 큰 변화를 주었다.

전시(display)되어 있는 상태를 상상해 보자. 모두 유채색으로 울긋불긋하여 시각적으로 혼란한 상태에서 무채색이 존재하면 눈에 띄기 마련이다. 유채색, 유채색 속에 무채색이 눈에 띄는 것이니까(〈그림 15-6〉 참조). 앞에서 다루었지만, 제품을 인식하는 처음 단계는 형태이고, 그 다음이 색상인데, 껌에서 색상 차별화가 이미 1970년대에 시작되었음을 보여주는 것이다.

5 껌이 페미니스트가 되다

1980년대 초반에 생산되기 시작했던 롯데의 '에뜨랑제', '챠밍', '아뜨리에', '이브 껌'은 제품명에서 풍기는 이미지답게 감수성이 예민한 젊은 여성층에 사랑을 받으면서 대형 껌 세트에 이은 '후로랄 세트'로 자리를 굳히게 되었다. 껌의 향이 제품선택기준임을 경쟁하게 되었다.

이 제품의 특징은 X축의 고객측면에서 여성고객에게 소구를 했다는 점이다. 이런 현상은 기존 어른용 껌이 남성 위주거나 남녀 공용껌의 포지셔닝에서 여성용으로 목표시장을 확실하게 좁히는 결과를 낳았다. Y축의 욕구측면에서는 floral이라는 꽃향기를 껌에 도입하여 입에서 느끼는 flavor를 더 다양하게 했으며, 이 껌들로 인해서 floral이라는 껌 카테고리가 성립하는 기회를 갖게 되었다.

저자는 경제학에서 다루는 대체재 측면에서 이제 껌은 향수와 경쟁하기 시작하게 된 것으로 평가하고 싶다.

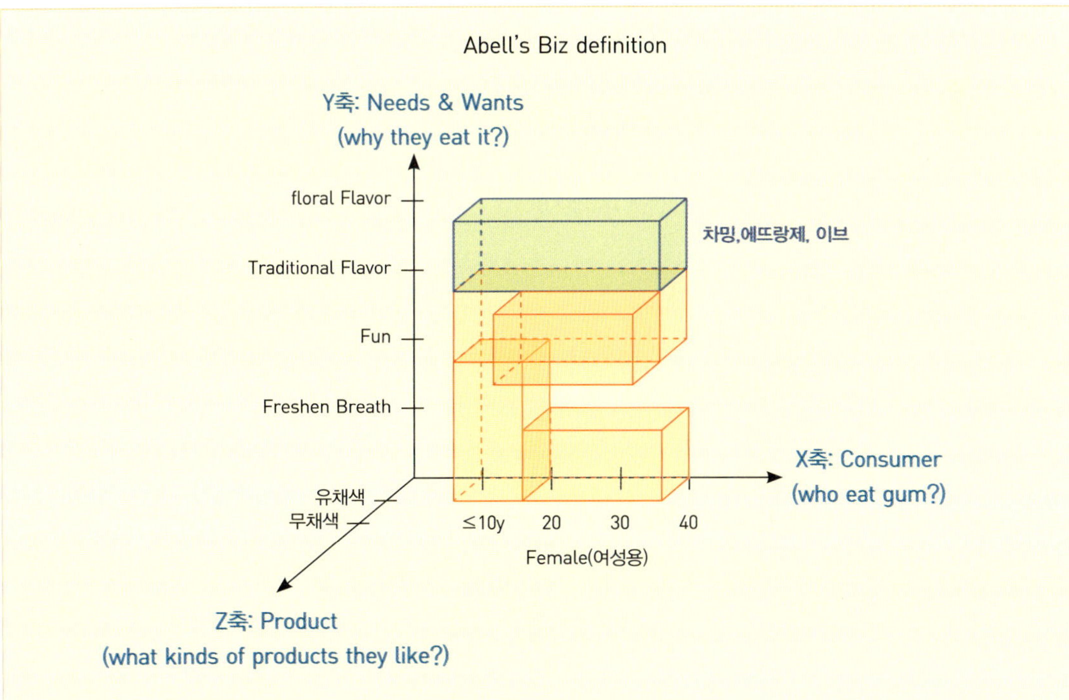

그림 15-7 목표시장의 차별화 및 floral이라는 향의 도입

6 '건강'을 화두로 '무설탕껌'이 기존 껌들을 모두 나쁜 것으로 만들어 버리다

1994년과 1995년은 무설탕이 설탕을 이긴 해였다. 껌은 기본적으로 입에 들어가서 세균증식을 돕기 때문에 설탕이 들어간 껌은 충치를 유발할 가능성이 높다. 이에 반대개념으로 '무설탕껌'이 등장한 것이다. 더불어 솔비톨이라는 제품성분으로 '충치예방'을 강조하여 새로운 가치를 시장에 제공했다.

롯데제과가 삼총사로 시장을 점령하자, 해태제과가 무설탕으로 반격을 멋지게 시작한 것이다. 해태의 무설탕껌 출시는 기존의 모든 껌들을 설탕껌으로 몰아서 '나쁜 껌'으로 만들어 버렸다. '무설탕'껌은 '좋은 껌'이라는 포지셔닝을 만들어 버렸다. 즉, '건강'이라는 껌 제품선택기준을 구매자에게 제시한 것이다. 그래서 기존의 모든 껌은 입 안 건강에 나쁜 것이 되었다.

모든 껌 시장 경쟁사들은 입 안 건강에 좋은 껌을 만들기 시작했다. 해태제과의 '덴티큐'의 경쟁제품으로, 오리온에서는 '워시'를 출시, 깨끗하고 깔끔한 느낌의 연두색상과 산뜻한 로고체를 이용한 패키지로, 롯데에서는 '슈가프리'와 '덴티스트리', '제로 껌'으로 무설탕껌을 출시했다. 해태제과는 구강클리닉 전문

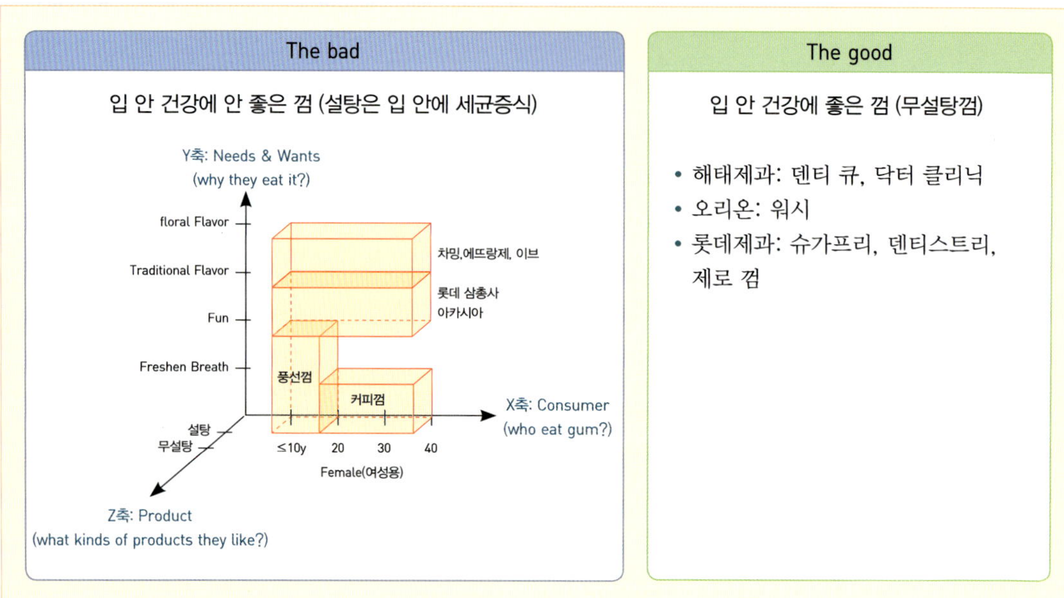

그림 15-8 무설탕껌의 설탕껌 공략

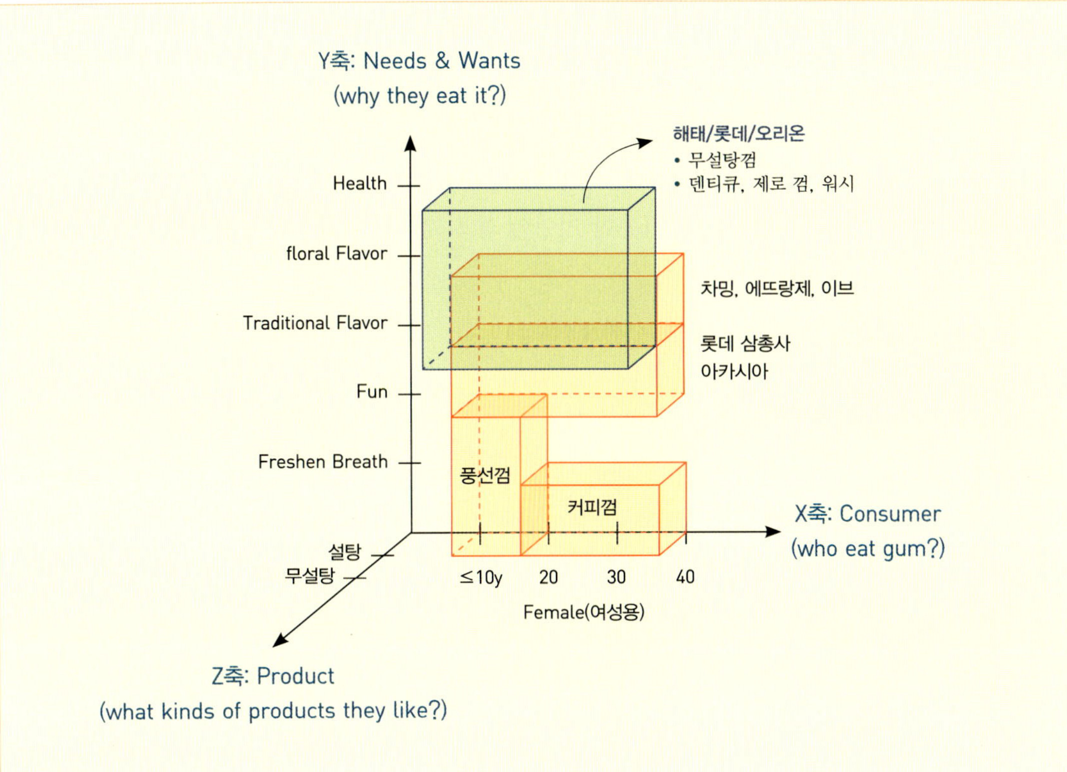

그림 15-9 무설탕껌의 포지셔닝

껌 '닥터 클리닉'을 내놓아서 제품계열을 확대했다.

입안 건강을 강조하게 됨으로써 이 시기에 껌은 드디어 치약과 경쟁하기 시작하게 되었다. 중국에서는 음식섭취 후 칫솔질 대신에 차를 마시므로, 중국 껌 시장은 치약, 차와 경쟁하기 시작했음을 의미한다.

7 1990년대 TPO별 기능성 껌이 봇물처럼 터지다

1990년대에 한국에서는 특정 고객집단이, 특정 시점(time), 특정 장소(place), 특정 상황(occasion)에서 사용할 수 있는 많은 종류의 기능껌이 출시되었다.

- 졸음방지 껌(운전자를 위한 껌)
- 스트레스 해소 껌
- 구취제거 껌
- 충치발생억제 껌
- 의치(義齒)를 비롯한 치아에 붙지 않는 껌(의치를 사용하시는 분)
- 비타민 공급 껌
- 머리가 좋아지는 껌(DHA껌)

이 중에서도 구취제거 기능껌이 고객에게 가장 큰 사랑을 받았다. 녹차 엑기스의 추출물인 후라보노이드 성분을 이용한 기능성 껌이 구취제거용으로 대거 선보이게 됐는데, 오리온과 롯데의 '후라보노(브랜드명 동일)' 해태의 '후라보노이드'가 선보였고 여성을 주 타깃으로 한 '미스 후라보노'도 나왔다.

Abell의 업 개념 틀에서 보면, Y축의 다양한 욕구를 개발하여 제공한 셈이다. 마케팅적으로 보면, 기존 향과 맛(taste)이라는 껌의 전통적인 주류 가치 이외에 비주류의 많은 가치들을 공략하는 것처럼 보인다.

이와 같은 무설탕 기능성껌의 TPO공략 전통은 아직도 남아 있다. 예를 들어, 해태제과의 chew&sing껌은 이 껌을 씹은 후 30분 후에 노래 부르기 좋은 컨디션을 제공한다고 자랑한다.

이와 같은 트랜드는 기존 껌들을 '마치 소용없는 무기력한 껌(unuseful gum)'으로 몰아버렸다. 기능성이 있어야만 '유용한(useful)' 껌인 듯 자신을 포장하기 시작한 것이다.

미백작용 등의 껌 등은 치약과 경쟁하기 시작했으며, 비타민 공급껌은 약국에서 판매하는 비타민제와 경쟁하기 시작했다. 이 시기의 껌들은 대체재의 폭을 크게 증가시켰다.

8 자일리톨이 세상을 지배하다

무설탕껌은 '충치를 유발하지 않는다'는 소극적인 껌이었다. 하지만 자일리톨은 '충치를 예방한다'는 것으로 적극적인 껌이 되었다. 충치유발 세균인 뮤탄스균을 억제한다는 것이다(용인시청공식블러그, 2010).

롯데제과는 '자일리톨 껌'을 병 형태와 알약 형태, 케이스 형태 세 가지로 선보임으로써 포장 구조와 형태, 디자인 등 모든 면에서 변화하였다. 즉, Abell의 업 개념에서 '건강'이라는 가치를 더욱더 강조하면서, 이에 걸맞는 형태에 적극적인 변화를 준 상태이다.

- 목표시장: 남녀노소
- 가치: 충치예방
- 제품형태: 용기, 알약, 케이스 형태
- TPO: 자기 전에 먹는 껌, 양치 후에도 씹는 껌

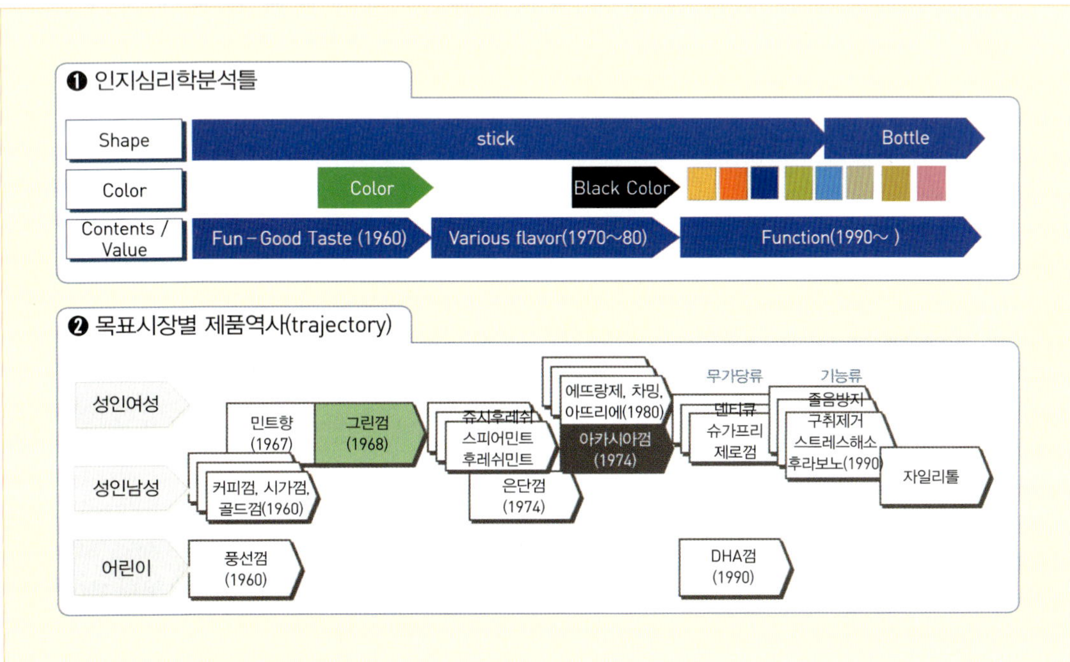

그림 15-10 껌의 역사를 형태-색상-콘텐츠 순으로 정리

특히, 오리온은 비닐 대용량 자일리톨을 한국 시장에도 출시하였으며, 중국 시장에는 특허로 보호받는 새로운 형태의 용기껌을 2010년 현재 판매하고 있다.

지금까지 살펴본 껌의 역사를 그림으로 정리하면 〈그림 15-10〉과 같다.

9 aleatorik: 껌과 캔디가 만나다

그림 15-11 제품 카테고리 간 aleatorik으로 해석되는 껌과 캔디의 만남

2004년 오리온은 롤스틱이라는 제품을 출시했다. 풍선껌 속에 캔디가 들어 있어서, 캔디도 먹고 껌도 씹게 된다. 중국시장에서 wrigley도 캔디류로 여겨질 수 있는 껌을 출시한 바 있다. 이제 제품카테고리별 결합(aleatorik)이 발생하고 있는 것이다.

껌을 백과사전에서 찾아보면 '과자'로 규정되어 있다. 또한 해태제과의 홈페이지도 과자류 밑에 껌을 소개하고 있다. 입에 들어가는 과자류인 '스낵', '초콜릿', '비스켓'이 미래에 껌과 결합할 가능성이 있다. 이렇게 껌이 드디어 껌의 카테고리를 넘어서 간식분야의 다른 제품카테고리와 합종연횡을 시작했다.

10 앞으로 어떤 껌이 시장에서 사랑받을까? 신제품을 개발해 보자

지금까지 한국시장에 출시된 껌의 60년 경쟁양태를 정리하면 〈그림 15-12〉와 같다.

처음에 재미있는 껌이냐 그렇지 않느냐로 해태제과가 기존 미군 껌과 경쟁을 시작한다. 어른용 껌이 나와서 어린아이용 껌과 경쟁한다. 무설탕껌이 나와서는 기존의 어린이용, 어른용 껌을 모두 '유해한' 것으로 몰아버리고, 무설탕껌은 '무해'하다며 승승장구한다. 그러다가 구취제거 기능을 가진 껌이 나오면

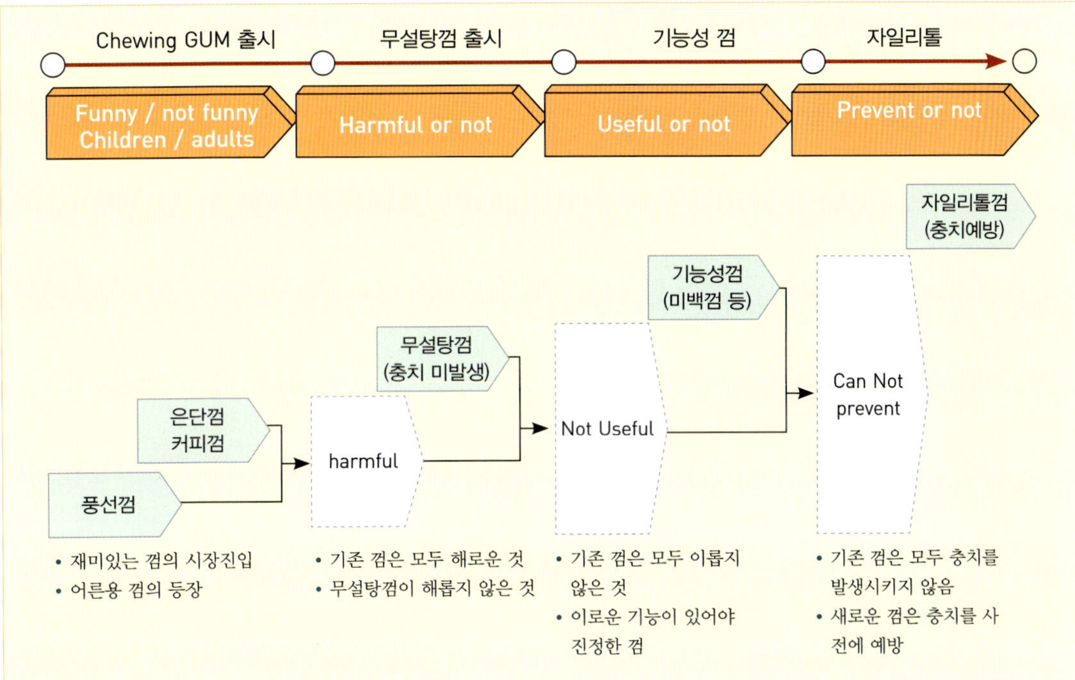

그림 15-12 한국 시장 껌의 경쟁양태 변화

서, 무슨 기능을 하지 않으면 모두 껌이 아니라고 광고한다. 그러면서, 자일리톨은 '충치를 미리 예방'한다면서 수준을 확 높인다.

자! 이제 앞으로 어떤 껌이 시장에서 사랑받을까? 이를 예측하고, 그 껌은 구체적으로 어떤 형태-색상-콘텐츠를 가질지를 상상해 보자. 이를 위해 단순한 방법으로는 제품개발흐름을 찾는 것이고, 복잡한 방법으로는 고객이 껌을 소비하는 원천적인 문화적 코드(cultural code)를 찾는 것이다.

개발 흐름 정리하기

1. 형태개발 전개과정에서 신제품 시장기회찾기

첫째, 형태 측면에서 논의를 시작하자. 껌은 처음에는 판형 제품을 스틱형 포장으로 보호하다가 용기껌으로 형태가 진화하였다. 스틱형은 판껌을 감싼다는 개념(wrap)에서 저장(storage)한다는 개념으로 변화한 것이다. 왜 이런 변화가 새로운 시장을 형성하고 판매가 증대한 것일까? 껌을 저장하면 어떤 효용을 고객에게 준 것일까? 스틱형 껌을 보관하기 위한 종이 포장에 대비하여 플라스틱 용기포장의 저장(장기보관)과 관련된 효용을 정리해 보자.

- 사용시간의 증대(제품구매와 구매 사이의 간격이 증대－고가격화, 대용량화)
- 사용공간의 변화(스틱형은 사람과 함께 움직인다. 하지만 용기껌은 상대적으로 고정된 공간에 위치하는 경우(식탁 위, 자동차 안, 사무실 일정장소, 자동판매기에 고착화)가 증가)
- 제품 상태 유지와 안정성의 증가(safer)
- 포장제거에서 섭취 시까지 구매자/소비자에게만 노출되었던 껌이 다수의 사람 사이에서 노출되어 사용되는 상황(private → public)
- 개인 위생상황에서 가족 위생상황으로 전개

위의 사례를 세 가지로 다시 요약해 보자.

short usage time → long usage time
private limited exposure → public exposure
individual hygiene → family and other's hygiene

따라서 미래 제품개발 방향은 1) 더 오랜 사용시간을 확보하고, 2) 공중에 노출되어서도 멋진 모습을 가져야 하고, 3) 가족이나 타인의 안전을 더 확보하는 제품 형태이어야 한다.

위의 전개 형태 전개방향을 다시 한 마디로 정리하면 다음과 같다.

'길고 오래가며 가족을 포함한 다수의 안전과 품위를 위해 저장되는 포장껌'
(safer and longer usage gum with high hygiene with public place for family and others)

따라서 첫째, 미래의 껌은 더 길고 오래가며 가족을 포함한 다수의 안전을 확보하는 저장 형태의 껌이어야 한다. 그렇다면 무엇이 더 오랜 기간 안정된 저장을 만들어 낼까? 이 질문에 답하기 위해 기존 제품을 보관하는 저장형태 중에서 오랫동안 사용가능하도록 장치가 만들어진 재질을 살펴볼 필요가 있다.

- 뚜껑 달린 알루미늄 캔
- 유리
- 메카트로닉스(도자기?)
- 밀폐 및 개폐가능 비닐포장

이들 중에서 껌을 더 오래 저장할 수 있는 것은 무엇일까?

둘째, public 상황이 많아짐으로써 어떻게 더 멋진 모습을 만들어낼까? 기존 저장형태 중 현재의 플라스틱 용기보다 더 멋진 모습을 만들어 내는 포장형태는 무엇인가? 뚜껑 달린 알루미늄 캔? 유리? 메카트로닉스(도자기?) 밀폐 및 개폐가능 비닐포장?

셋째, 타인에게도 좋은 안전한 껌이라는 개발방향을 어떤가? 입냄새제거 등을 통해 타인에게 불쾌감을 주지 않는 껌은 이미 나와 있다. 그렇다면 논의를 좁혀서 가족위생을 위해 준비하는 껌이라는 개념을 살펴보자. 한국에서 자일리톨은 잠자기 전에 씹는 껌 및 충치예방이라는 효용을 내세웠다. 누구의 충치를 예방하고 있는 걸까? 가족이다. 가족 구성원 중 누구일까? 초등학교 1학년 이하는 껌을 씹었을 때 삼키거나 질식할 위험이 있으므로 초등학교 1학년 이상의 가족을 목표시장으로 하고 있다.

하지만 어른들은 치아가 유실되면 틀니 등이 필요하다. 이렇게 자신의 이를 갖지 않은 이를 위해서도 껌이 필요하다. 하지만, 의치에 껌이 달라붙는 등의 어려움이 나타난다. 따라서 초등학교 1학년생부터 고정된 형태의 치아를 보전하는 나이가 현재 용기껌의 주요목표시장이자 껌이 생각하는 현재의 가족이다.

〈그림 15-13〉을 보면 출생부터 초등학교 1학년까지의 가족구성원의 입안

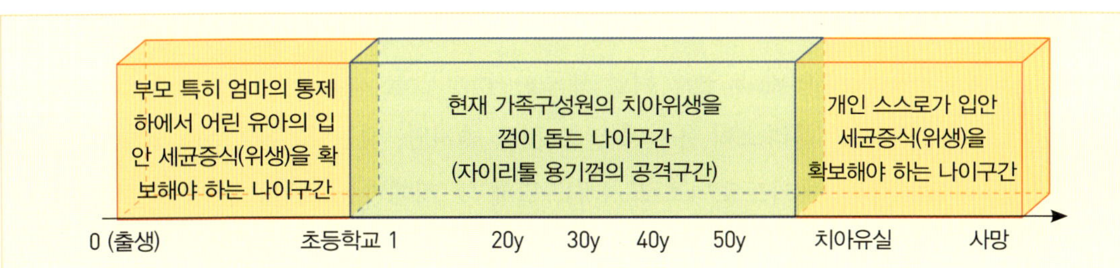

그림 15-13 현재 껌이 안전을 확보하기 위해 공략하는 나이대

위생은, 부모 중 특히 엄마의 통제하에서 치약이나 부드러운 천으로 치아가 관리되고 있고, 만약 엄마가 유아에게 음식을 먹이는 과정에서 엄마 입에 넣었다가 아이에게 주면 어머니의 입 안 세균이 아이에게 전달될 수도 있다. 하지만 이 나이구간의 껌이 없다. 그래서 첫 번째 시장기회가 생긴다.

- 산모 또는 유아기(0~5세) 아이를 가진 엄마들이 하루에 2~3회 10분간 섭식하기 위해 식탁에 놓아야 하는 껌
- 나의 사랑스런 아이의 입안 건강을 안전하게 지키는 껌

상상의 나래를 펼쳐보면 더 나갈 수 있다. 분유가 나이별로 제품세분화되어 있듯이 껌도 세분화하는 것이다.

- 분유를 먹는 아이에게 엄마가 마음 놓고 뽀뽀할 수 있도록 하는 엄마용 껌
- 이유기 아기를 가진 엄마용 껌

두 번째 시장기회는 노인을 위한 껌이다. 현재까지 개발된 껌 중에서 노인을 위해 직접적 공략을 해 본 껌은 '의치에 달라붙지 않는 껌'뿐이었다. 노인(우리나라 법규상 60세 이상은 노인)은 젊은이에 비해 냄새가 더 난다. 왜냐하면 노인 질환이 있는 경우 몸에서 특정냄새가 더 나기 때문이다. 따라서 타인에게 불쾌감을 주지 않으려는 노력은 노인분들이 더 할 필요도 있고, 그렇게 노력하는 차원에서 향수를 더 많이 사용하게 된다.

- 젊은이의 향내를 만끽하는 어르신을 위한 껌

용기껌이 기존 스틱껌의 포장보다 안전하고 오래가야 한다는 개념에서 출발한 껌의 개발방향이, 타인의 안전을 확보하기 위한 껌이라는 개념으로 발전하여, 어린이와 노인을 위한 새로운 껌을 만들 기회를 제공하게 된다. 이런 껌들을 기존 플라스틱 용기에 넣는 것도 좋지만, 멋진 모습의 뚜껑 달린 알루미늄캔, 유리, 메카트로닉스(도자기), 밀폐 및 개폐가능 비닐포장 등에 저장하는 것이 껌의 형태개발 트렌드에 맞는 것이다. 왜냐하면 보이는 것이 달라지면 구매자는 생각하는 것도 달라지니까.

2. 색상개발 전개과정에서 신제품 시장기회찾기

현재 한국시장에서 팔리고 있는 껌 제품을 Kobayashi의 이미지 스케일에 배치해 보자. 아래 그림은 2010년 8월 현재 한국에서 껌을 생산 판매하는 회사의 홈페이지에 제시된 껌들의 색을 배치한 것이다. 주로 동적이고 부드러운 국

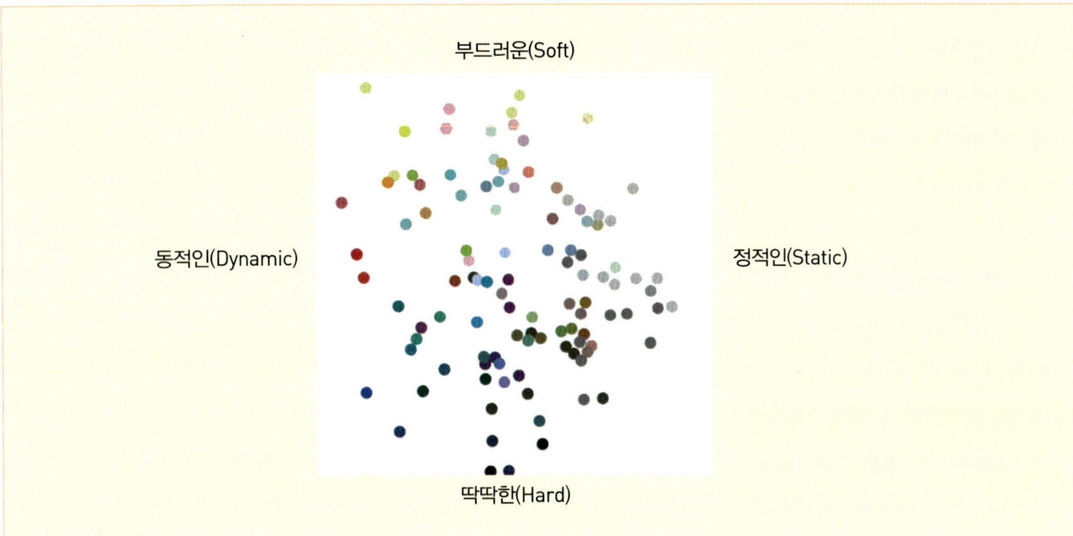

그림 15-14 고바야시의 이미지 스케일

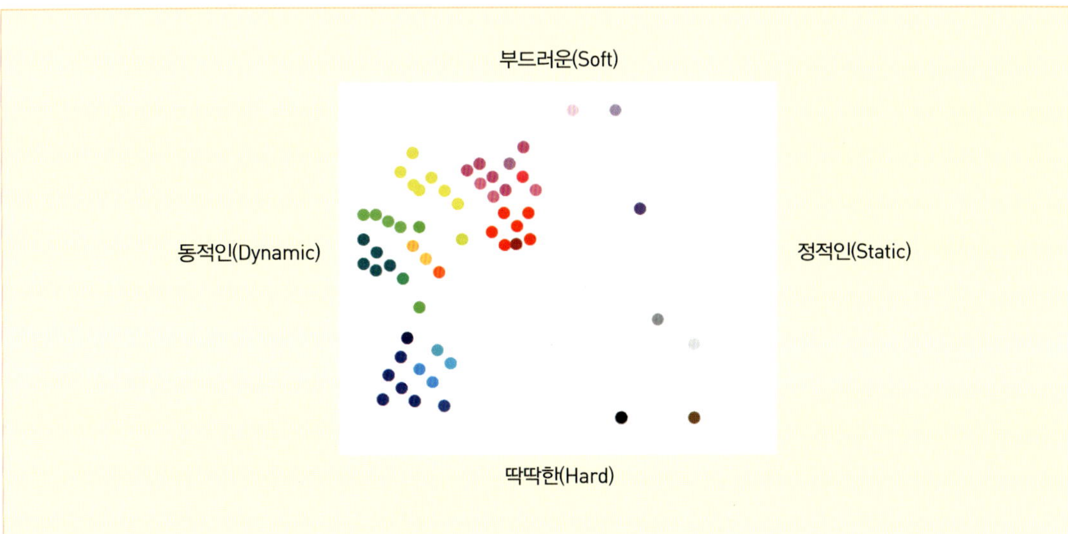

그림 15-15 2010년 껌 생산업체 홈페이지에서 확인할 수 있는 껌 포장색

면의 색상이 많이 사용되고 있음을 알 수 있다. 동적이고 딱딱한 국면의 색상도 많이 사용되고 있다. 상대적으로 부드럽고 정적이거나 딱딱한 국면의 색상은 적게 사용된다.

만약 엄마들이 아이들의 건강을 위해 먹는 껌은 어느 색상을 써야 할까?

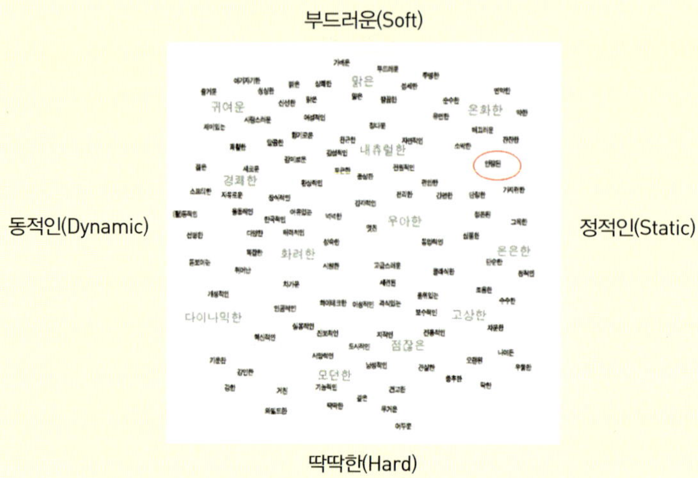

그림 15-16 이미지 스케일의 형용사 분포도

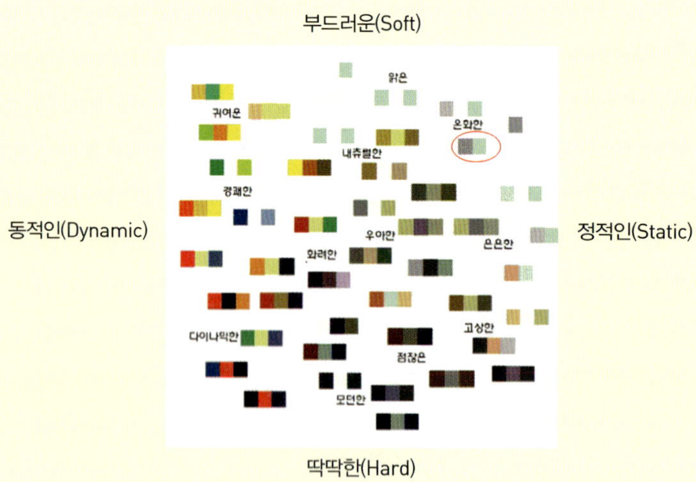

그림 15-17 배색 이미지 스케일

〈그림 15-16〉을 보면, 부드럽고 정적인 국면의 이미지 중에 '안정된' 이미지가 위치하고 있으므로, 이에 해당하는 〈그림 15-17〉의 배색 이미지를 사용하면 될 것이다. 이 색상이 용기껌에서 고객들이 느끼는 안전성을 담보하는 색상인 것이다.

콘텐츠 개발전개 과정은 껌의 문화적 코드(cultural code) 읽기에서

인간이 무엇인가를 먹고 싶다는 생리적 욕구는 기본적인 욕구이다. 따라서 맛있는(tasteful) 것을 섭취하려는 것은 당연하다. 한국 껌의 역사를 보면 어린이들에게 재미(fun)을 유발하는 데에서 출발하여 각종 향(flavor)을 첨가하시는 시대에서 각종 기능을 강조하는 방향으로 나가고 있음을 발견할 수 있다.

이 때, 가장 최근의 제품개발경향인 기능이 어떤 방향을 가지고 있는가를 정리해 보자. 본래 초등학교 이하의 어린이는 껌 섭취시 삼키거나 하는 경우가 있어서 껌 사용이 권장되지 않는다. 초등학교 저학년의 경우에는 껌이 맛있다는(tasteful) 것에 더불어 풍선껌처럼 재미가 있는 제품을 선호한다. 그래서 각 회사는 어린이용 껌 개발할 때는 'fun'이라는 요소를 가미하기 위해 노력하게 된다. 어른들을 충치예방, 입냄새제거 등의 기능을 위해 껌을 소비한다. 그래서 이런 기능이 강조되는 제품이 개발되고 출시된다.

문화적 코드(cutural code)란 특정 대상에 대해 구매자 또는 소비자의 머릿속에 공유하고 있는 무의식적인 합의(unconscious consensus)를 말한다. 이것을 찾기 위해 사람들이 왜 껌을 씹는가에 대해서부터 출발하자. 지금까지의 논의를 보면, 어린이들은 fun을 좋아하고, 어른들은 function을 좋아한다고 정리할 수 있다. 이렇게 정리하는 것은 판매자의 시각이다. 구매자이자 소비자인 어른들의 눈으로 어린아이의 껌을 보고, 어른들의 껌을 다시 정리해 보자.

어른들의 눈에 어린이들의 껌은 '골칫거리(trouble maker)'이다. 2010년도 여름에 시행된 FGI에서 어른들이 회상한 껌에 대한 불쾌한 기억을 정리해 보았다.

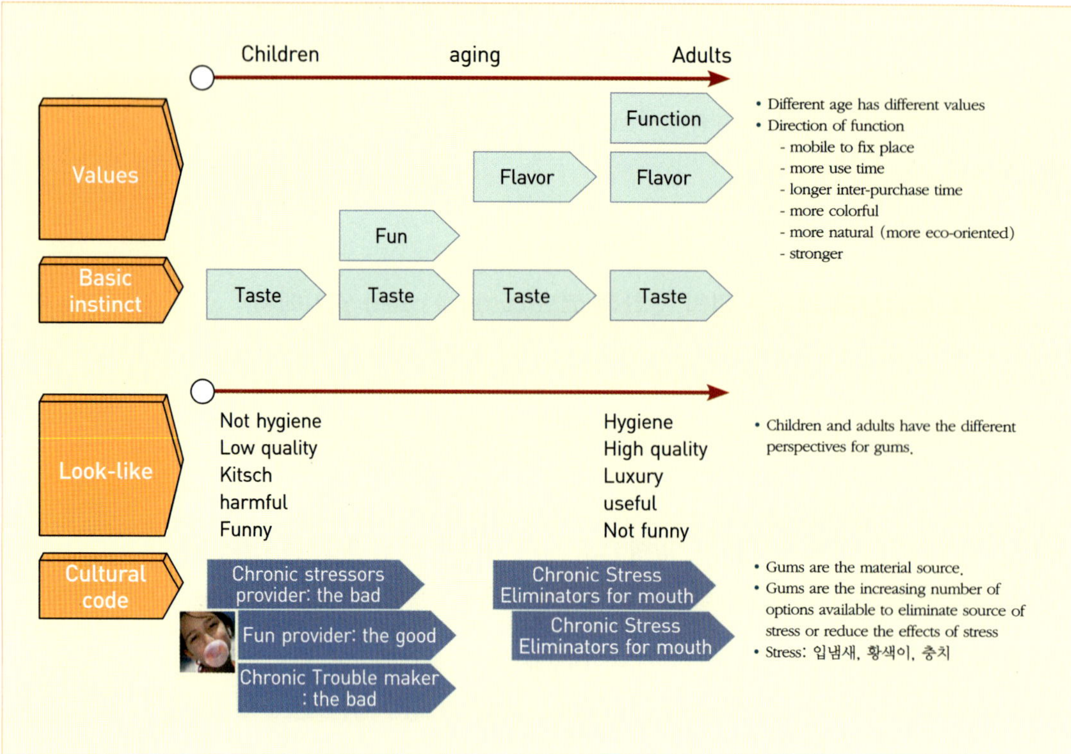

그림 15-18 껌의 가치에서 껌에 숨어 있는 문화적 코드를 읽어보기

- 어릴 적에 껌이 머리에 붙어서 고생을 했던 기억이 납니다. 그랬더니, 제 아이도 머리에 껌을 붙이고 다니더군요(30대 후반 여성).
- 어릴 적에 잠들 때 씹던 껌이 하도 좋아서 벽에 붙여 놓고 자고는, 아침에 일어나서 다시 씹었던 기억이 납니다(40대 초반 남성).
- 동대문 야구운동장에 갔더니 관중석 바닥이 모두 껌 투성이였어요. 껌을 바닥에 버리는 사람이 제일 싫어요.
- 씹던 껌이 목에 넘어가서 토해 내느냐고 죽는 줄 알았어요.
- 풍선껌이 터져서 눈썹에 붙었어요.
- 딱딱해질 때까지 씹어서 턱이 아팠어요.

어른들이 생각하는 어린이용 껌에 대한 생각을 몇 가지 추출해서 정리해 본다.

- 메이커 말고 불량식품처럼 팔리는 껌이 학교 앞에 있어요.
- 아이들은 껌을 입으로 잡고는 손으로 잡아 땡겨서 장난치다가 다시 입에 넣어 먹어요. 그 더러운 손으로 말이예요. 아주 비위생적이어요.
- 껌을 씹으면 위산이 나와서 위에 안 좋을 것 아니예요?
- 아이들 껌이 옷에 붙어서 안 떨어지더라구요.

지금까지 위에서 추출한 코멘트를 정리해 보면 어린이용 껌은 어른들의 눈에 골칫거리(trouble maker)이자 만성적인 스트레스를 유발하는 것(chronic stress provider)이다. 한마디로 나쁜 것이다(the bad).

그렇다면 어른들의 눈으로 바라본 어른들의 껌은 어떠한가? 먼저, 개인위생을 위해 도움이 되는 껌으로 인식되는 경우를 목격한다.

- 칫솔질을 할 수 없을 때 껌을 씹어요.
- 치과에 가기 전에는 꼭 껌을 씹지요(70대 여성).
- 회사에 입사해서 재미있었던 것은 점심식사 후에 남자들은 칫솔질을 하지 않고 식당카운터에 있는 껌을 씹는다는 것이죠. 입냄새를 제거할 뿐만 아니라 이빨 사이의 음식물 제거용으로 사용하는 것이지요.
- 음식물을 먹고 난 후 껌을 씹으면 입이 상쾌해요.
- 충치를 예방해 준다고 해서, 밤에 씹고 있어요.
- 손님을 접대하기 전에 반드시 껌을 씹어요.

위생적인 측면이 아니라 개인적으로 생활하면서 껌을 사용하는 경우이다.

- 껌은 자동차운전할 때만 씹어요. 졸음을 막죠.
- 남한테 제가 껌씹는 모습을 보여주는 것이 싫어요. 건방져 보이잖아요.
- 사무실 책상 위에 올려놓고 가끔 씹어요.
- 그냥 심심할 때 씹어요.

남을 의식해서 껌을 씹는 사례가 많다.

- 입에서 냄새가 나면 다른 사람이 불쾌해 하잖아요.

- 향이 오래가는 껌이 좋아요.
- 외출해서 사람을 만나기 직전까지 껌을 씹어요.
- 담배냄새를 없앨 때 껌을 씹지요.
- 저는 담배를 끊기 위해 껌을 씹습니다.
- 술 깨려고 껌을 씹지요. 음주운전 중에도 껌을 열심히 씹습니다.

위의 사례를 보면, 껌은 나를 충치예방이나 구강청결 같은 개인위생을 위해 사용되거나, 남에게 불쾌감을 주지 않게 하기 위해 사용되는 사회적인 도구이다. 이 둘의 사례에서 나타난 껌의 효용을 나열해 보자.

- 충치예방
- 입냄새 제거(내가 내 입에서 느끼는 불쾌감과 타인이 느낄지도 모르는 불쾌감의 원천인 입냄새)
- 입 안 음식물 제거
- 구강청결

이런 껌의 효용을 껌의 역할이라는 측면에서 다른 각도로 해석해 보자

- 충치예방: 충치를 막아주는 도구가 껌(protector)
- 입냄새 제거: 입냄새를 제거해 주는 도구가 껌(eliminator)
- 입 안 음식물 제거: 입 안 음식 잔여물을 제거하는 데 도움이 되는 껌(helper)
- 구강청결: 개인의 입안 위생을 돕는 도구(helper)
- 타인이 느끼는 불쾌감 방지: 불쾌감 원천을 없애주는 도구(destroyer)

위에서 정리된 단어들을 합치면 '누구나가 만성적으로 겪는 스트레스를 제거하는 도구(chronic stress eliminator)'가 껌인 것이다. 〈그림 15－19〉는 지금까지 논의한 껌에 대한 문화적 코드를 어린이의 시각과 어른의 시각에서 정리해 본 것이다.

만약, 어른용 껌을 개발한다면 미래 제품개발방향은 더 'strong'한 '극복도

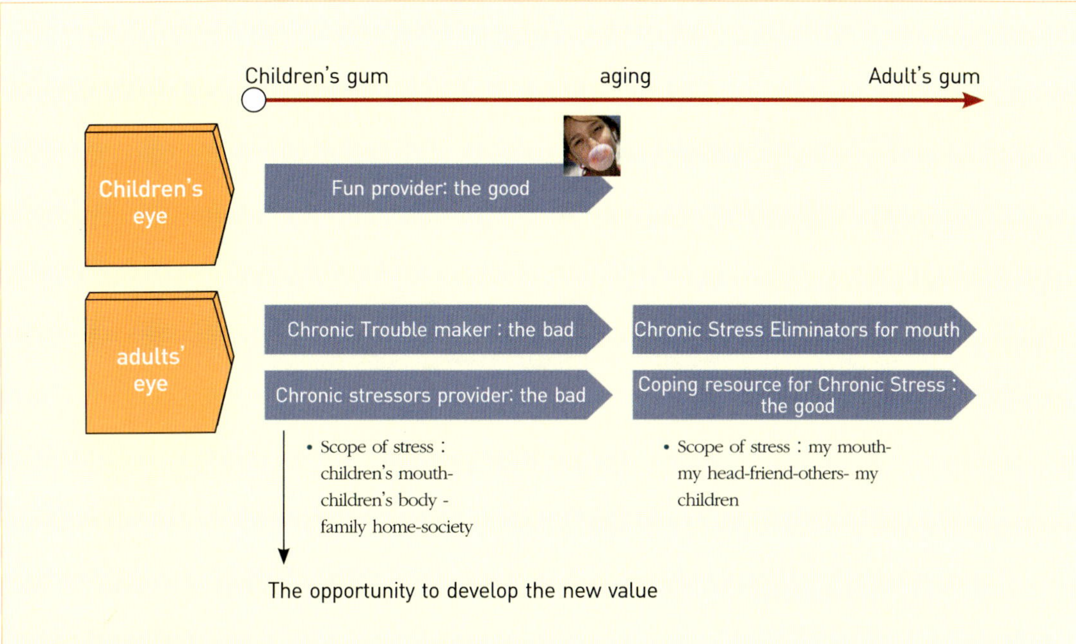

그림 15-19 어린이와 어른의 시각에서 껌의 문화적 코드(cultural code)

구(coping resource)' 또는 끝내주는 껌(eliminator)를 원하는 것이다.

- 더 강력한(strong)한 포장 및 용기(예를 들어, 스틱이나 플라스틱보다 더 strong한 것은 steel(철)인가? 유리는 약해 보이지 않는가? 그렇다면 알루미늄 캔 등이 더 미래에 적합한 재질이 아닐까?)
- 더 강력한(strong)한 색상(예를 들어, 〈그림 15-17〉의 '딱딱한' 국면의 '견고한' 이미지 배색을 적용하는 것이 좋겠다)
- 더 강력한(strong)한 콘텐츠(향, 충치예방기능, 등등: 예를 들어 하루종일 향이 가는 껌, 하루에 한 번만 씹으면 3일 가는 충치예방기능)

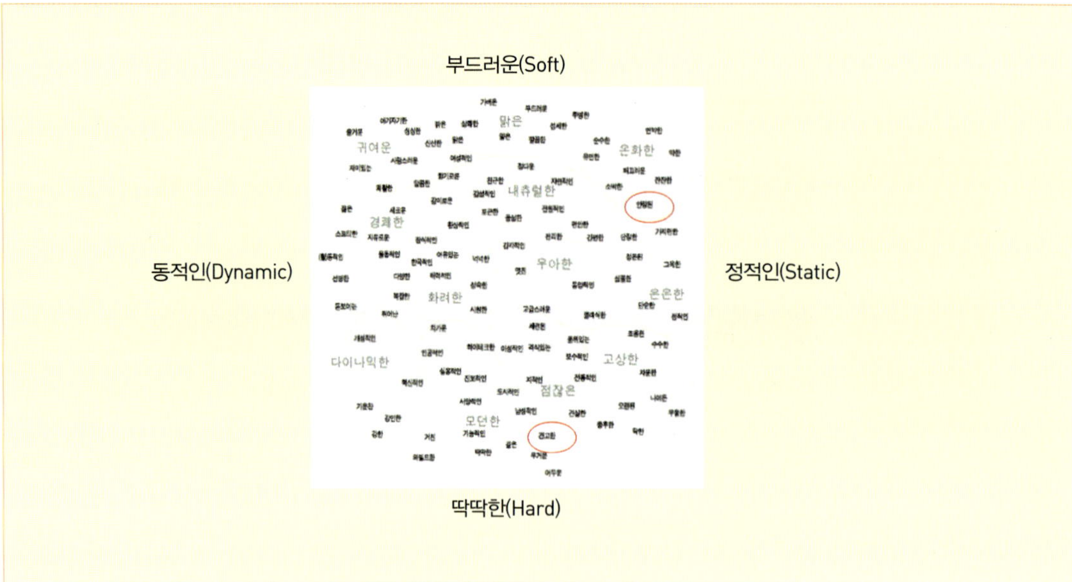

그림 15-20 어른용 껌의 미래 이미지

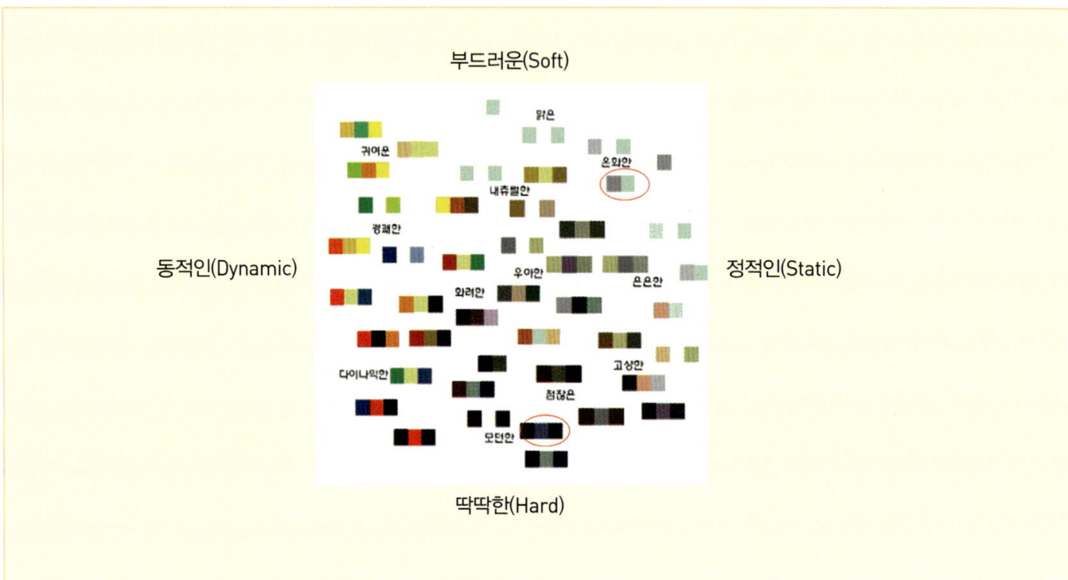

그림 15-21 어른용 껌의 미래제품 배색

그레마스(Greimas)의 '기호사각형' 틀에서 제품개발하기

지금까지 우리는 껌에서 느끼는 문화적 코드를 껌의 주 구매자인 어른의 시각에서 찾아보았다. 그런데 뭔가 2% 부족하지 않는가? 저렇게 문화적 코드를 만들어 내고는 단순히 더 강력한 제거제를 만드는 것으로 제품개발이 끝나야 하는가?

위의 의문을 보강하기 위해 그레마스가 사용하는 '기호 사각형' 틀에서 껌의 새로운 제품개발 방향을 추출해 보자. 이 과정을 통해 껌의 구매에서 돈을 지불하는 어른들이 원하는 어린이용 껌의 조건을 찾고 구체적으로 제품을 구상해 보자.

제일 먼저 '기호사각형'에서는 대립관계의 두 개념을 나열한다. 〈그림 15-22〉처럼 우리는 어른들의 눈에 어린이의 껌이 'trouble maker'이며 만성적인 스트레스 유발요인이라고 문화적 코드를 제시하자. 그러면 그 대립관계로 '만성적인 스트레스를 없애주는 것'이라는 문화적코드를 제시하게 된다. 실제 우리는 위의 껌 구매자들의 입에서 껌이 스트레스를 감소시키는 옵션 중의 하나임을 찾아내었다. 그림에서는 1과 2로 표시되었다.

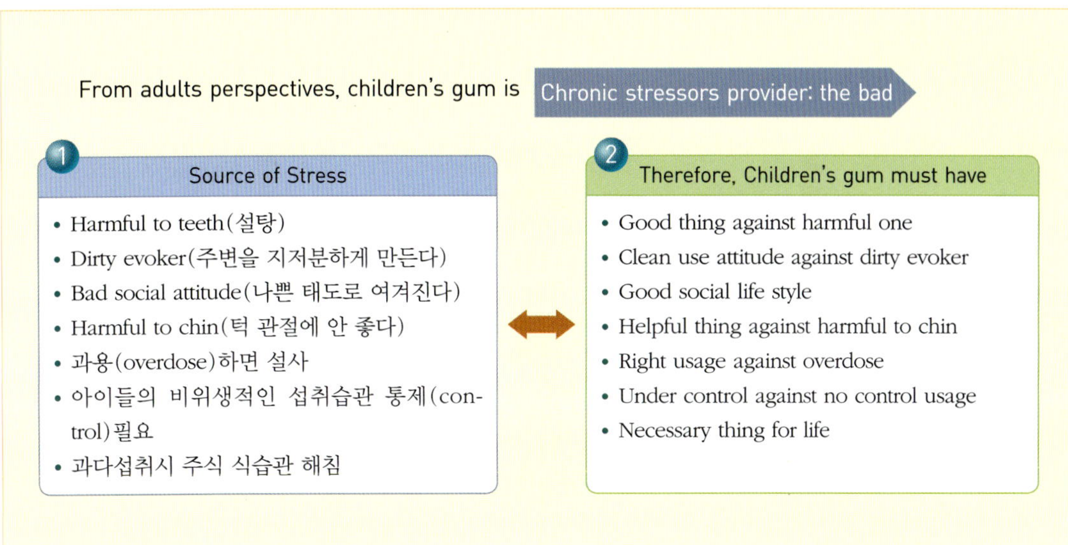

그림 15-22 그레마스의 대립관계 설정

그레마스의 '기호사각형'의 두 번째 단계는 각 대립관계의 요소들과 모순관계에 있는 것들을 제시하는 것이다. 단순하게는 기존 대립관계의 요소들 앞에 '아닐 비'자를 넣는 방법이다. 이 과정을 보면 <그림 15-23>의 하단의 두 네모칸에 두 개의 새로운 개념이 등장한다. 3과 4로 표시되었다. 1의 모순관계는 4번에 표시되고, 2의 모순관계는 3에 표시되었다.

3과 4가 개발되기 위해 실시한 작업을 <그림 15-23>에서 확인해 보자. 스트레스의 원인을 하나씩 나열하고, 그 대척점으로 조건을 나열했음을 알 수 있다.

마지막 단계는 2의 모순관계인 3인 1을 위한 함축관계임을 확인하는 것이고, 1의 모순관계인 4가 2를 위한 함축관계임을 확인하는 것이다.

어른들은 2를 이상적인 껌의 상태로 생각하고 있으므로, 적어도 어린이의 껌은 4번 정도는 만족하고 있어야 하는 것이다. 따라서 어린이용 껌의 개발

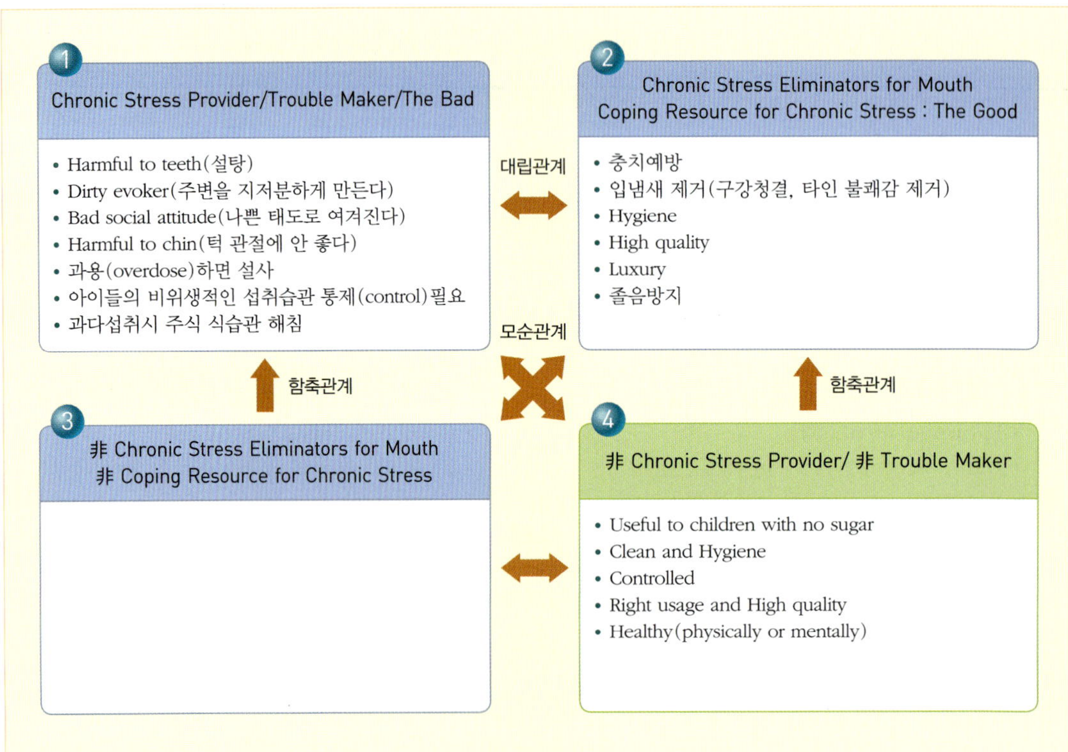

그림 15-23 그레마스의 기호사각형으로 어린이용 껌 개발조건찾기

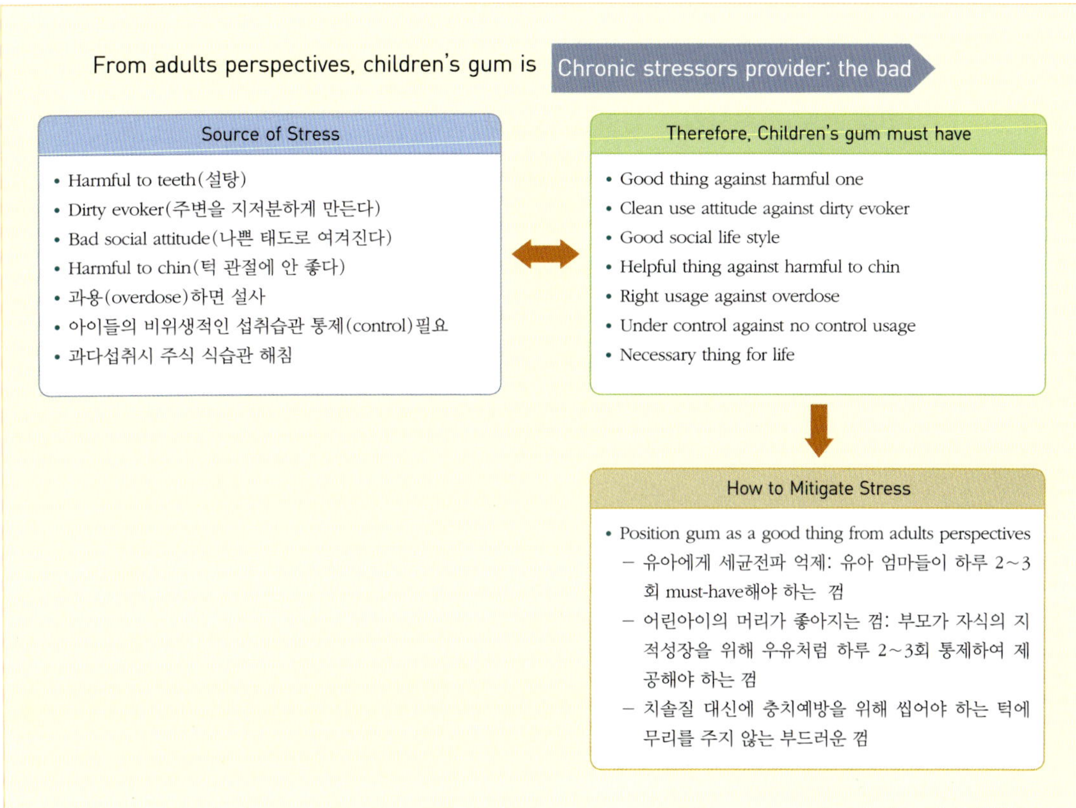

그림 15-24 trouble maker의 개념에 모순관계를 만족시키는 대안 3개

의 기준은 1번의 문화적 코드의 모순관계인 4의 조건을 충족시키는 제품이면 된다.

어른들이 생각하는 어린이용 껌의 첫째 조건은 어린이에게 유익한 것이어야 한다. 어린이가 껌을 씹는 것을 허용하는 마음이 부모의 마음에 들 정도의 뭔가의 효용이 있어야 한다.

둘째 조건은 청결하고 위생적인 상태에서 껌이 씹어질 수 있는 환경이 조성되어야 한다. 기존의 껌의 섭식상태나 조건이 너무 위생적이지 않았기 때문이다. 셋째, 기존의 껌은 부모의 통제하에서 섭취되지 않았으므로 새로운 껌은 부모의 통제하에서 섭취되도록 포지셔닝되어야 한다. 넷째, 적당하거나 정확한 양이 섭취되는 조건을 갖추어야 한다. 다섯째, 식습관을 해치는 등으로 인해 아이들의 건강에 좋아야 한다. 그런데 육체의 건강만을 지금까지 논의했다는 생각을 저자가 하고 말았다. 껌을 먹어서 정신건강까지 좋은 것이 없을까?

아무튼, 어린이용 껌을 새롭게 상상하여 나열하자. 그리고 나서, 위의 조건을 모두 만족시키는 껌이 있는지를 확인하자. 먼저 Brain storming을 통해 쏟아져 나온 아이디어를 나열해 보자(〈그림 15-24〉 참조).

우리는 세 가지 아이디어를 찾아내었다. 이 세 가지 중 하나를 점검하면서 제품의 포지셔닝을 가다듬어 보자.

- 어린아이에게 머리가 좋아지는 껌: 부모가 자식의 지적 성장을 위해 우유처럼 하루 2~3회 통제하여 제공해야 하는 껌

그럴 듯하다. 그런데, 어린아이가 들고 다니면서 먹지 않을 가능성이 있으므로, 집안에서 먹이는 걸로 하자.

- 머리가 좋아지는 껌(아침에 머리가 좋아지기 위해 비타민제 먹는 것처럼 아침에 씹으면서 등교하는 껌)
- 목표시장: 초등학교 저학년
- Time: 아침
- Place: 부모나 엄마가 있는 아침식탁 앞
- Occasion: 10분 정도 씹으면 머리가 좋아지는 성분이 들어 있음. 그래서 씹어야…

위의 껌을 평가해 보자.

설탕껌은 충치유발-무설탕껌은 충치유발 없음(소극적 껌 개발방향) - 자이리톨은 충치예방(적극적인 개발방향) - 머리가 좋아지는 껌(구강 건강에서 머리 건강으로 건강영역확장)

out of Mouth,
into intelligence

이것은 껌을 입 안에서만 평가한 것이 아니라 머리로 그 효용을 확대한 것

이다. 마치 요구르트가 장을 위한 것에서 위를 위한 것으로 위치를 바꾸는 것과 같다. 또한 아이의 머리가 나쁘거나 좋지 않나 하는 스트레스를 벗어나게 해 주는 도구 중의 하나가 되는 것이다. 마케팅측면에서는 어릴 적에 씹었던 상표를 어른이 되어서도 씹게 할 수 있는 기반을 조성하게 된다.

상상을 더해 보자.

- 용기는 왠지 sophisticated하고 intelligent해야 하지 않을까?(제품)
- 30정, 60정짜리 등으로 만들어서 월별 판매량을 유도해야겠다(제품).
- 아이큐에 따라 씹는 탄성의 차이를 주는 것이 어떨까?(제품)
- 약품처럼 만들까? 아이들은 싫어하겠지? 그러면 아이들이 좋아할 만한 용기, 자랑스러워 할 용기를 제작해야겠다(제품).
- 가격은 비싸야겠다. 기존 제품에 2배를 받을까? (가격)
- 유통은 약국을 통해서 해 볼까?(유통)
- 광고는 부자들이 보는 채널에서 노출시켜야지(promotion)

만약 '머리가 좋아지는 껌'이 개발될 수 있다면, 그레마스의 '기호사각형'은 새로운 가치(new value)로써 '머리에 건강'에서 더 넘어 '지적 성장'이라는 것을 만들어 낸 것이다.

그렇다면 회사가 해야 할 일은 무엇일까?

- 어린이가 껌을 씹으면(저작 기능만으로도) 머리가 좋아진다는 과학적 증거를 확보한다.
- 지적 성장에 도움이 된다는 DHA가 껌에 채용될 수 있는지 확인한다(예전에 있었다).
- 경쟁사가 모방하는 데 시간이 오래 걸리지 않은 제품이니, 경쟁사가 따라오지 못하는 방법을 강구한다.

지금까지 상상한 어린이용껌을 Abell's 업개념에 위치시켜 보자.

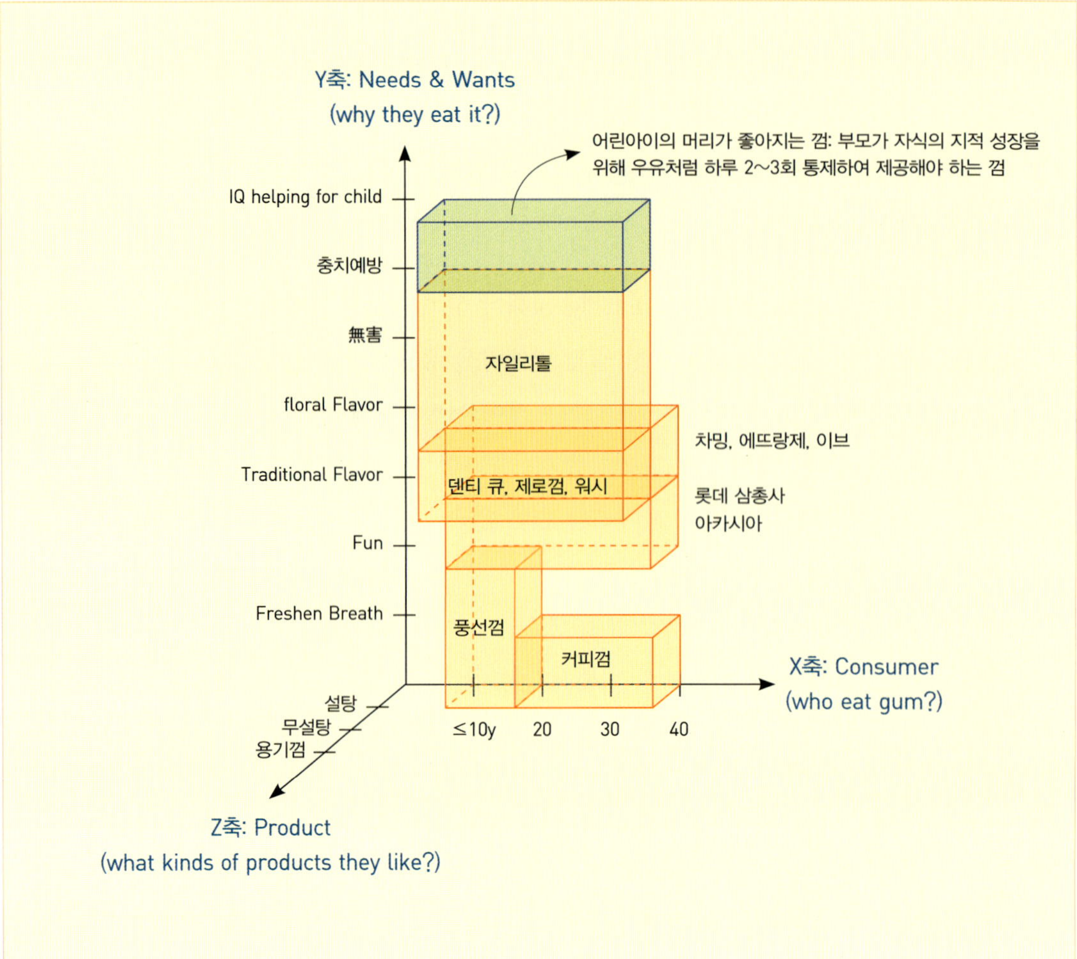

그림 15-25 그레마스의 기호사각형 모델을 적용해 개발한 어린이용 껌의 포지셔닝

11 그레마스의 기호사각형에 의한 신제품개발연습

독자들은 현재상태에 불만을 가진 무엇인가를 적어 놓고, 이 불만을 해소할 새로운 특성을 가진 대안을 개발할 수 있다. 〈그림 15-26〉은 흰색에 문제가 있어서 다른 색을 만들고 싶을 때 사용할 수 있는 그레마스의 기호사각형을 도형으로 나타낸 것이다.

Key question: 현재 우리는 흰색에 있다. 다른 색으로 갈 수 없을까?

방법: 1) 그레마스의 '기호사각형'모델은 1,2와 같이 대립적인 상황을 먼저 나열한다. 2는 1의 눈에 바람직한 미래상이다.
2) 1과 모순관계에 있는 상황을 4에 나열한다. 주로 '아닐 비'자를 붙여본다. 또는 모순관계의 상황을 적어본다.
3) 4의 상태는 궁극적으로 2가 되기 직전, 또는 그 과정적 상태가 된다.
4) 따라서 4를 만족시키면 미래에 2번이 될 수 있다.
5) 따라서 4를 만족시키는 대안을 만들면, 이것이 신제품이 된다.

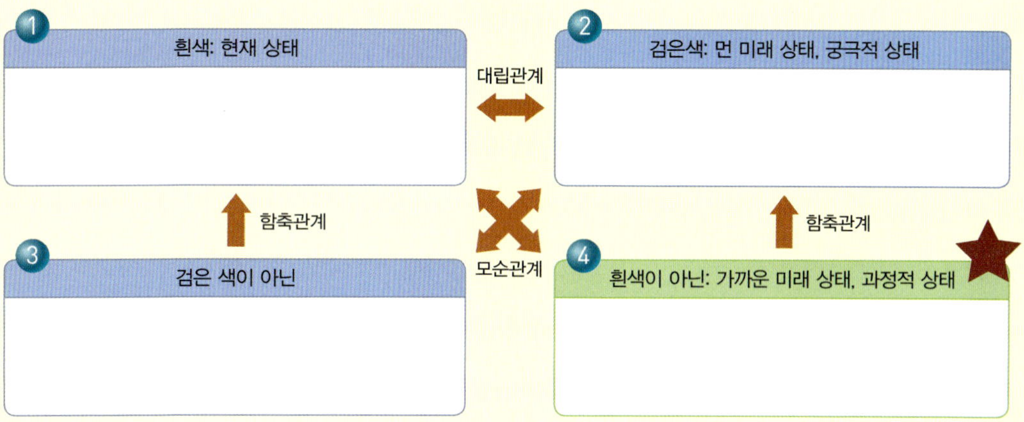

그림 15-26 흰색이 아닌 제품을 만들기 위한 그레마스의 기호사각형 모델

Key question: 현재 우리는 1번 상태에 있다. 어떻게 하면 2번 상태가 될 수 있을까?

방법: 1) 그레마스의 '기호사각형'모델은 1,2와 같이 대립적인 상황을 먼저 나열한다. 2는 1의 눈에 바람직한 미래상이다.
2) 1과 모순관계에 있는 상황을 4에 나열한다. 주로 '아닐 비'자를 붙여본다. 또는 모순관계의 상황을 적어본다.
3) 4의 상태는 궁극적으로 2가 되기 직전, 또는 그 과정적 상태가 된다.
4) 따라서 4를 만족시키면 미래에 2번이 될 수 있다.
5) 따라서 4를 만족시키는 대안을 만들면, 이것이 신제품이 된다.

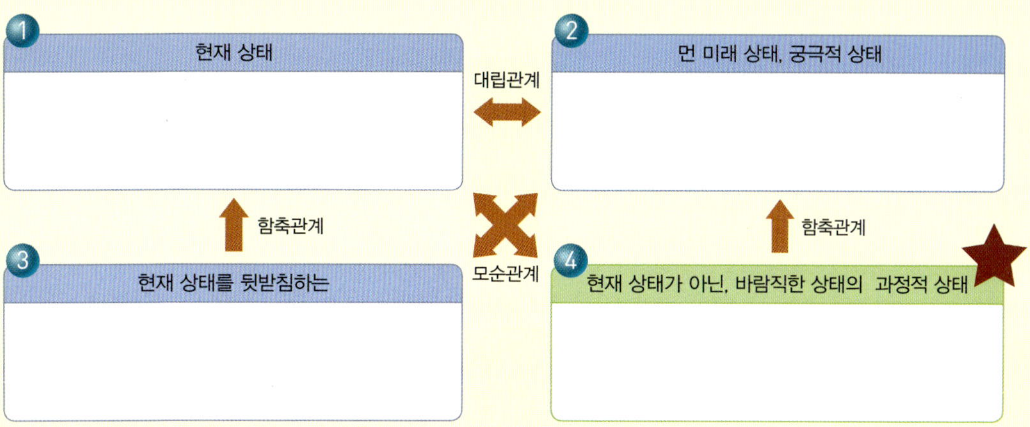

그림 15-27 독자들의 관심제품/서비스를 개선하기 위한 기호사각형 모델

참고문헌

백승국 (2004), 문화기호학과 문화콘텐츠. 서울: 다할미디어.

지상현 (2007), 시각예술과 디자인의 심리학, 서울: 민음사.

Kobayashi, S. (1990), Color image scale, Kodansha Globe.

에필로그

이 책에서 지금까지 독자들은 미학의 주제였던 형태－색상－콘텐츠가 아름다움의 재료가 되어서 9가지 다양한 미학창작기법에 의해 가공되어 새로운 아름다움으로 창조되었음을 목격하였다. 또한 다양한 아름다움 창작기법이 경영활동에 새로운 활력을 주는 멋진 도구가 됨을 확인할 수 있을 것이다. 여러분도 이 창작기법으로 멋진 경영활동의 창조해내고, 문제해결에 도달하기를 진심으로 바란다.

이 책을 쓰게 된 배경은 저자가 대학 졸업 후 기업에 들어가서 상사의 지시를 받아 품의서를 작성하거나, 직장을 그만두고 스스로 기업을 설립해 운영할 때, 참고가 될 만한 구체적인 문제해결 지침서를 발견하지 못했기 때문이다. 기존 공학에서 사용하는 창작기법인 TRIZ와 경영학에서 사용하는 창작기법인 Scamper, 블루오션 액션 프레임워크을 아무리 학습해도 내 머릿속에는 구체적인 해결책이 나오는 경우가 별로 없었다.

무엇이 부족한가를 생각해 보니 구체적인 생각의 재료가 없었기 때문이었다. 그래서 이 책에서는 구체적인 창작이나 생각의 재료로써

- 형태－색상－콘텐츠 틀과
- 이 세 개념의 하위평가기준 35개
- 앰비그램 훈련기준 60개

를 제공하였다.

그리고, 위의 재료를 활용하여 생각하는 방법 9가지를 정리하여 보여주었다. 이를 통해 독자들이 스스로 미학의 생각기술을 구체적으로 실행할 수 있게 기회를 제공코자 하였다. 이것을 보고 경영활동에 관심있는 독자들은 아주 실무적인 책이라는 평가를 내릴 것이다.

또한 이 책은 경영전반(마케팅, 재무관리, 인사조직관리, 생산관리)의 개선에 도움이 되는 도구로서 9가지 생각의 기술을 제공하고 있지만, 이 9가지는 누구나가 특정한 상황에서 발생한 특정문제를 해결하는 생각의 기술로 사용할 수 있을 것이다.

이제 마지막으로 하나가 남았다. 지금까지 소개한 9가지 기법으로 독자 스스로가

새롭게 개발된 상품을 '업의 개념'에 넣어보자. 그리고, 이 상태로 제품카테고리나 상권에서 1등이나 2등을 할 수 있는지를 적어보자.

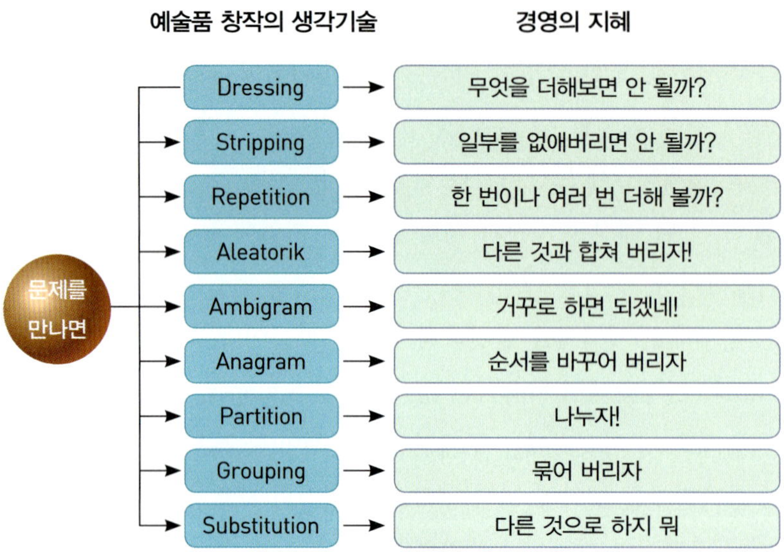

제품(서비스) 선택

주력제품/서비스를 쓰시오

Product/service category를 적으시오

- 이 제품/서비스 카테고리를 우리나라에 처음으로 만드셨습니까?
- 다른 나라에 있는 것을 새롭게 우리 시장에 소개하고 계십니까?
- 우리나라에 예전부터 있던 것입니까?
- 우리 매장이 있을 상권에 처음으로 등장한 것인가요?

시장에서 위치를 적으시오

- 1등인가요? 몇 등인가요?
- 고객들이 그렇게 생각하고 있나요?

- 우리의 주력제품이나 서비스에 대해 시장에서의 전략적 위치를 결정해야 한다.
- 이 전략적 위치를 결정하는 틀이 '업의 개념'이다.
- X축은 목표시장을, Y축은 목표시장이 원하는 욕구를, Z축은 그 욕구를 만족시키는 기술이나 서비스를 적는다.

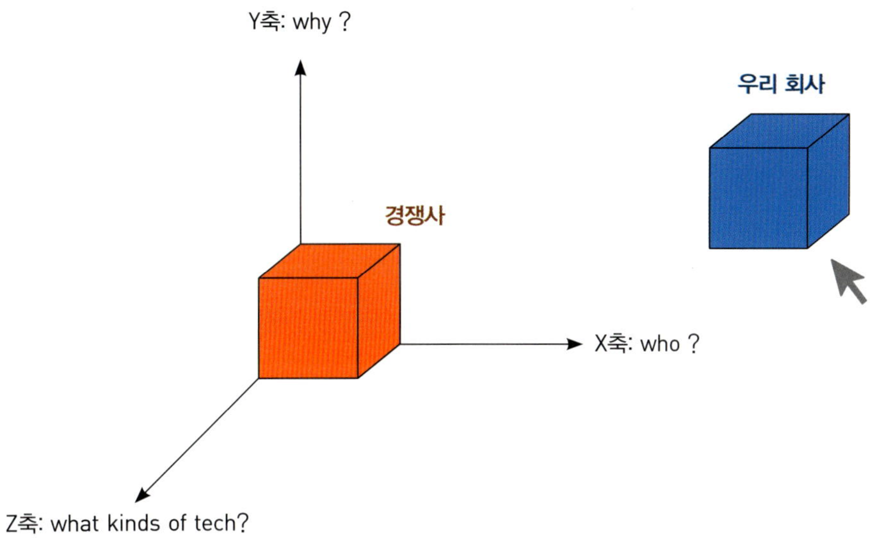

찾아보기

【저자 약력】

곽 영 식

Education & Professional Qualifications

성균관대학교 경영학과
성균관대학교 일반대학원 경영학석사
Texas Tech University; Clothing, Textile and Merchandising, Master of Science
성균관대학교 일반대학원 경영학박사(마케팅)

Career

(현) Cheil PengTai China 자문교수(14~)
경남과학기술대학교 벤처경영학과 교수
경남과학기술대학교 기획처장(13~)
(전) Samsung OpenTide Greater China 자문위원(07~14)
Benet Pricing 대표이사(02~03)
대우경제연구소 마케팅전략팀장(99~02)
미스미스터라인 Merchandiser (89~91)

Range of Experience

Pricing: 증권, IT, 가전, 공기업 가격책정컨설팅
Product: IT, 가전, 생활용품 제품개발 및 수요예측 컨설팅
Place: 금융, 가전업의 location의사결정 컨설팅
전략: 중국/한국시장에 대한 positioning, 진입전략 연계 operation 구현 전략

Major Work Experiences

중국 CGV 입지 타당성 분석/고객만족조사
SKT 중국 e-commerce 진입전략
삼성전자 중국 내 Home Theater 가격책정
LG생활건강 중국 내 페리오 칫솔 가격책정
삼성전자 중국 쇼핑몰 내 mixture modeling 적용을 통한 CRM강화프로그램
삼성전자 한국 내 핸드폰 가격책정
삼성전자 독일 내 핸드폰 가격책정
대우증권, 삼성증권, 우리투자증권, 세종증권 온라인/오프라인 수수료책정프로젝트
대우증권, 삼성증권 한국 내 최적 유통망 수 결정 프로젝트
국민은행 한국 내 최적 유통망 수 결정 프로젝트
피자헛 피자 가격책정
MC2 보상판매 가격책정
영상물 등급 위원회 심의수수료책정
기상위성 수요예측조사

Publication, Professional Affiliation, Public Presentation, etc.

저서: 마케팅가격전략, 서울: 베넷
숨겨진 이익을 찾는 가격전략, 서울:베넷
신제품, 서비스, 문화콘텐츠개발, 진주산업대 출판부
특강: 삼성전자 글로벌 마케팅연구소, CJ인재원, LG전자 등

제2판
창업을 위해 미학에서 배우는 신상품개발

초판발행 2014년 1월 30일
제2판인쇄 2016년 8월 20일
제2판발행 2016년 8월 30일

지은이 곽영식
펴낸이 박노일

총괄기획 김중용
편 집 심성보

펴낸곳 pnc publishing and culture 피앤씨미디어
경기도 고양시 일산동구 강송로 153 310-1501
등록 제396-2012-000203호
전 화 070)7550-3758 팩 스 02)718-8554
홈페이지 www.pncmedia.co.kr 이메일 pnc@pncmedia.co.kr
ISBN 979-11-5730-359-5 93320

정 가 25,000원